Roderich Menzel
Fußball – Fußball

Roderich Menzel

Fußball – Fußball

Spieler · Trainer · Meisterschaften

Einband: Verwendung eines Farbdias von Sven Simon

Zeichnungen: Heinz Bogner

Bildhinweis: Die Fotos zu dem Bildteil dieser Ausgabe stellten für folgende Seiten freundlicherweise zur Verfügung:

Associated Press: 18 u.
dpa: 17 – 19 u. – 20 – 21 – 22 u. – 23 – 24 – 57 – 58 – 59 o.l. – 60 – 61 – 63 – 97 – 101 – 139 u. – 141 o.l. – 143 – 144 – 177 – 178 o.l. – 182 o.r. – 183 o.r. – 217 u. – 219 – 220 – 222 – 223 o.
Horst Müller: 18 o. – 19 o. – 22 o.l. + o.r. – 59 o.r. – 62 – 64 – 98 – 99 – 100 – 102 – 103 – 104 – 137 – 138 – 139 o. – 140 – 141 o.r. – 142 – 178 o.r. – 179 – 180 – 181 – 182 o.l. – 183 o.l. – 184 – 217 o. – 218 – 221 – 223 u. – 224

Lizenzausgabe mit Genehmigung der Hoch-Verlag GmbH, Düsseldorf, für Bertelsmann Club GmbH, Gütersloh
Europäische Bildungsgemeinschaft Verlags-GmbH, Stuttgart
Buchgemeinschaft Donauland, Kremayr und Scheriau, Wien
und die Buch- und Schallplattenfreunde GmbH, Zug/Schweiz
Diese Lizenz gilt auch für die Deutsche Buchgemeinschaft C. A. Koch's Verlag Nachf., Berlin – Darmstadt – Wien
Druck: Hub. Hoch, Düsseldorf, 1982
Printed in Germany. Titel-Nr. 02995 9

Inhalt

Vorwort

Fußball, der populärste Sport in Europa und Südamerika, hat über $^1/_2$ Milliarde Anhänger. Jahr für Jahr zieht das erregende Spiel neue Massen in seinen Bann. In den beiden letzten Jahrzehnten hat es auch in Afrika, den USA und Australien Fuß gefaßt und wird dort früher oder später eine ähnliche Rolle wie auf unserem Kontinent spielen. Der Grund dafür liegt zweifellos in den packenden Szenen, die es dem Zuschauer bietet, in dem Zusammenspiel von elf Persönlichkeiten, den rasanten Torschüssen und atemberaubenden Paraden. Seine Anziehungskraft ist damit nicht erschöpft. Fußball ist in Angriff und Verteidigung, mit seinen planvollen und unberechenbaren Spielzügen, den Finessen und Tricks, aber auch mit seinen beklagenswerten Auswüchsen ein Abbild des Lebens. Hier wie dort Hoffnung und Bangen, Aufstieg und Fall, Triumph und Fehlschlag, Ehre und Ruhm oder Blamage, ja, Schande! Um Fußball aber zum Wunschtraum so vieler Millionen werden zu lassen, mußte noch etwas Märchenhaftes dazukommen. Jeder Spieler (und mit ihm seine Anhänger am Stehplatz oder in den Tribünen) träumt davon, ein Star zu werden. Das Märchen »Vom Zeitungsjungen zum Millionär« war der Traum der Amerikaner um die Jahrhundertwende. Bei uns wurden es der Bühnen- oder Filmheld, mit dem sich die Massen unbewußt identifizierten. Das war das Märchen, das das Leben selbst schrieb, im Märchen kam das große Glück auch zu Hinz und Kunz. Heute ist es die Laufbahn der Fußballgrößen, von der nicht nur die Jungen träumen. Wenn der Fußball-Fan hört, daß der argentinische Wunderstürmer Maradona für sieben Millionen Mark an einen anderen Klub verkauft wird und dort für eine Gage von $1^1/_2$ Millionen spielt, überläuft ihn ein ehrfürchtiger Schauer.

Zur Faszination des Fußballs tragen auch lokalpatriotische Gefühle bei. Viele Zuschauer setzen ihre Mannschaft mit ihrer Stadt, dem Land oder der Nation gleich, denen sie angehören. Ein Sieg ist deshalb *ihr* Sieg, eine Niederlage erscheint ihnen als Erniedrigung. Eine solche Einstellung führt zu jenen Skandalen und Krawallen, die in den Augen von Außenseitern Fußball zum Massenwahn herabwürdigen. Zum Glück sind Tumulte und Bestechungen die unrühmlichen Ausnahmen bei einem ritterlichen, wenn auch harten Sport. Für Millionen ist Fußball mehr als Liebhaberei und Steckenpferd –

es ist zum unentbehrlichen Lebensgenuß geworden. In dem vorliegenden Buch läßt der Autor den Fußballsport in all seiner Vielfalt erstehen. »Fußball heute« ist Sportgeschichte, Lehrbuch, Biographie, dramatische Erzählung und Anekdote zugleich. Nach einem kurzen Blick in die Vergangenheit erfahren wir, welche Aufgaben die elf Spieler einer Mannschaft haben und wie die besten Torhüter, Abwehr-, Mittelfeld- und Angriffsspieler diese Aufgaben meistern. Mit dem Autor sind wir Zeugen bei den Welt- und Europameisterschaften und Gäste in den Stadien der berühmtesten Klubs. Wir verfolgen die Laufbahn der großen Stars und die unvergeßlichen Kämpfe der Fußballgeschichte bis zum heutigen Tag. Lebendig treten uns die bedeutendsten Trainer und Klubmanager entgegen, die ihre Vereine zu Welterfolgen, aber auch in denkwürdige Niederlagen geführt haben. Ein eigenes Kapitel ist dem Jugend- und dem Amateurfußball gewidmet, und dem Leser werden die Fußballregeln fachmännisch erläutert. Ein Fußball-Lexikon bildet den Abschluß des ebenso lehrreichen wie packenden und unterhaltsamen Buches, das allen Fußball-Fans ans Herz gelegt werden kann.

Der Ursprung des Fußballspiels

»Fußball ist so alt wie die Menschheit. Mit einem Ball (nämlich dem Apfel) haben Adam und Eva schon im Paradies gespielt.« So geistreichelnd die Äußerung ist, wir können mit ihr wenig anfangen, wenn wir dem Ursprung des Fußballspiels nachgehen. Und wenn wir hören, daß die Chinesen, die ja bekanntlich alles erfunden haben, schon vor 2300 Jahren einen Lederball zwischen buntbebänderte Bambusstangen stießen, so werden auch nur die Phantasievollsten darin den Anfang des Fußballs sehen. Das Spiel gehörte zum militärischen Ausbildungsprogramm und hieß Ts'uhküh. Die Feldwebel befahlen, wohin der Ball gekickt werden sollte. Waren das etwa die ersten Trainer und Vorläufer von Helmut Schön und Jupp Derwall? Im alten Rom hieß ein fußballähnliches Spiel »Harpastum«. Dabei hackten einhundert Liktoren in Bälle von verschiedener Größe. Damit ist es also auch nichts.

Manche Historiker behaupten, daß die Azteken Fußball gespielt hätten. Tatsächlich aber stießen sie eine Kautschukkugel mit dem Hintern hin und her. Gewonnen hatte diejenige Partei, der es gelang, den Ball durch einen Steinring, der in 5 m Höhe an einer Wand angebracht war, zu treiben. Da dieser Steinring nur eine Öffnung von 40 cm Durchmesser besaß, mußten die Spieler zweifellos auch Knie und Unterarme benützen, um ein Tor zu erzielen. Jedenfalls waren Unterarme und Gesäß der Spieler durch Lederpolster geschützt. Als die Spanier unter Hernando Cortez nach Tenochtitlan (Mexiko) kamen, war dieses Lieblingsspiel der Azteken und Mayas schon tausend Jahre alt und entartet. Die Zuschauer mußten den Siegern reiche Spenden übergeben; waren sie knausrig, konnte es passieren, daß sie ausgeraubt wurden. Auch wurden hohe Wetten auf den Ausgang des Spieles abgeschlossen.

Das war noch harmlos, wenn man es mit den Vorgängen auf dem Götterspielplatz von Tenochtitlan verglich! Hier fand der Wettkampf im November zu Ehren des Sonnen- und Kriegsgottes Huitzilopochtli statt. Schon bevor er begann, wurden vier Menschen geopfert. Auch dem Führer der verlierenden Partei wurde der Kopf abgeschlagen. Trotz aller Auswüchse, die der moderne Fußball mit sich gebracht hat, wollen wir seinen Ursprung doch nicht auf die aztekischen Schlächtereien zurückführen, auch wenn es leider Beispiele von gelynchten Schiedsrichtern und Spielern, die zum Krüppel geschlagen wurden, gibt.

Im 12. Jahrhundert war das »Soule«-Spiel, eine Art Fußball, in Frankreich weit verbreitet. Aber die ersten Fußballänderspiele zwischen England und Schottland wurden als Grenzkämpfe schon im 10. Jahrhundert ausgetragen. Aus irischen Sagen erfahren wir, daß es kriegerischer Brauch war, auf dem Schlachtfeld mit den Köpfen getöteter Feinde Fußball zu spielen. König Eduard II. verbot den »sündigen« Sport später mit folgendem Erlaß: »In Anbetracht, daß in unserer Stadt aus dem Ballstoßen auf den Straßen viel Unheil geschehen kann, was gegen Gottes Gebot verstößt, ordnen wir bei Strafe zeitlichen Gefängnisses an, daß solches durchaus verboten ist.«

Gegen Ende des Mittelalters war Florenz die Hauptstadt des Fußballspiels. Allerdings war es dem unseren noch wenig ähnlich, so temperamentvoll es dabei auch zuging. Die Anzahl der Spieler wechselte, der Ball war einmal groß, einmal klein, und das Ausmaß der Spielfelder verschieden. Michelangelo hat am Hof der Medici begeistert Fußball gespielt.

Richtig populär wurde das Spiel erst Mitte des vorigen Jahrhunderts in England. 1831 war es von den berühmten Schulen wie Eton und Harrow wieder ins Leben gerufen worden. 1862 wurden die sogenannten Cambridge-Regeln festgelegt, und ein Jahr später die Britische Football-Association gegründet. Bald wurden auch von reklame- und geldsüchtigen Veranstaltern »Weltmeisterschaften« ausgetragen. Wie es darum bestellt war, geht aus dem Ausspruch eines englischen Zeitungsmannes hervor, der erklärte: »Im Fußball gibt es zwischen den Orkney-Inseln und Land's End nur noch Weltmeisterschaften – ich zählte zuletzt dreiundzwanzig!« Während die englischen Spitzenvereine bereits mit dem Professionalismus liebäugelten (und ihn 1885 offiziell einführten), wurde 1878 in Hannover der erste Fußballklub Deutschlands gegründet. Aber erst 1902 wurde erstmals um den deutschen Meistertitel gekämpft. Sieger: Der VfB Leipzig. Ein Jahr zuvor hatte Österreich den ersten Länderkampf Kontinentaleuropas gegen die Schweiz gewonnen. Nach alledem kann man sagen, daß das Fußballspiel, wenn man seine andersartigen Vorgänger außer acht läßt, 150 Jahre alt ist. Dagegen ist seine Lebensdauer unbegrenzt; es wird wohl erst mit unserer Zivilisation untergehen.

Die Größten der Großen

Wer versucht, eine Rangliste der besten Spieler aller Zeiten auszuarbeiten, muß wissen, daß er viel Widerspruch ernten wird. Jede Wertung ist subjektiv, alle Würdigung einseitig. Der Anhänger eines Klubs, der Bürger einer Stadt, der Deutsche, Engländer, Italiener oder Brasilianer – sie alle urteilen gefühlsbetont, oft unsachlich. Aber auch wer glaubt, über allen Parteien zu stehen, bevorzugt einen bestimmten Spielertyp und eine Spielweise, die seiner Vorliebe, seinen Vorstellungen entspricht. Für einen Brasilianer steht es fest, daß Pelé der Größte der Großen ist. Viele Deutsche halten Franz Beckenbauer, die meisten Engländer Stanley Matthews oder Bobby Charlton, die Spanier di Stefano und die Ungarn Dr. Sarosi oder Ferenc Puskas dafür. Die Österreicher erinnern an Sindelar, den »Papiernen«, die Italiener an Rivera, die Schweden an Knut Nordahl und die Holländer an Johan Cruyff. Und dann fällt ein Name nach dem anderen: Zito und Eusebio, Fritz Walter, Uwe Seeler und Gerd Müller, Ocwirk, Pezzey und Prohaska, Hurst, Moore und Hunter oder Maradona, Santos, Everaldo und Rivelino. Auch Breitner und Rummenigge werden genannt, Piola, Masopust und Gren . . . die Liste verlängert sich ins Uferlose. Die 25 Stars, deren Laufbahn wir schildern, sind die persönliche, aber nicht willkürliche Auswahl des Verfassers; für sie sprachen gewiß auch Gründe der Aktualität. Denn auch den Kennern der Fußballhistorie sagen Namen wie Trello Abegglen, Clifford Bastin oder Heinrich Träg kaum mehr etwas. Lassen wir nunmehr die Auserwählten an uns vorüberziehen!

Pelé

Seine Laufbahn ist ein modernes Märchen, denn er begann sie als Schuhputzerjunge und beendete sie als Idol seiner Nation und Multimillionär. Am 21. Oktober 1940 in Tres Caracoes im brasilianischen Staat Minas Geraes geboren – die kleine Stadt setzte ihm 1971 ein Denkmal! –, kam er schon mit fünfzehn Jahren zum FC Santos; hier verdiente er bei freier Kost und Wohnung monatlich 300 Mark. Schon ein Jahr später spielte er erstmals in der brasiliani-

schen Nationalelf. Bei der Fußballweltmeisterschaft 1958 in Schweden war er die Sensation des Turniers und trug mit 6 Toren, die er schoß, entscheidend zum Sieg Brasiliens bei. Seine Ballbehandlung war akrobatisch und fehlerlos, sein Torschuß »durchschlagend«. Brasilien vergalt es ihm mit Ehrungen, Geschenken und Prämien, wie sie noch kein Fußballer vor ihm bekommen hatte. So konnte er sogar ein ausländisches Angebot von 10 Millionen ablehnen und seinem Stammklub treu bleiben. Mit ihm gewann Santos 1962 die Meisterschaft Südamerikas und den Weltpokal. Bei der Weltmeisterschaft 1962 in Chile verletzt, mußte er dem erneuten Triumph seiner Kameraden von der Tribüne aus zuschauen. Aber in England und Mexiko war er wieder dabei – der einzige Spieler, der je bei 4 Weltmeisterschaften antrat und dreimal mitsiegte.
Pelé lernte erst spät schreiben und lesen, dafür um so besser rechnen. Als Film- und Fernsehstar verdient er heute noch Spitzenhonorare, ja, hatte sogar als Gitarrespieler mit kleinen Kompositionen Erfolg. Als er für den FC Santos sein 1000. Tor schoß, wurde sein Rekord in die Stadionmauer eingemeißelt; Brasilien feierte ihn als Held der Nation. Pelé, der weder raucht noch trinkt, ist tiefgläubig und hat das Stadion nie betreten, ohne zuvor ein Kreuz zu schlagen. Er sorgt nicht nur für seine Eltern und Geschwister, sondern hat auch viele Kameraden unterstützt, die das Glück nicht so begünstigte wie ihn. Zu seinem Abschied schrieb ein Blatt: »Er war der Beste, wo immer er antrat. Einen wie ihn wird es nie mehr geben.« Nach Beendigung seiner Weltkarriere spielte Pelé noch $2^1/_2$ Jahre bei Cosmos New York; gewiß nicht, um noch mehr Geld zu scheffeln, sondern weil ihn der Fußball einfach nicht losließ und er in den USA noch größere Möglichkeiten hatte, sich als Radio- und Fernsehstar, Buchautor und Musikant zu profilieren. Hohe Summen spendete er für die Krebsbekämpfung, Waisenkinder und die Dritte Welt.

Franz Beckenbauer

Den Münchener Beckenbauer müssen wir mit Pelé in einem Atemzug nennen. Zwar stammt er aus bürgerlichem Haus, so daß seine Laufbahn nicht unter dem Titel »Vom Zeitungsjungen zum Fußball-Nabob« gestellt werden kann. Aber an Weltruhm und Millionen hat er in seiner Jugend nur im Traum gedacht – und dann ist dieser Traum wahr geworden! Beckenbauer, der zur Zeit als fast 37jähriger beim HSV noch immer eine Hauptrolle spielt, war zweifellos der beste Libero der Welt. Seine Technik ist von verblüffender Einfachheit; er spielt kräftesparend, dabei umso treffsicherer und zielbewußter. Wenn die Zuschauer den Eindruck haben, er setzte sich nicht voll ein, so sollten sie seine Gegner fragen: Wie verzweifelt waren diese, wenn sie an dem großen Zauberer einfach nicht vorbeikamen und er ihnen immer neue Schnippchen schlug. Da wir seinen Stil und seine Laufbahn in dem Abschnitt »Der Libero ausführlicher schildern werden, können wir uns hier mit ein paar Farbtupfern begnügen. Als er mit einem 7-Millionen-Vertrag 1977 zu Cosmos New York ging, glaubte jeder, daß es sein Schwanengesang sein würde. Mit Beckenbauer gewann Cosmos zweimal die US-Meisterschaft und vervierfachte die Besucherzahlen von durchschnittlich 12000 auf fast 50000. Aber 1980 zog es Beckenbauer in die Bundesliga zurück. Beim HSV bildet er mit Kaltz, Magath und Hrubesch ein Quartett, das aus der Schar der anderen zweifellos heraussticht; aber er ist eben einer von Vieren, nicht mehr »der Kaiser«. Und da er eine Meniskusoperation und eine nie richtig auskurierte Leistenzerrung hinter sich hat, wird die Spielzeit 1981/82 wohl seine letzte sein.

Alfredo di Stefano

Der argentinische Mittelstürmer di Stefano galt zwischen 1944 und 1964 als der ideenreichste und durchschlagkräftigste Spieler der Welt. Er hat sowohl für Argentinien (7 mal) wie später für Spanien (35 mal) gekämpft und mit Real Madrid nicht weniger als fünfmal den Europapokal der Landesmeister gewonnen. Als Real 1960 gegen Penarol Montevideo den Weltpokal gewann, war der fast 35jährige di Stefano – geboren am 4. 7. 1926, noch immer der herausragende Star. In seiner 20jährigen Laufbahn erzielte er über 900 Tore, wurde zweimal Fußballer Europas und stand in der Weltelf, die 1963 in London England 1:2 unterlag. Später war di Stefano einer der angesehensten Trainer seines Heimatlandes Argentinien.
Als Millionärssohn hätte di Stefano nach dem Abschluß seiner Laufbahn nicht mehr im Fußballgeschäft mitmachen müssen. Aber wie

schon als Spieler, wo er zwischen den Strafräumen oft wie ein Schwerarbeiter schuftete, machte er sich auch als Trainer das Leben schwer. Beim spanischen FC Elche war er trotzdem so wenig erfolgreich, daß man ihm die Fensterscheiben einschmiß. Zornig kehrte ›der Feldherr‹ nach Buenos Aires zurück und verhalf seinem Stammklub Boca Juniors zur argentinischen Meisterschaft. Später trainierte er wieder spanische Klubs.
Den Deutschen, besonders den Frankfurtern, ist di Stefano von dem Endspiel im Europapokal der Landesmeister 1960 in ›ehrfurchtsvoller‹ Erinnerung. Im Glasgower Hampden-Stadion führte der damalige deutsche Meister Eintracht Frankfurt vor 127 000 Zuschauern (!) gegen Real Madrid nach 18 Minuten 1:0. Dann wirbelte ›der blonde Pfeil‹ di Stefano die deutsche Abwehr erbarmungslos durcheinander. Mit einer unglaublichen Kondition von Strafraum zu Strafraum sprintend, schoß der explosive Mittelstürmer drei Tore und überließ es dem Ungarn Ferenc Puskas an seiner Seite, vier weitere Glanzschüsse zu vollstrecken. Frankfurt ging mit 3:7 unter.

Paul Breitner

Wenn der Name Paul Breitner fällt, verziehen die Fußballfans das Gesicht; die einen vor Entzücken, die anderen vor Ärger, ja Wut. Keiner aber würde abstreiten, daß der rauschebärtige Mittelfeldspieler des FC Bayern und der Nationalelf der imponierendste Techniker und Taktiker der Aera nach Beckenbauer ist. Am 5. September 1951 in Freilassing als Sohn eines Fußballtrainers geboren, war er schon als Junge ebenso talentiert wie eigenwillig. »Spätestens seit meinem 14. Lebensjahr«, so sagt er von sich selbst, »habe ich sehr allergisch reagiert, wenn man in mein Leben eingreifen wollte.«
Als er 1970 zum FC Bayern kam, bestach er sogleich mit Kampfgeist und brillanten Pässen, hatte aber außer Uli Hoeneß keinen Freund. Beckenbauer fand ihn vorlaut und unbescheiden, dem Präsidenten Neudecker waren seine ultralinken Ansichten ein Greuel. Obgleich Bayern München mit Breitner dreimal die Deutsche Meisterschaft gewonnen hatte und Deutschland ohne Breitner 1974 kaum Weltmeister geworden wäre, ließen ihn Klub und Fußball-Bund gern ziehen, als Real Madrid $2^1/_2$ Millionen für ihn bot. Fußballboß Neuberger, ja, sogar der friedfertige Bundestrainer Schön

erklärten den Aufsässigen für untragbar. »Wenn dieser geldgierige Bursche wieder das DFB-Hemd trägt, schäme ich mich für die ganze Nationalmannschaft«, erklärte Spielausschuß-Vorsitzender Dekkert. Ebenso ablehnend äußerte sich Expräsident Dr. Gösmann: »Wenn Breitner wieder für uns spielt, sind wir nicht mehr Herren im eigenen Haus, dann bestimmen nur noch die Spieler und die Leute von der Straße.« Nur Startrainer Max Merkel meinte: »Mir g'fallt der Pavian a net. Aber wennst g'winnen willst, mußt auch mitm Teufel paktier'n.«
In Spanien kam es zu der großen Wandlung. Breitner, zum Fußballmillionär geworden, lebte sich in die feudale Gesellschaft Madrids ein und erklärte seinen Schwenk mit der Behauptung, daß das Volk unter Franco zufrieden sei. Er war aber auch kameradschaftlicher und umgänglicher geworden und schied 1977 von seinen spanischen Mitspielern in Freundschaft. Nach einem kurzen Zwischenspiel in Braunschweig kehrte er 1978 zum FC Bayern, der inzwischen vom ersten auf den zwölften Ligaplatz abgerutscht war, zurück. Es war vor allem Breitners Verdienst, daß Bayern München schon ein Jahr später auf den vierten Tabellenplatz vorstieß und 1980 und 1981 vor dem Hamburger SV wieder Deutscher Meister wurde. Und dann söhnte er sich auch mit dem Fußball-Bund aus und wurde unter Bundestrainer Derwall mit Karl-Heinz Rummenigge zusammen das gefürchtetste Duo der Nationalmannschaft. Breitner, in Abwehr und Angriff gleich gefährlich, hat sich zu einem großen Strategen entwickelt und gibt seinem Team jene Impulse, die es zu einer Spitzenposition im Weltfußball befähigt.

Johan Cruyff

Er war einmal Hollands Idol und Nationalheld, als er zwischen 1970 und 1973 Ajax Amsterdam dreimal zum Sieg im Europapokal der Landesmeister führte und Holland 1974 zum Weltmeister krönen sollte. Daß sich die Niederländer dann mit dem 2. Platz begnügen mußten, haben weder er noch die holländische Nation verwunden; zu tief war der Sturz vom haushohen zum gestürzten Favoriten. Dann wechselte er mit 600000 Mark Jahresgehalt zum FC Barcelona, vertrug sich aber mit Trainer Weisweiler nicht und erklärte seinen Rücktritt. Zwei Jahre hörte man nichts mehr von ihm, bis er ein

fürstliches Angebot der Los Angeles Aztects annahm und fortan in Amerika kickte. Hatte er das nötig gehabt? Die Gerüchte, daß sein Schwiegervater sein Geld schlecht angelegt hatte, verdichteten sich bis zu der Behauptung von seinem finanziellen Ruin. 1979 tauchte er in Washington auf, ließ sich dann für ein Jahr an einen zweitklassigen spanischen Klub vermieten und kehrte 1981 nach Washington zurück. 34jährig, hat er nur noch einen Ehrgeiz: Seiner Frau Danny, seinen drei Kindern und sich selbst ein sorgloses Leben zu sichern. 8 Jahre vorher galt er als bester Spieler der Welt und war Europas Fußballer des Jahres.
Dem deutschen Fußballpublikum und vielen Millionen Fernsehzuschauern ist eine Szene unvergeßlich, bei der Cruyff im Endspiel der Weltmeisterschaft 1974 sogleich nach Spielbeginn mit einem unaufhaltsamen Spurt in den deutschen Strafraum eingedrungen war und von Hoeneß von den Beinen gerissen wurde. Der Elfmeter nach der 1. Minute hätte Hollands Torreigen eröffnen sollen; statt dessen wurde aus dem 1:0 ein 1:2, und der Superstar machte gegen das Wiesel (Berti Vogts) kaum noch einen Stich. Unter den Höhepunkten in Cruyffs Laufbahn nimmt der 2:0 Triumph von Ajax Amsterdam im Finalspiel der Landesmeister gegen Inter Mailand 1973 einen besonderen Platz ein. Beide Bilderbuchtore schoß der wendige Mittelstürmer mit seiner perfekten Technik und den rasanten Läufen. Nicht weniger hinreißend hatte er 1972 im Weltcupfinale gegen Independiente Buenos Aires gespielt. Nachdem die Südamerikaner zu Hause ein mageres 1:1 erzielt hatten, gingen sie in Amsterdam mit 0:3 unter. Ist das alles auch nur großartige Erinnerung, hat Cruyffs Spielkunst und ungezügeltes Temperament ihn unter die Besten der Besten eingereiht. »Wenn es keinen Fußball gäbe, würde ich ihn erfinden«, hat er in seiner Glanzzeit gesagt. Heute ist er heilfroh, daß er seine verlorenen Millionen wieder aufgestockt hat und binnen kurzem sorglos in seine Heimat zurückkehren kann.

Karl-Heinz Rummenigge

»Der Rummenigge wird ein bestimmtes Niveau nie überspringen. Er wird niemals ein ganz Großer werden«, erklärte Franz Beckenbauer 1976. Und Trainer Udo Lattek nannte ihn »Rummelfliege«: »Er surrt ziellos übers Spielfeld und tut keiner Fliege was zuleide.«

Fußball in Vollendung. Ganz konzentriert und mit tänzerischer Körperbeherrschung greift Karl-Heinz Rummenigge an.

Oben: Nationaltorwart Harald Schumacher (l.) und Bundestrainer Jupp Derwall vor der Generalprobe zur Europameisterschaft 1980.

Unten: Die deutsche Jugendelf gewann nach der Europameisterschaft auch die Weltmeisterschaft 1981. Hier eine Spielszene aus dem Vorrundenkampf gegen Australien in Canberra – die Deutschen im weißen Trikot.

Oben: Auf den Schultern seiner Anhänger wurde Brasiliens größter Spieler Pelé nach vielen siegreichen Kämpfen im Triumph vom Platz getragen.

Unten: Strahlende Sieger! Die Mannschaft von Nottingham Forest nach dem Gewinn des Europapokals der Landesmeister 1980 gegen den Hamburger SV.

Seite 20 oben: Der argentinische Zauberlehrling Diego Maradona durchbricht die gegnerische Abwehr im unwiderstehlichen Dribbling.

Seite 20 unten: Der Fliegende Mensch! Eine herrliche Parade von Sepp Maier, der in der Nationalmannschaft 95mal das Tor hütete.

Seite 21: Deutschland Fußballweltmeister 1974! Bundespräsident Walter Scheel (ganz l.) freut sich mit Franz Beckenbauer, Sepp Maier und Paul Breitner über den Sieg. In der 3. Reihe rechts oben einer der Weltmeister von 1954: Fritz Walter.

Links oben: Neben Karl-Heinz Rummenigge gilt Diego Maradona (Argentinien) als Weltstar Nr. 1.

Rechts oben: Waldemar Victorino (Uruguay) schoß bei der Mini-WM in Montevideo und beim Supercup in Tokio gegen Nottingham Forest den Siegestreffer.

Seite 22 unten: Kampf bis zur Erschöpfung: Paul Breitner (l.) und Karl-Heinz Rummenigge nach dem Sieg gegen Österreich 1981.

Seite 23: Zwei Unvergeßliche: Franz Beckenbauer (r.) und Johan Cruyff tauschen vor dem WM-Endspiel Deutschland – Holland 1974 die Wimpel aus.

Überschäumend vor Freude feierten die Spieler des FC Bayern München 1974 ihren dritten Sieg in der Deutschen Meisterschaft hintereinander. Von links: Sepp Maier mit dem Pokal, Uli Hoeneß, Schwarzenbeck, Roth und Hansen.

1980 aber war er Torschützenkönig, Fußballer des Jahres, Deutscher und Europa-Meister und wurde mit dem argentinischen Wunderstar Diego Maradona die Nr. 1 in der Welt! So können auch die besten Sachkenner irren . . .
Karl-Heinz Rummenigge, am 25. September 1955 geboren, erkrankte in der Pubertät an der Scheuermannschen Krankheit, bei der es zu einer schmerzhaften Deformierung der Wirbelkörper kommt. Die Ärzte meinten, er würde nie mehr Fußball spielen. Er überwand aber das Leiden und wurde 1974 von einem Assistenten des Wiener »Schmäh«-Trainers Max Merkel im westfälischen Lippstadt entdeckt. Für 17500 Mark kaufte ihn der FC Bayern. Seit Einführung des Professionalismus ist noch kein kommender Star billiger als Rummenigge erworben worden. Anfangs setzte ihn Udo Lattek nicht mal auf die Ersatzbank; er durfte nur am Training teilnehmen und mußte seine Banklehre fortsetzen. »Wenn er den Sprung in die Ligareife nicht schafft, schicken wir ihn in die Provinz zurück«, erklärte Robert Schwan, damals Manager des Klubs. Und Dettmar Cramer, Latteks Nachfolger, drohte: »Ich trete ihn so lange in den Hintern, bis er in der Nationalelf steht!« 1976 war es so weit. Bei den 2:0 Siegen gegen Wales und die Tschechoslowakei »tat er seine Pflicht«, 1977 wurde er auf einer Südamerika-Tournee gegen Argentinien und Brasilien nur als Auswechselspieler eingesetzt. Aber im Herbst schoß er gegen Italien sein erstes Tor, und als er sich 1978 auch bei dem 2:1 Sieg gegen England bewährte, war er aus der Nationalmannschaft nicht mehr wegzudenken. Bei der Weltmeisterschaft in Argentinien, die für Deutschland so enttäuschend verlief, schoß er immerhin drei Tore. Ein Höhepunkt seiner Laufbahn war der Gewinn der Europameisterschaft 1980 in Italien. Von hier aus datiert der steile Aufstieg, der ihn zum Stürmerstar der Weltelite machte. Die Traumtore, die er auch in der Spielzeit 1980/81 schoß, sind als ›Spezialnummern‹ mehrfach im Fernsehen gezeigt worden. Unvergeßlich, wie er, von allen Seiten bedrängt, den Ball zweimal wie ein Jongleur mit der Fußspitze hochbalancierte, um ihn beim dritten Mal mit einer blitzschnellen Wendung unhaltbar einzubomben. Mit einem Jahresverdienst von 600000 Mark und Werbeeinnahmen, deren Höhe nur das Finanzamt kennt, ist er einer der Großverdiener im internationalen Fußball. Seinen Vertrag mit dem FC Bayern hat er 1980 um 5 Jahre verlängert, obgleich ihm von Juventus Turin ein 4-Millionen-Angebot vorlag. Bei der Weltmeister-

schaft 1982 ist er die Trumpfkarte der deutschen Nationalelf.

Diego Maradona

Bei der Junioren-Weltmeisterschaft 1979 in Japan stach aus der argentinischen Mannschaft ein Junge hervor, der so leichtfüßig und durchschlagskräftig spielte, daß er immer wieder Applaus auf offener Szene bekam. »Ein zweiter Pelé!« prophezeite sein Trainer. »Passen Sie auf: In zwei Jahren ist er die Nr. 1 in der Welt.« Er hatte sich geirrt; noch im selben Jahr war der 19jährige Wunderknabe Diego Maradona mit dem schwarzen Wuschelkopf Torschützenkönig und Fußballer des Jahres. Und als er 1980 mit der Nationalmannschaft nach Europa kam und gegen Österreich drei Bilderbuchtore schoß, rühmte ihn der Wiener Teamchef Karl Stotz mit den Worten: »Ich habe noch nie einen so perfekten Fußballer wie Maradona gesehen. Wie er den Ball annimmt, welche Tricks und Körpertäuschungen er auf Lager hat, wie schnell er ist und welche Torgefährlichkeit ihn bei alledem noch auszeichnet, das macht ihn nach meiner Meinung zum besten Fußballer aller Zeiten.« Dagegen erklärte Jupp Derwall nach der Mini-Weltmeisterschaft in Montevideo im Januar 1981: »Wenn ich die Wahl zwischen Kalle Rummenigge und Diego Maradona hätte, würde ich immer den Münchener nehmen. Rummenigge ist viel wirkungsvoller, sieht sofort seine Chance und steuert schnurstracks dem gegnerischen Tor entgegen. Maradona wird nur dann ein zweiter Pelé, wenn er lernt, sich – wie früher der Brasilianer – dem Mannschaftsspiel anzupassen. Derzeit ist er noch zu sehr Solist.« Und Hans-Peter Briegel, der den Argentinier beim 1:2 doch ziemlich kaltstellte, meinte: »Wundermann ist er keiner. Ich hatte mir die Aufgabe nicht so leicht vorgestellt.« Alle diese Urteile wurden unter dem Eindruck von ein paar Spielen abgegeben. In London und Wien war Maradona in Hochform, in Montevideo nicht; außerdem war er da schon der Superstar, der immer von drei Spielern bewacht wurde. Wie immer: Diego Maradona bewegt sich auf dem Rasen wie ein Tänzer, umspielt die Gegner graziös, wobei er sich oft um sich selbst dreht oder dribbelt an ihnen vorbei, als wären sie Luft. Er läßt den Ball auf der Hacke hochspringen, lupft ihn über den Torwart hinweg oder schießt aus vollem Lauf unter die Latte.

Am 30. Oktober 1960 in einem Marktflecken Nordostargentiniens geboren, wuchs Diego Maradona in den Slums von Buenos Aires auf und ernährte sich oftmals nur durch Mundraub. 20 Jahre später kaufte er für seine Eltern und die sieben Geschwister ein Eigenheim für $1^1/_2$ Millionen und besaß zwei Mercedes und einen Ford mit Chauffeur. Sein blutjunger Manager Cyterszpiler hat ihm Werbeverträge mit jährlichen Einnahmen von 3 Millionen und ein Monatsgehalt von 40000 Mark von einer Fluggesellschaft verschafft. Als Juventus Turin 24 Millionen Mark (!) für ihn bot, sprangen mehrere argentinische Konzerne ein, um sein Bleiben zu sichern. Demnach kostet heute eine Flanke Maradonas eintausend, ein Tor sechstausend Mark. Und ein Gramm seines Körpergewichts – er ist allerdings nur 1,65 m groß – kommt auf 230 Mark. Damit ist Maradona, wenn nicht der beste, so gewiß der teuerste Spieler aller Zeiten.

Matthias Sindelar

Unter den Spielern, die mit den heutigen Fußballgrößen konkurrieren könnten, nimmt der Wiener Matthias Sindelar einen hohen Rang ein. Seine Landsleute nannten den Austria-Stürmer, der 44 mal das österreichische Nationaltrikot trug, den »Papiernen«: Wie ein vom Wind getriebenes Blatt flog er durch die Abwehrreihen der Gegner. Sindelar gehörte zu dem Wunderteam, das 1931 gegen Deutschland in Berlin und Wien 6:0 bzw. 5:0 gewann und die damals unbesiegbaren Engländer im Wembley Stadion an den Rand der Niederlage brachte. Dichter schrieben Hymnen auf ihn, Komponisten widmeten ihm Märsche und Lieder. Die Fachleute rühmten seine virtuose Ballführung und spielerische Eleganz. Manchmal spazierte er mit dem Ball ins Tor, ein andermal schoß er ihn wie einen Pfeil ab oder schnitt ihn so gefühlvoll an, daß der Torwart danebengriff. Nach der Besetzung Österreichs durch die Nazis schied Sindelar im Januar 1939 freiwillig aus dem Leben. 20000 Menschen folgten auf dem Wiener Zentralfriedhof seinem Sarg; er war nur 36 Jahre alt geworden.

Fritz Walter

Der Name Fritz Walter hat heute noch einen magischen Klang. Zwischen 1940 und 1958 spielte der Kaiserslauterner Starstürmer 61 mal in der Nationalelf und schoß dabei 33 Tore. Am 31. Oktober 1920 geboren, führte er den 1. FC Kaiserslautern 1951 und 1953 zu Meisterehren und erreichte mit seiner Mannschaft dreimal das Endspiel. Als Mannschaftskapitän krönte er 1954 seine Laufbahn durch den Gewinn der Weltmeisterschaft in Bern gegen das scheinbar unschlagbare ungarische Team. Mit 38 Jahren war er bei der Weltmeisterschaft 1958 in Schweden immer noch unter den Besten. In Stil und Aussehen ein Beckenbauer seiner Zeit, war er als Sturmführer technisch ebenso perfekt – ein jederzeit angriffsfreudiger Stratege. Nach Beendigung seiner Laufbahn übernahm er zunächst einen Trainerposten und veröffentlichte mehrere sachverständige Fußballbücher und laufend Artikel für die Sportrubriken von Zeitungen und Zeitschriften. Auch das Fernsehen zieht ihn zur Kommentierung besonderer Fußballereignisse immer wieder heran.
Eine besondere Spezialität Fritz Walters war sein Schuß mit der Hacke, was ihm sobald kaum ein Spieler nachmachen wird. Als Kaiserslautern 1956 im Leipziger Stadion gegen Wismut Chemnitz, die führende Mannschaft der DDR, spielte, kam ein angeschnittener Freistoß in Richtung Fritz Walter, der an der Strafraumgrenze stand. Der Ball senkte sich aber hinter ihm herab, so daß ihn eigentlich der Chemnitzer Abwehrspieler, der Walter bewachte, aus der Gefahrenzone herausschlagen konnte. Da machte Walter einen Hechtsprung voran, riß den rechten Hacken hoch und schlug mit dem Rücken der Ferse zu. Als »Bogenlampe« sauste der Ball ins obere rechte Eck, unerreichbar für Torwart Steinbach. Noch heute schwärmen die Kaiserslauterner Fans und die Chemnitzer Zuschauer von diesem Tor des großen Fußballzauberers. Als erster deutscher Fußballer bekam Fritz Walter 1953 und 1954 das Silberne Lorbeerblatt, 1955 auch die Goldene Länderspielnadel des DFB. 1970 wurde ihm das Große Bundesverdienstkreuz verliehen.

Ferenc Puskas

Einer der »Unsterblichen« der alten Fußballgarde ist auch der ungarische Halbstürmer Ferenc Puskas. Am 2. April 1927 in Budapest geboren, wurde er schon als 17jähriger in die Nationalelf berufen, mit der er 82 Länderkämpfe bestritt. Mit Csibor, Kocsis und Hidegkuti bildete er eine der stärksten Stürmerreihen, die jemals die Stadien jubeln oder aufseufzen ließen. Zwischen 1951 und 1955 gewann das ungarische Wunderteam 40 von 47 Länderkämpfen und verlor nur eines. Unter den Siegen waren die denkwürdigen Triumphe gegen England (6:3 in London und 7:1 in Budapest). Puskas, der fast nur mit dem linken Fuß schoß, war ein großartiger Techniker und Dribblekünstler. Daß Ungarn die Weltmeisterschaft 1954 gegen Deutschland nach einer 2:0 Führung verspielte, war der schwärzeste Tag seines Lebens. Nach dem Scheitern des Volksaufstandes gegen das kommunistische Regime ging der 31jährige Puskas zu Real Madrid, wo er einen zweiten Fußballfrühling erlebte. Viermal wurde er spanischer Torschützenkönig, zweimal war er beim Gewinn des Europapokals der Landesmeister dabei und zwei weitere Male erreichte er mit Real das Endspiel, zuletzt 1964 als Siebenunddreißigjähriger. Zwei Jahre später beendete er seine aktive Laufbahn und wurde Trainer. 1971 führte er Panathinaikos Athen im Weltpokal der Vereine bis ins Finale, wo die Griechen gegen Nacional Montevideo nur knapp unterlagen (1:2 und 1:1).

Luigi Riva

Als »Sklaventreiber« Herrera bei einem Probetraining den schüchternen Jungen Luigi Riva 1962 beobachtete, sagte er nach zehn Minuten: »Nein, danke – aus dem wird nie was!« 3 Jahre später stand Riva in der italienischen Nationalelf, wurde Torschützenkönig, und Juventus Turin bot 6 Millionen Mark für ihn. Riva, aus der Gegend des Como-Sees, kam 1962 widerwillig zu dem B-Klassenklub US Cagliari auf Sardinien, der 200000 Mark für ihn bezahlt hatte. Hier wurde der kräftige Linksaußen, der schon mit Dreizehn in einer Fabrik gearbeitet hatte, bald das Idol der Inselbevölkerung. Keiner spielte so tollkühn wie er, keiner setzte sich so aufopfernd für seine Mannschaft ein. Zweimal brach er sich im Kampf um den Ball das Bein – die Ärzte zweifelten, ob er jemals wieder spielen könnte. Als 1968 Italien Europameister wurde, zog man im Endspiel gegen Jugoslawien Prati vor. Der Kampf endete nach Verlängerung 1:1 und

wurde wiederholt. Diesmal war Riva dabei, und Italien gewann 2:0, wobei Riva wieder einmal ein Prachttor schoß. Er war auch bei der Weltmeisterschaft in Mexiko 1970 mit Gianni Rivera und Bonisegna die italienische Trumpfkarte; sein Tor zum 3:2 gegen Deutschland trug entscheidend zu dem 4:3 Sieg Italiens bei.
Am 7. November 1944 geboren, spielte Riva zunächst bei Condor Laveno und dem AC Legnano. Mit Cagliari gewann er 1970 die italienische Meisterschaft, mit der Nationalelf wurde er im selben Jahr Vizeweltmeister. 1967, 1969 und 1970 wurde er Torschützenkönig und erhielt nach 39 Länderkämpfen den Orden »Ritter der Republik«. Sein Marktwert betrug 1973 zwölf Millionen Mark. Blond, 1,71 m groß mit schmalem Gesicht und verträumten Augen, war Riva dank seiner Schußkraft und Kopfstöße wie auch seines Blitzstarts von allen Gegnern gefürchtet.

Uwe Seeler

Als der Hamburger Uwe Seeler am 9. September 1970 in seinem 72. Länderkampf beim 3:1 Sieg über die Ungarn endgültig Abschied von der Nationalelf nahm, war eine Epoche zu Ende gegangen, die man längst abgeschlossen glaubte. Denn »uns Uwe« war ja schon 1954 gegen England (1:3) mit dabei gewesen und hatte ein Jahr später an der Seite Fritz Walters gegen Italien gekämpft. 1958 war der dynamische Mittelstürmer bei der Weltmeisterschaft in Schweden die Seele der deutschen Mannschaft, und das war er noch 1970 bei der Weltmeisterschaft in Mexiko. Wegen Verletzungen oder Formkrisen mehrfach totgesagt, erhob er sich wie der Vogel Phoenix immer wieder aus der Asche und stellte mit ungeheurem Kampfgeist die meisten Jüngeren in Schatten. Mit dem Hamburger SV kam er 1957 und 1958 ins Endspiel der Deutschen Fußballmeisterschaft, die er für seinen Klub 1960 mitgewann. 1963 siegte der HSV hauptsächlich dank Seelers überragenden Leistungen im Wettbewerb um den Deutschen Vereinspokal, und sechsmal war der nur mittelgroße, aber drahtige Uwe Torschützenkönig in der Bundesliga. Seine Spezialität waren Fallrückzieher und Kopfballtore, und keiner donnerte den Ball so treffsicher direkt aus der Luft aufs gegnerische Tor. Nach einem Riß der Achillessehne schien 1965 seine Karriere beendet. Aber wiederum schaffte er das scheinbar Unmög-

liche, war 1966 Spielführer bei der Weltmeisterschaft in England und 1967 bei den hoch gewonnenen Länderkämpfen gegen Frankreich und Jugoslawien (5:1 bzw. 3:1).
Seeler, der hohe Auslandsangebote ablehnte und dem Hamburger SV immer treu blieb, hat auch beruflich – als Sportartikelhändler – seinen Weg gemacht und ist seinen drei Kindern ein vorbildlicher Vater. Als er sich vom aktiven Fußball verabschiedete, spielte eine Blaskapelle das Lied vom Guten Kameraden.

Stanley Matthews

Ende April 1965 beendete ein Fußballveteran seine 33jährige Laufbahn: Der große Alte von Stoke City, Stanley Matthews, war damals fünfzig Jahre. Manche Engländer behaupten, er sei der beste Spieler aller Zeiten gewesen. Jedenfalls war er der rang- und dienstälteste Profi der Welt, ein Ritter ohne Fehl und Tadel. Matthews hat niemals ein Foul begangen, hat nie protestiert und es keinem nachgetragen, wenn er ihm ein Bein stellte. Er vertrat England 73 mal in Länderkämpfen und verhalf noch als 48jähriger seinem Verein in die erste Liga. Von der Königin geadelt, betätigt sich der kluge Dribblekünstler als Klubmanager.
Geboren am 1. Februar 1915, gehörte Matthews von 1930–1947 und von 1961–1965 Stoke City an; zwischendurch spielte er von 1947–1961 für den FC Blackpool, dem er zum Pokalsieg verhalf. 1950, 1954 und 1958 nahm er an den Fußballweltmeisterschaften teil, war 1948 und 1963 Fußballer Englands und 1956 Fußballer Europas. Seine Pässe kamen zentimetergenau auf den Fuß oder Kopf seiner Mitspieler, so daß sie – beispielsweise bei dem Pokalendspiel Blackpool gegen Bolton Wanderers – dank drei seiner Vorlagen drei Tore erzielten; das vierte hätte er selbst schießen können, überließ die Vollstreckung aber uneigennützig seinem Teamkameraden Perry. Bei zwei Länderkämpfen gegen Deutschland 1935 (3:0) und 1938 (6:3) war er die dominierende Figur auf den Spielfeldern. »Einen Mann wie ihn wird es im Fußball nicht mehr geben«, schrieb die englische Presse, als er seinen Abschied nahm.

Bobby Moore

Sie nannten ihn noch immer den Goldjungen des englischen Fußballs, als er mit 32 Jahren schon mit einem Fuß im Seniorenalter stand und vierzehn gnadenlose Spielzeiten ihre Furchen in sein Gesicht eingegraben hatten. Der Gipfel seiner Laufbahn war 1966, als England die Weltmeisterschaft gegen Deutschland gewann und er, Kapitän der Mannschaft, den Pokal aus den Händen der Königin empfing (und nebenbei 7500 Mark Extraprämie als bester Spieler des Turniers). Der schrecklichste Moment seiner Karriere kam 1972. England unterlag damals im Wembley Stadion Deutschland mit 1:3, und Libero Bobby Moore hatte zwei Tore verschuldet. Dazwischen lagen Triumphe und Enttäuschungen, wie sie auch den Besten nicht erspart bleiben; seine Heirat mit dem schönen Fotomodell Tina, die ihm zwei Kinder schenkte, der Einzug in das eigene Haus in Chigwell (Essex) und die Eröffnung eines Sportartikelgeschäftes sowie einer Lederwarenfirma. Moore, der auch hervorragend Cricket spielte, schrieb wöchentlich für den Daily Mirror, trat im Werbefernsehen auf und begeisterte auch fußballfeindliche alte Damen mit seinem strahlenden Lächeln. Er hat über 100 Länderkämpfe bestritten. Als Alf Ramsey einmal seinen Namen nicht nannte und ein Reporter ihn fragte: »Aber was ist mit Bobby – stellen Sie ihn diesmal nicht auf?« antwortete er: »Eine englische Mannschaft ohne Moore wäre so absurd wie der Buckingham Palast ohne die Queen.«

Eusebio

In der Hauptstadt von Portugiesisch-Mozambique, in Lourenco Marques, wurde am 25. Januar 1942 ein braunhäutiges Kind geboren, der neunte Sprößling eines armen, wenn auch nicht notleidenden Eingeborenenpaares. Eusebio (da Silva Ferreira) spielte bis zu seinem dreizehnten Lebensjahr barfuß, bevor er seine ersten Fußballschuhe bekam. 1960 kauften ihn Talentsucher von Benfica Lissabon für ein Handgeld von 4000 Mark ein. Zu seiner besten Zeit war er – in den 60er Jahren – das Tausendfache wert. Er selbst verdiente allerdings höchstens 120000 Mark im Jahr, denn Portugal ist ein armes Land, und Benfica konnte nie solche Spitzengehälter zahlen, wie sie die brasilianischen Stars Pelé oder Jairzinho bekamen. Der Höhepunkt von Eusebios Laufbahn war die Weltmeisterschaft 1966 in England. Mit 9 erzielten Toren wurde er Schützenkönig der WM und Fußballer Europas. Vorher war er mit Benfica Lissabon Pokalsieger der Landesmeister geworden (1962) und hatte ein Jahr später das Endspiel erreicht. Er war auch dabei, als Benfica 1968 nach einem Unentschieden in der regulären Spielzeit in der Verlängerung mit 1:4 gegen Manchester United unterging. Da war seine beste Zeit allerdings schon vorbei. Reichtümer hat der sympathische Portugiese nicht anhäufen können, aber ein sorgloses Leben hat ihm seine Fußballkunst, deren Flamme hoch aufschoß und nach einem halben Jahrzehnt wieder verlöschte, doch eingebracht.

Bobby Charlton

An dem Tag, als der Tod nach ihm griff, begann der zweite Aufstieg Bobby Charltons, des Mittelstürmers von Manchester United. Das war am 6. Februar 1958 in München, die Engländer waren auf dem Rückflug von Belgrad. Nach zweimaligem Fehlstart raste die Maschine über die Piste hinaus und durch eine Hecke in ein Haus. Das Flugzeug brach auseinander und fing Feuer. Acht Spieler, ebensoviel Reporter und drei Klubfunktionäre starben. Unverletzt blieb Bobby Charlton, der in Belgrad gegen den Roten Stern zwei Tore geschossen und den Matt Busby, der Manager von Manchester, als den kommenden Mann bezeichnet hatte.
»Ich habe eben mein zweites Leben begonnen«, schrieb Bobby seinem Bruder Jack, der ein paar Jahre später als Abwehrspieler auch in der englischen Nationalelf stehen sollte. Dieses zweite Leben brachte Bobby Charlton, dem eleganten Dribblekünstler mit den fliegenden Haarsträhnen, den größten Triumph, den ein Fußballer erringen kann, den Gewinn der Weltmeisterschaft. Held der Begegnungen, vor allem des Endspiels gegen Deutschland, war Bobby Charlton. Gegen Franz Beckenbauer focht er den Kampf seines Lebens aus. Die Journalisten wählten ihn zum Fußballer Europas, die Schiedsrichter erkannten ihm den Titel »Vorbildlicher Gentleman« zu. Über 80 mal hat er England in internationalen Kämpfen vertreten, 1968 wurde er mit Manchester United Sieger im Europapokal der Landesmeister. Ein Mann wie aus einem Guß, ein unvergesse-

ner Fußballheld. Als er sich 1972 zurückzog, hinterließ er eine Lükke, die Teamchef Alf Ramsey nicht mehr ausfüllen konnte.

Gerd Müller

Eine Zeitlang hieß der Sturmführer des FC Bayern und Torjäger der deutschen Nationalmannschaft »der Abstauber«. Bei vielen Toren, die er erzielte, hatte er praktisch nur den Fuß hingehalten. Aber auch dazu muß man ja immer auf dem richtigen Fleck stehen! Obgleich jeder Torhüter seine Bombenschüsse fürchtete, glaubten viele, er könne sie nur abfeuern, wenn er, ungedeckt, freie Bahn habe. Dieses Urteil wurde bald revidiert. Dann hieß es, er könne noch im Ausgleiten auf einer Bananenschale ein Tor schießen. Tatsächlich schoß er aus jeder Lage und Entfernung. Auch den Spitznamen »der Dicke« verlor er in hundert heißen Fußballschlachten, in denen er wie ein Fronsklave schuftete. In seiner Hochform war er schlank, wendig, akrobatisch und blitzschnell.

Gerd Müller wurde am 3. November 1945 geboren. Vom TSV Nördlingen, einer Amateurelf, kam er für 5000 Mark Handgeld zum FC Bayern. Vor allem seinen Toren war es zu verdanken, daß sein Klub 1969, 1972, 1973 und 1974 Deutscher Meister wurde, viermal den Vereinspokal und dreimal den Europapokal der Landesmeister gewann. Er stand auch in der Mannschaft, als sie den Cup der Pokalsieger und 1976 gegen Cruzeiro Belo Horizonte den Weltcup eroberte. Noch bevor Uwe Seeler sich aus der Nationalelf zurückzog, hatte sich Müller in ihr einen Stammplatz erobert und boxte England in Mexiko aus der Weltmeisterschaft heraus. Wiederholt Fußballer des Jahres, hatte er den Titel »Torschützenkönig« offenbar gepachtet. In der Europameisterschaft 1972 versetzte er England in Wembley den Todesstoß, und je zwei Müller-Tore gegen Belgien und die Sowjetunion besiegelten auch deren Schicksal. Den Gipfel seines Ruhmes erreichte er mit dem Gewinn der Weltmeisterschaft 1974. Aus einem unmöglichen Winkel schoß er, von rechts und links behindert, das entscheidende Tor zum 2:1 gegen den Favoriten Holland.

Und dann der Abstieg, dem kein Sportler entgeht, es sei denn, er ziehe sich auf der Höhe seiner Erfolge zurück. 1978 bekam er dort, wo ihm immer Beifallsstürme gedankt hatten, Pfiffe zu hören. In der

US-Liga, bei den »Fort Lauderdale Strikers« erlebte er eine zweite Jugend. Wieder wurde er Torschützenkönig und erfocht neue, wenn auch billigere Triumphe. Und häufte neue Reichtümer auf das stattliche Vermögen, das er sich in 12 Jahren Roboter-Fußball erkämpft hatte. Ein Spieler seines Formats, dazu fair und kameradschaftlich, steht in der Geschichte des Fußballsports in einer Reihe mit den Größten, den Unvergeßlichen!

Günter Netzer

Der einstige Spielmacher von Borussia Mönchengladbach rivalisierte Ende der 60er und Anfang der 70er Jahre mit Franz Beckenbauer um den Ruhm eines Königs im Mittelfeld, um das höchste und den höchsten Verdienst. Um die flotteste und sauberste Technik bei größter Durchschlagskraft. Ein Wunder, wie beide trotzdem in der Nationalelf harmonierten! Das war nicht zuletzt das Verdienst von Bundestrainer Helmut Schön. Er hat den ebenso genialen wie eigenwilligen Abwehr- und Aufbauspieler zu einem selbstlosen Mannschaftskameraden erzogen. Dazu war viel Feingefühl und Diplomatie nötig, aber die Kur hat sich für beide Teile gelohnt. Netzer, in Mönchengladbach eine Art Alleinherrscher, spielte seine besten Trümpfe immer in Länderkämpfen aus.
Günter Netzer, am 14. September 1944 geboren, wurde in die Jugend- und Juniorenauswahl berufen, war aber schon mit 18 Jahren Mitglied der ersten Mannschaft von Mönchengladbach. 1965 spielte er seinen ersten Länderkampf (gegen Österreich) und war dann jedes Jahr zwei- oder dreimal mit dabei, ohne völlig zu überzeugen. Wegen einer Verletzung und Unstimmigkeiten mit Schön war er bei der Weltmeisterschaft 1970 in Mexiko nicht dabei, hatte aber dann ein glanzvolles Comeback und trug zum Gewinn der Europameisterschaft 1972 entscheidend bei. Der unvergleichliche Netzer-Stil war sprichwörtlich: Er vereinigte Eleganz und technische Perfektion mit enormem Tempo und Angriffsgeist. Bei der Weltmeisterschaft 1974 nur für 21 Minuten in dem verpatzten Treffen mit der DDR auf dem Spielfeld, kehrte Netzer Deutschland den Rücken, um bei Real Madrid eine Hauptrolle zu spielen. In Spanien erlebte er ein zweites Comeback. Als Fußballmillionär in die Heimat zurückgekehrt, übernahm er (wie Uli Hoeneß beim FC Bayern) die Rolle des

Managers beim Hamburger SV. Er verpflichtete den dynamischen Engländer Kevin Keegan und nach dessen Weggang Franz Beckenbauer, holte den jugoslawischen Startrainer Branko Zebec an die Alster und trennte sich wieder von ihm, trug dank seiner meisterhaften Führung des Vereins zum Gewinn der Deutschen Meisterschaft 1979 bei, kurz, war als Klubmanager ebenso erfolgreich wie als Star der Weltklasse. Auch sein Name wird immer genannt werden, wenn Fußballkunst auf höchstem Niveau diskutiert wird.

Bruno Pezzey

Der Libero der österreichischen Nationalelf und der Frankfurter Eintracht Bruno Pezzey galt schon beim SW Bregenz und Wacker Innsbruck Mitte der 70er Jahre als »der Beckenbauer vom Bodensee«. Am 2. Februar 1955 in der Vorarlberger Dorfgemeinde Lauterach geboren, wollte er anfänglich Slalomspezialist werden. Bei seinem ersten Juniorenländerspiel für Österreich fiel er dem Trainer von Wacker Innsbruck auf, und bald berief ihn der damalige Teamchef Senekowitsch in die Nationalmannschaft. Sein Ziel war aber die Bundesliga, »da nur kann ich meine Möglichkeiten voll ausspielen«, erklärte er und nahm einen Vertrag an, bei dem er auf 160000 Mark – seinen Anteil an der Ablösesumme – verzichtete. Zunächst konnte sich der Naturbursche Pezzey nur schwer in Frankfurt eingewöhnen. Erst als ihm Trainer Lothar Buchmann den Liberoposten übertrug, steigerten sich seine Leistungen bis zum Niveau der Weltklasse. Eine glänzende körperliche Kondition erlaubte ihm – wenn es sein mußte – das ganze Spielfeld zu beherrschen. Gelenkig wie kaum ein Zweiter, übersprang er auch solche Riesen wie Briegel oder Hrubesch und stieß den Ball mit der Stirn ins Tor. »Ein Libero der Extraklasse!« rühmte ihn sein Landsmann, Trainer i. R. Max Merkel. »Diese Übersicht, diese Pässe! Und dann schleicht er sich unmerklich in den Strafraum und schlägt zu – gefährlicher als die meisten Stürmer!«

Die große Fußballgemeinde hörte von Pezzey erstmals 1978 bei der Weltmeisterschaft in Argentinien. Neben seinem schußgewaltigen Landsmann Krankl waren Pezzey und Prohaska Österreichs Trumpfkarten beim 3:2 Sieg gegen Deutschland. Auch bei den Siegen gegen Spanien und Schweden hatte Pezzey die gegnerischen

Stürmer immer wieder auflaufen lassen. In den folgenden Jahren verbesserte er sich weiter, bis ihn die Sportpresse über Beckenbauer stellte und der »Kicker« einen Bericht über das Bundesligatreffen Frankfurt – Bayern München den Titel gab »Pezzey überragte alle«. Andere Blätter sprachen von seiner napoleonischen Strategie und von Delikatessen, die Pezzey dem Publikum vorsetzte. An dem Sieg der Frankfurter Eintracht im UEFA-Pokal 1980 hatte der 1,90 m große Vorarlberger einen entscheidenden Anteil. Pezzey, ein außerordentlich fairer und sympathischer Spieler, kann seine hohe Klasse noch bis in die späten 80er Jahre halten und als Nationallibero Österreichs einen neuen Länderspielrekord aufstellen.

Hans Krankl

Zu dem Torjäger von Rapid Wien und FC Barcelona kam der Weltruhm, als er bei der Weltmeisterschaft in Argentinien 1978 Deutschland mit zwei Toren aus der Konkurrenz warf, nachdem Berti Vogts in eine Strafraumflanke von Krieger zu Kreuz hineingegrätscht und den Ball ins eigene Netz gelenkt hatte. Die beiden Volltreffer waren zugleich das Maß, an dem der ebenso robuste wie kluge Stürmer fortan gemessen wurde. Zunächst wurde er auch beim FC Barcelona in der Spielzeit 1978/79 seinem Ruf gerecht. In 25 Ligaspielen schoß er 22 Tore, und beim Endspiel im Europacup der Pokalsieger erzielte er das Siegestor zum 4:3.
In Spanien erlebte er allerdings auch die Kehrseite des Fußballsports. »Hier wird nicht geholzt, getreten oder gesprungen«, erklärte er, »hier wird gnadenlos gekillt. Ein Krankl mit zerschmettertem Schienbein kann keine Tore mehr schießen – das allein zählt.« War es dieser ›Fußball brutal‹, der ihn vorsichtiger, zurückhaltender, machte? Vor die Wahl gestellt, einen Ausländer freizugeben, entschied sich der FC Barcelona gegen Krankl, aber für den Dänen Simonsen und den Deutschen Schuster. Krankl kehrte, zunächst leihweise, zu Rapid Wien zurück und lief bald wieder zu seiner alten Form auf. In der Liga sicherte er Rapid, das fast hoffnungslos zurückgefallen war, noch den dritten Platz, bei den Qualifikationskämpfen um die Teilnahme an der Weltmeisterschaft 1982 in Spanien überzeugte er auch durch aufopfernde Duelle im Mittelfeld und prächtige Pässe. Der bärtige Wiener, am 14. Februar 1953 als Sohn

eines Straßenbahners geboren, sieht auf den ersten Blick wie ein Räuberhauptmann aus. Lernt man ihn näher kennen, entpuppt sich der fünfmalige Fußballer des Jahres als ein unterhaltsamer und liebenswürdiger Zeitgenosse, ein zärtlicher Vater und Ehemann. Der »Killer« ist in Wirklichkeit ein guter Kamerad, ein »patentes Haus«.

Kevin Keegan

Als der FC Liverpool im Heimspiel der UEFA-Pokal-Endrunde Borussia Mönchengladbach mit 3:0 überfuhr, wurde die deutsche Abwehr von einem 22jährigen, quirligen Engländer ein ums andere Mal ausgetrickst oder überrannt. Es war der Sohn eines Bergmannes aus der Kohlenstadt Doncaster, Kevin Keegan. Er hatte als Torwart angefangen, dann aber als Rechtsaußen selbst Tore geschossen, ohne überzeugen zu können. Jedenfalls wies ihn der Trainer von Coventry City mit den Worten ab: »Du bist zu klein und zu schwach – fahr wieder nach Hause.« Drei Jahre spielte er dann für den Provinzklub Scunthorpe, ehe ihn Bill Shankley, der Manager vom FC Liverpool, entdeckte und für 360000 Mark Ablöse einkaufte. Von der Summe erhielt Keegan ganze 18000 Mark! Mit seinem wuscheligen Pilzkopf, seinen Spurts über den ganzen Platz, seinen gefährlichen Torschüssen und dem fröhlichen Lachen, auch wenn es flau stand, war er sofort der Liebling des Publikums. In 6 Jahren schoß er in 319 Spielen 100 Tore, wurde mit Liverpool dreimal englischer Meister, Sieger im Europapokal der Landesmeister und in den Pokalkämpfen und 1974 Kapitän der englischen Nationalelf. »Diesen Spieler muß ich nach Hamburg bringen!« sagte sich Günter Netzer, der nach Beendigung seiner aktiven Laufbahn Manager beim HSV geworden war. Für eine Ablösesumme von 2 Millionen Mark ging Keegan für drei Jahre an die Alster und bezog ein Jahresgehalt von 400000 Mark plus weit höheren Werbeeinnahmen. Der Engländer brauchte über ein Jahr, um sich zu akklimatisieren; dann führte er 1979 den HSV zur Deutschen Meisterschaft. Schon vorher war er Fußballer des Jahres geworden und unbestritten der populärste Spieler in der Bundesrepublik. Ob er Hamburg dann aus privaten Gründen verließ, mit seiner Familie Heimweh nach »dear old England« hatte oder Kraft und Form schwinden fühlte, bleibt offen. Für 200000 Mark im Jahr wechselte er zum FC Southampton, einem

Provinzklub. Bei der Europameisterschaft 1980 in Italien, bei der England nur Spanien schlagen konnte, aber gegen die ebenfalls abgefallenen Italiener verlor, war Keegan nur mehr einer unter elf. Die Millionen, die er sich erspielt hatte, mögen ihn darüber hinwegtrösten, daß er schon mit Neunundzwanzig ausgebrannt war. Zwischen 1973 und 1979 aber gehörte er zu den Auserwählten!

Herbert Prohaska

»Der wird von Jahr zu Jahr reifer – wie guter Wein. Wenn er nicht verletzt wird, erreicht er 1982 seinen Gipfelpunkt und kann sich dann noch vier oder fünf Spielzeiten auf der Höhe halten.« Mit diesen Sätzen kennzeichnete der österreichische Teamchef Karl Stotz seinen Nationalspieler Herbert Prohaska, mit dem Spitznamen »Schneckerl«. Neben Krankl und Pezzey war Prohaska der herausragende Mann in der Austria-Elf, die bei der Weltmeisterschaft 1978 Spanien, Schweden und Deutschland geschlagen hatte. Prohaska hatte nicht so dynamisch wie Krankl, aber flüssiger, umsichtiger und mannschaftsdienlicher gespielt. Die Wiener Austria konnte den gelernten Automechaniker nicht länger als bis 1980 halten; dann wechselte er mit einem Bombenvertrag zu Inter Mailand, wo er sich sofort in die Herzen des Publikums spielte. Wenn Prohaska bei einem Länderkampf wieder in Wien auftaucht und seine berühmten Kreise zieht, erinnern sich die alten Fußballhasen an die Zeiten des Wunderteams, als Sindelar, Gschweidl, Zischek, Vogel und Schall wie Windhosen durch die gegnerischen Abwehrreihen fegten.

Herbert Prohaska, am 8. August 1955 geboren, erlebte als Zehnjähriger am Fernsehschirm, wie Österreich im Londoner Wembley-Stadion England 3:2 schlug. »Damals«, so erinnert er sich, »schwor ich mir, daß ich auch einmal in der Nationalmannschaft stehen und England, Deutschland oder Argentinien besiegen würde.« Ein Vorhaben ist ihm 1978 bereits gelungen; auf die beiden anderen großen Gelegenheiten wartet er noch. Wichtiger erscheint ihm allerdings heute, mit Inter Mailand die italienische Meisterschaft zu erringen. An ihm wird es nicht liegen, sollte sich dieser Traum nicht erfüllen.

Zico (Arthur A. Coimbra) & Co.

Der 29jährige Brasilianer Zico wird in seiner Heimat »der weiße Pelé« genannt. Der Dauerläufer im Mittelfeld ist in sieben Jahren Aufbauarbeit aus einem kleinen, schmächtigen Jungen zu einem kraftvollen und ausdauernden Mann herangewachsen. Die brasilianischen Reporter nennen ihn den ersten gezüchteten Star der Welt. Als er in die Hände der Ärzte kam, war er rachitisch und wog nur 34 Kilo. Trotzdem spielte er am Strand von Copacabana Fußball und fiel hier Talentsuchern des berühmten Klubs Flamengo auf. Die Ärzte, die ihn behandelten, spritzten ihm Anabolika, Vitamine und Glukose und diktierten ihm eine Diät mit viel Kohlehydraten. Nach dem Training wurden seine Knochen geröntgt und seine Gelenke, Muskeln und Sehnen Belastungsproben unterworfen. Er mußte Hanteln stemmen, in Sandgruben springen und seinen Körper wie ein Schlangenmensch verbiegen. Nach sieben Jahren war er bei einem Gewicht von 69 kg auf 1,72 herangewachsen und hatte sich einen Platz im brasilianischen Nationalteam erobert. Zico ist ein Freistoßspezialist, der dem Ball mit Außenspann und Zehe einen Drall nach rechts oder links gibt, so daß der Torwart falsch reagiert oder danebengreift. Mit 20000 Mark Monatsgehalt ist Zico, der Brasilien in 52 Länderspielen vertrat, der Großverdiener unter den südamerikanischen Stars. Bei der Weltmeisterschaft 1978 verletzte er sich im Spiel gegen Polen, so daß für ihn schon in der 8. Minute Mendonca eingewechselt wurde. Und bei der Mini-Weltmeisterschaft waren es seine Kameraden Paulo Isidoro, Ze Sergio, Eder und Socrates (Brazileiro Sampaio de Souza Oliveiro), die an seiner Stelle gegen Deutschland hervorstachen. Der farbige Isidoro, nur 1,69 groß und 64 kg leicht, ist mit acht Geschwistern im Armenviertel von Porto Alegre aufgewachsen und erinnert in seiner Spielweise an Kevin Keegan. Wenn er im Strafraum angegriffen wird, läßt er sich gern mit ausgebreiteten Armen zu Boden fallen, um einen Elfmeter zu schinden. – Der brasilianische Spieler mit dem längsten Namen und einer Körpergröße von 1,91 m ist der geachtete Kinderarzt Socrates. Seine Spezialität ist der Absatzkick, den vor ihm eigentlich nur Fritz Walter beherrschte. Er hat schon mehrere Tore mit der Hacke geschossen. Meist aber kickt er den Ball vor dem Strafraum mit dem Absatz einem hinter ihm herlaufenden Kameraden zu, der dann, meist unbewacht, auf das Tor losdonnert. –

Linksaußen der brasilianischen Nationalelf ist der blitzschnelle Eder. Mit dem linken Fuß hat er schon ein paarmal Eckbälle so angeschnitten und wuchtig geschossen, daß er damit direkte Tore erzielte. 1980 wurde er selber umgeschossen – in einem Nachtklub bekam er bei einem Krawall eine Pistolenkugel in die Schulter. Er erholte sich aber schnell und konnte sogar seinen starken Rivalen Ze Sergio vorübergehend aus der Mannschaft verdrängen. – Mittelstürmer der Brasilianer ist der 25jährige Reinaldo, einer der geschicktesten Dribbler der Weltklasse. Er hat sich mit einer Zirkusnummer »Chapeau« (Hut) besonders hervorgetan. Dabei zieht er den Ball über den Kopf seines Gegners hinweg, umläuft diesen rechts und knallt den Ball, bevor er noch den Boden berührt, aus der Luft aufs Tor. Er hat aber schon zwei Meniskusoperationen hinter sich und ist bei Zweikämpfen infolgedessen immer gefährdet. – Mittelfeldspieler Cerezo war als Junge Clown im Zirkus seines Vaters. Er rennt anderthalb Stunden lang, ohne außer Atem zu kommen und schießt knallhart aufs Tor. Rechtsverteidiger Edevaldo ist kopfballstark, schaltet sich immer wieder auch in den Angriff ein und deckt hauteng.

Ruud Krol

Einer der letzten Großen aus dem holländischen Wunderteam der 70er Jahre ist der Libero Ruud Krol, der jetzt sein Millionenvermögen bei den Vancouver Whitecaps weiter aufstockt. Er war neben Johan Cruyff der dynamischste Spieler von Ajax Amsterdam beim Gewinn des Europapokals der Landesmeister 1972 und 1973, stand im Oranje-Team, das 1974 und 1978 Vizeweltmeister wurde und erhielt von Königin Juliana die höchste Auszeichnung der Niederlande. Als Junge hatte er nach einer schweren Krankheit Lähmungen an beiden Beinen, die er, nicht zuletzt durch einen eisernen Willen, nach einem Jahr überwand. Am 24. März 1949 in Amsterdam geboren, spielte er mit Siebzehn noch bei einem viertklassigen Verein, stand aber schon mit Zwanzig in der Nationalelf. Bei der Weltmeisterschaft in Argentinien wählten ihn die Sportreporter zum besten Libero des Turniers. Bei der Qualifikation um die Teilnahme an der Europameisterschaft 1980 bewies er ebenso viel Kampfmoral wie strategisches Verständnis. Als Kapitän riß er im Leipziger Zentralstadion vor 100 000 Zuschauern sein Team noch einmal zu einer Weltklasseleistung hin; die DDR wurde mit 3:2 besiegt. »King Krol« wurde er bei der Europameisterschaft in Italien genannt. Mit diesem Titel geschmückt, ging er mit einem um 85 000 Mark höheren Jahresverdienst, als ursprünglich ausgemacht, mit seiner Familie nach Amerika.

Waldemar Victorino

Bei der Mini-Weltmeisterschaft in Montevideo wurde der Mittelstürmer Uruguays, Waldemar Victorino, der Nationalheld seines Landes. Nachdem er im Endspiel gegen Brasilien 9 Minuten vor Schluß nach einem Freißstoß von Ramos den Siegestreffer zum 2:1 erzielt hatte, fieberten 80 000 Uruguayer nur dem Abpfiff von Schiedsrichter Linnemeyer entgegen. Dann sprangen die Fans in den Wassergraben hinter dem Tor, drangen ins Spielfeld ein und hoben die Spieler auf ihre Schultern. Der Jubel kam einem Erdbeben gleich. Erst als die Flagge Uruguays aufgezogen wurde und die uruguayische Nationalhymne ertönte, wurden die Sieger dem Erdboden zurückgegeben. Der schwitzende Victorino war vorher mit Küssen fremder Männer und Mädchen, die ihm im Nu das Trikot zerrissen und die Stücke als Reliquie behalten hatten, bedeckt worden.
Victorino hatte sich neben dem wendigen Duo Ramos und Paz schon bei den Gruppensiegen gegen Holland und Italien – jeweils 2:0 – hervorgetan, und er war es auch, der Mitte Februar 1981 »Nacional Montevideo« gegen den Europacupsieger Nottingham Forest durch ein Prachttor in der 11. Minute den Weltpokal sicherte. Das Spiel fand in Tokio statt; eine japanische Automobilfirma hatte als Sponsor den Kampf um den Weltpokal finanziert.
Victorino ist ein Stürmer mit einem faszinierenden Stil. Technisch perfekt, wendig wie ein Schlangenmensch und schußgewaltig, versetzt er oft auch drei ihn angreifende Gegner. Seine Landsleute stellen ihn über Maradona – zweifellos das Urteil von Heißspornen. Daß er mit dem Argentinier, mit Trevor Francis, Breitner und Rummenigge in einem Atem zu nennen ist, steht aber außer Zweifel.

Weltruhm, Abstieg und Verfall

Schicksale populärer Fußballgrößen

Was Fußballstars verdienen, stellt sie in eine Reihe mit den Spitzenkräften der Industrie, mit weltbekannten Künstlern, Chirurgen, Erfindern und Regisseuren. Die meisten Größen auf dem grünen Rasen sammeln in ihrer Laufbahn ein Millionenvermögen an und haben damit sich und ihrer Familie ein Leben in Wohlstand gesichert. Wer ihnen solchen Überfluß mißgönnt, vergißt, daß sie, um Form und Kondition zu halten, auf die meisten Freuden des Lebens verzichten müssen und Ruhm nur unter dem Einsatz von Knochen und Gesundheit ernten. Die ungeheuere Popularität, die sie genießen, verführt manche auch zu Leichtsinn und Unvernunft. »Der Ruhm ist kurz, die Zukunft lang«, sagt ein Sprichwort. Wer das Spiel beherrscht, muß erst zeigen, daß er auch das Leben meistert. Leider gibt es abschreckende Beispiele genug, daß Spieler mit ihrem Ruf ein Vermögen verjubeln und in Armut, ja, Schande sterben. Das schlimmste Schicksal hat sich der frühere französische Nationaltorwart René Vignal bereitet. Berühmt wurde er 1947, als er in einem Länderspiel England – Frankreich einen Elfmeter und so viele scheinbar sichere Tore hielt, daß man ihn den »fliegenden Panther« nannte. Als er sich aber bei einer gewagten Parade den Arm brach, war seine Laufbahn zu Ende. Er heiratete die Tochter eines Industriellen und kaufte sich einen Bauernhof, den er schnell zugrunde wirtschaftete. Nach seiner Scheidung betätigte er sich als Zuhälter und beteiligte sich an einem Einbruch. 1969 und 1970 beging er mit einer Bande eine Reihe tollkühner Überfälle und Bankeinbrüche. Als er einen gepanzerten Geldtransporter ›knackte‹, fielen ihnen eine Viertelmillion in den Schoß. Schließlich wurde er gestellt und zu 15 Jahren Zuchthaus verurteilt. Alles, was er zu seiner Verteidigung vorbrachte, war: »Ich habe mich gelangweilt. Mir ging's nicht um Geld, sondern um Spannung, den Nervenkitzel.« Bei der Verhandlung in Toulouse versuchten einige seiner früheren Kameraden vergeblich, die Geschworenen durch Erinnerung an Vignals Glanzzeit milder zu stimmen. Stürmerstar Fontaine erklärte: »Vignals Schicksal ist tragisch. Er war wegen seiner phantastischen Paraden einer der beliebtesten Spieler Frankreichs und gehörte zu den bestbezahl-

ten Stars. Ich kann es heute noch nicht fassen, was aus ihm geworden ist!«
Daß Rechtsaußen Manoel Garrincha, an der Seite Pelés und anderer brasilianischer Stars Weltmeister 1958 und 1962, sich der Trunksucht ergab und von Stufe zu Stufe herabsank, haben wir an anderer Stelle schon erwähnt. Krank und verarmt, lebt dieses Fußballidol in einem schmutzigen Stadtteil von Rio de Janeiro. Wenn er sich nicht gerade in psychiatrischer Behandlung befindet, wird er von seiner Tochter betreut, ist aber aus seiner Apathie kaum mehr aufzurütteln. Seine vom Alkohol schwer geschädigte Leber läßt eine Genesung nicht zu. Von der brasilianischen Zeitschrift »Veja« wurde er bereits totgesagt. »Gestorben an Leberzirrhose am 11. Januar 1980«, meldete das Blatt. In Wirklichkeit lebte er, ja, feierte sogar den Karneval in Rio mit. Er hört nicht auf den Rat der Ärzte, obgleich er mehrfach in bewußtlosem Zustand in die Enio-Serra-Klinik eingeliefert werden mußte. Aber nach ein paar Injektionen verließ er das Spital wieder, um mit »Milionarios Sao Paulo«, einem Amateurklub, ein Spielchen zu machen. Bei der staatlichen Wohlfahrt hat er für 900 Mark im Monat einen Job als »Trainer« armer Leute – Gnadenbrot! Garrincha, der seine Frau und zwölf (!) Kinder wegen einer Sambasängerin verlassen hatte, mußte es erleben, daß seine Geliebte ihm den gemeinsamen Sohn Manoel, den er abgöttisch liebte, wegnahm und ihn nach vielen Freundschaften mit anderen Männern verließ. Er heiratete dann noch einmal, konnte aber das Trinken nicht lassen und zerstörte sich so selbst.
Hoffentlich geht es mit Johan Neeskens, dem holländischen Weltklassefußballer, nicht ähnlich. Aus dem Arbeiterviertel von Heemstede kommend, schlief er mit drei Brüdern in einem Zimmer und verdiente sich sein Geld mit Reinemachen. Mit Zweiundzwanzig war er 700000 Mark wert und wechselte von Ajax Amsterdam, mit dem er dreimal den Europapokal der Landesmeister gewonnen hatte, zum FC Barcelona. 1978 wurde er zum zweiten Mal Vizeweltmeister mit dem holländischen Team und bekam ein Jahr später einen Traumvertrag bei Cosmos New York. Alkohol, Drogen und falsche Freunde brachten ihn an den Rand des Ruins. Europacupsieger Nottingham Forest wollte ihn trotzdem für 3,5 Millionen Ablöse kaufen. Daraus wurde nichts, und auch auf der Europa-Tournee von Cosmos fehlte er. Franz Beckenbauer sagte: »Johan ist erst neunundzwanzig. Aber es ist sein Leben . . .« Ist es das? Da gab Rinus

Michels, sein Trainer aus Neeskens Glanztagen, einen besseren Kommentar ab: »Neeskens ist einer von uns«, sagte er, »so sind wir auch alle für ihn mitverantwortlich. Keiner darf sein Leben vertrinken oder gar wegwerfen – ein solches Geschenk will immer wieder verdient werden!«

Einer der ›Helden‹ vom Berner Weltmeisterschaftsfinale, Werner Kohlmeyer, hat den Weltruhm ebenso wie Abstieg und Verfall ausgekostet. 1955 nur noch einmal (gegen Italien) im Einssatz für die Nationalelf, ruinierte er sich durch Kartenspiel und Alkohol. Nach der Scheidung von seiner Frau verlor er seinen Buchhalterposten und schlief eine Zeitlang unter freiem Himmel. Nach einer Entziehungskur bekam er den Posten eines Pförtners bei der Mainzer Allgemeinen Zeitung. Ende März 1974 starb er an der Seite seiner Mutter an einem Herzinfarkt.

Eine trauriges Schicksal hat sich auch der nordirische Nationalspieler George Best bereitet. 1946 in Belfast geboren, kam er 1961 zu Manchester United, wo Manager Matt Busby aus dem langmähnigen Dribblekünstler den besten britischen Rechtsaußen nach Stanley Matthews machte. Mit dem Erfolg stieg sein Interesse für Mädchen, Nachtklubs, Alkohol und Diskotheken. Dazu betrieb er zwei Boutiquen, einen Souvenirladen, einen Frisiersalon und eine Versandfirma für Damenkleidung. Außerdem verdingte er sich als Fotomodell und Dressman, ja, wollte den Titel »Mr. Europa« erringen. Zu seiner besten Zeit – 1968 – war er Fußballer Europas und verdiente rund 1 Million Mark. Mit Manchester United wurde er 1965 und 1967 englischer Meister und 1968 Europacupsieger. »Best is best« war sein Wahlspruch. Aber nachdem er sich, mehr exzentrisch als eigenwillig, zweimal von seinem Klub getrennt hatte, ging es abwärts mit ihm. Manchester United schob ihn endgültig ab, dann gab er eigentlich nur noch Gastrollen. Zuerst beim Londoner FC Fulham, dann bei den Los Angeles Aztects und Fort Lauderdale. Nach Aufhebung einer weltweiten FIFA-Sperre verkaufte ihn Fulham für 200 000 Mark nach Edinburgh. Bei Hibernia, dem Schlußlicht der 1. schottischen Liga, spielte er nur neun Mal und schoß ganze zwei Tore. Als er die Nacht vor einem Pokalspiel durchzechte, gab ihm Hibernia den Laufpaß. »Gebt George nichts mehr zu trinken!« bat seine Frau in einem Artikel des Daily Mirror, »schickt ihn nach Hause!« Auch die »Anonymen Alkoholiker« wollten dem heruntergekommenen Fußballstar helfen. Er selbst meinte noch Ende der sieb-

ziger Jahre, wieder groß ins Gespräch und ins Geschäft zu kommen. Das entpuppte sich schnell als Illusion.
»Ich habe in meiner Laufbahn $1^1/_2$ Millionen Mark verdient; davon ist kein Pfennig übriggeblieben«, sagte der Hilfsarbeiter Franz Hasil, einstmals österreichischer Nationalspieler. Mit Feyenoord Rotterdam hatte er 1970 den Europapokal der Meister gewonnen, nachdem er vorher in der Bundesliga für Schalke 04 aufgetreten war. Später verlor er seinen Trainerjob bei Austria Klagenfurt und wurde Hilfsarbeiter. In einem Fernsehfilm, der über sein Fußballerleben gedreht wurde, sagte er, er wisse nicht, wo das viele Geld geblieben sei. Er habe immer viel Trinkgelder gegeben, Freunde zu Drinks eingeladen, kleine Geschenke gemacht, gut gegessen und getrunken und sei viel im Taxi gefahren. »Für $1^1/_2$ Millionen?« fragte ihn der Zivilrichter, vor den ihn ein Gläubiger zitiert hatte. Der leichtfüßige Hasil zuckte nur die Achseln.
Ein ähnliches Schicksal wie Garrincha hatte der Star der uruguayischen Nationalelf José Leon Andrade, Olympiasieger 1924 und 1928 und Weltmeister 1930. Mit 55 Jahren starb er als unheilbarer Trinker in einem Armenasyl in Montevideo. Erst die Nachrufe erinnerten die Fußballgemeinde an den »Mann mit den goldenen Füßen«, der Uruguays Fußballruhm begründet hatte.

Der Torwart

Unter den 11 Spielern einer Fußballmannschaft nimmt der Torwart eine Sonderstellung ein. Er ist der einzige, der den Ball (innerhalb seines Strafraums) mit den Händen berühren, wegfausten oder fangen darf. Er ist auch der einzige, der nicht angegriffen (gerempelt) werden darf, wenn er sich den Ball aus der Luft holt. Während der Fehler eines Feldspielers nur selten spielentscheidend ist, führt ein Fehler des Torhüters meist zu einem Treffer für die gegnerische Mannschaft.
Das Reich des Torwarts ist das Tor, der Torraum und der Strafraum (Zeichnung A). Überschreitet der Tormann bei der Abwehr den Strafraum, darf er den Ball nur noch mit dem Fuß spielen; außer-

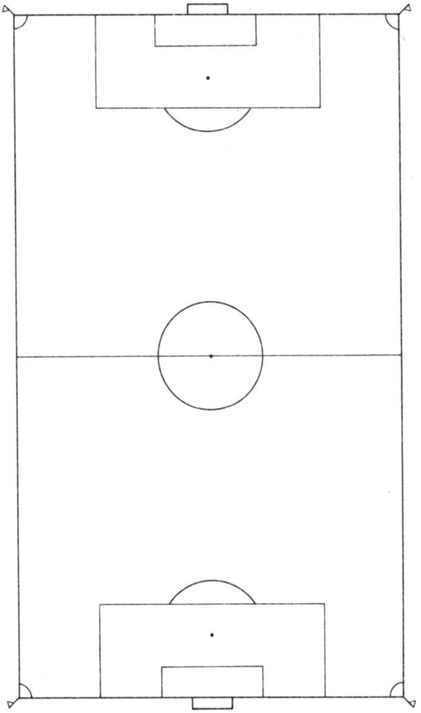

Spielfeldmaße
Länge: zw. 90 – 120 m
für internat. Spiele:
zw. 100 – 110 m

Breite: zw. 45 – 90 m
für internat. Spiele:
zw. 64 – 75 m

halb des Strafraums wird das Handspiel des Tormanns durch einen Freistoß bestraft.
Die Aufgabe des Torhüters ist, die auf sein Tor geschossenen oder mit dem Kopf gestoßenen Bälle abzuwehren. Das Tor ist von Pfosten zu Pfosten 7,32 m breit und unter den Querbalken 2,44 m hoch. Ein Tor ist dann erzielt, wenn der Ball die Torlinie zwischen den Pfosten und unter der Latte ganz, also im vollen Umfang, überquert hat.
Das Können des Torwarts zeigt sich
a) in der Abwehr der gegnerischen Schüsse auf der Torlinie,
b) in der Beherrschung des Tor- und Strafraumes,
c) in dem rechtzeitigen Erkennen und der richtigen Einschätzung der Spielzüge und
d) in seinem Abschlag (Ausschuß) oder Abwurf.
Die Abwehr der Schüsse oder Kopfbälle erfordert von dem Torhü-

ter ein gutes Stellungsspiel. Dank aufmerksamer Beobachtung des Spiels, insbesondere der gegnerischen Angriffe, sollte der Torwart etwa dort stehen, wo der Ball hinkommt. Manche Tormänner haben dafür einen sechsten Sinn oder entwickeln einen eigenen Instinkt dafür. Gordon Banks, englischer Nationaltorwart bei der Weltmeisterschaft 1966, besaß diesen Instinkt ebenso wie der russische Torhüter Lew Jaschin. Zwar glänzten sie auch durch fliegende Paraden (Robinsonaden) und zögerten nicht, sich, wenn es sein mußte, den Stürmern vor die Füße zu werfen; meist standen sie aber so gut plaziert vor der Torlinie, daß es schien, als würden sie die Bälle magnetisch anziehen. Andere Torhüter wie die Jugoslawen Radenkovic und Beara oder der unvergessene Deutsche Wolfgang Fahrian forderten das Publikum zu Beifallsstürmen heraus, wenn sie den Ball – ihre Beute – mit wahren Panthersprüngen an sich rissen oder sich in das ärgste Getümmel stürzten, um den Stürmern das Leder von den schußbereiten Stiefeln wegzustibitzen.
Manchmal ist es besser, wenn der Tormann eine hohe Flanke durch Faustabwehr ins Feld zurückboxt, statt den Ball zu fangen. Das ist besonders dann angebracht, wenn im Strafraum ein ganzer Haufen Spieler versammelt ist und der Tormann Gefahr läuft, mit ihnen zusammenzustoßen. Er sollte den Ball dann aber nicht nach vorn wegschlagen, sondern nach rechts oder links, damit er nicht von einem scharfen Nachschuß überrascht wird. Ein Meister der Faustabwehr ist der deutsche Nationaltorwart Harald Schumacher, der sein Metier auch sonst meisterhaft beherrscht. Daß aber auch der beste Tormann machtlos ist, wenn die Abwehrspieler versagen oder der Gegner eine Sternstunde hat, zeigte sich Anfang 1981 bei der Mini-Weltmeisterschaft in Montevideo. Im Kampf Deutschland – Brasilien spielten die Brasilianer in der 2. Halbzeit groß auf und erzielten durch virtuose Kombinationen vier Tore, die sie praktisch nur einschieben mußten. Der legendäre spanische Wundertormann Zamora mußte 1931 beim Länderkampf gegen England sogar sieben Tore einstecken. »Der Mann mit den elf Händen«, »der große Hypnotiseur« und »Elfmetertöter«, wie er genannt wurde, stand den englischen Stürmern hilflos gegenüber. »Die Bälle, die ich durchließ«, so erklärte er hinterher, »hätte ich normalerweise mit Hut und Mantel gehalten.« Ein guter Torwart ist eben – weit mehr als jeder Feldspieler – ein Künstler. Künstler sind hochsensible Persönlichkeiten; ihre Form schwankt je nach Inspiration, Stimmung oder Laune. Na-

türlich wird ein Tormann der Weltklasse ein bestimmtes hohes Niveau niemals unterschreiten.
Oft muß sich der Torwart blitzschnell entscheiden, ob er seine Stellung vor der Torlinie verlassen soll, um herauszulaufen und den Ball vor dem schußbereiten Stürmer wegzuschlagen, oder ob er im Tor bleiben soll. Eckbälle und hohe Flanken in den Strafraum sollte er im Sprung fast immer abfangen können. Wenn er einem durchgebrochenen Stürmer entgegenläuft, verkürzt er zwar den Schußwinkel, kann aber mehr oder weniger leicht umspielt oder durch eine sogenannte ›Bogenlampe‹ – das ist ein über ihn hinweggehobener Ball – überlistet werden.
Heiner Stuhlfaut, der berühmte deutsche Torhüter der 20er Jahre, war ein Meister im rechtzeitigen Herauslaufen. Oft verließ er sogar den Strafraum und umspielte ein oder gar zwei Gegner, bevor er den Ball einem Mannschaftskameraden zuschob. Daß er sogar in den gegnerischen Strafraum eingedrungen ist und selbst ein Tor geschossen habe, ist allerdings Legende. Weite Ausflüge aus dem Tor unternahm auch der Jugoslawe Petar Radenkovic, der sich in den 60er Jahren, nicht ganz unberechtigt, für den besten Torwart der Welt hielt. Nicht zuletzt dank seiner großartigen Paraden kam 1860 München 1965 gegen West Ham United London ins Finale der Pokalsieger und errang ein Jahr später die Deutsche Meisterschaft. Wie manche Torhüter war auch Radenkovic ein Original, der das Publikum mit allerlei Späßen unterhielt. Wenn seine Mannschaft ein Tor schoß, schlug er Purzelbäume und als er einen ›Elfer‹ (Elfmeter-Strafstoß) hielt, küßte er den Ball verzückt ab. Mit dem Trainer Max Merkel (»Das Lästermaul«) lebte er auf Kriegsfuß. Als Merkel ihm vorwarf, er habe durch sein Herauslaufen ein Tor verschuldet, rief er in seinem klassischen Kauderwelch: »Aber fünfmal mehr Tore verbiete, nein, verbeuge – ach, was, beuge ich vor!« »Den Partisan schmeiße ich raus«, kündigte Merkel mehr als einmal an. Radenkovic konterte: »Die Tage des Imperators sind gezählt.« Radenkovic blieb, Merkel ging . . .
Wenn der Torwart den Ball gefangen hat, spielt oder wirft er ihn seinen Mitspielern zu. Ein weiter und hoher Torabschlag (Ausschuß) war früher die Visitenkarte eines guten Tormanns. Auch in unseren Tagen schlagen manche Torhüter den Ball bis zum gegnerischen Strafraum. Hier kommt er natürlich in den Besitz eines gegnerischen Abwehrspielers, der ihn an einen Mittelfeld- oder Angriffsspieler

weiterleitet. Damit hat der Torwart praktisch eine Offensive des Gegners vorbereitet! Es ist allerdings einmal vorgekommen, daß ein Torhüter mit seinem Abschlag direkt ein Tor erzielte. 1975 schrieb sich Reinhold Bauer, Torwart einer B-Klasse-Mannschaft, in das Buch der Rekorde ein. Nach seinem Abschlag über 80 Meter sprang der Ball im gegnerischen Strafraum auf und dem Torhüter, der zu weit vorn stand, über den Kopf.

Die meisten Torhüter der Weltklasse sind großgewachsen, manche wie der englische Riese Frank Swift über 1,90 m. Nur Gordon Banks war verhältnismäßig klein. Trotzdem lenkte er viele Schüsse, die sonst unweigerlich im Lattenkreuz eingeschlagen wären, mit den Fingerspitzen über die Querlatte. »Safe as the Banks of England« hieß es von ihm, »sicher wie die Bank von England!« Als Elfmetertöter gerühmt und gefürchtet, wurde er noch von dem Deutschen Bernd Trautmann übertroffen, der zwischen 1948 und 1964 für Manchester City spielte. In einem Kampf gegen den Tabellenführer Sunderland hielt Trautmann vier Elfer, ein einzigartiger Rekord! Sunderlands Verteidiger Jack Stelling, der alle vier Strafstöße schoß, litt bis zum Ende seiner Laufbahn unter dem Schock, keinen verwandelt zu haben. Im Spiel gegen Birmingham brach sich Trautmann das Genick, als er sich geradezu selbstmörderisch vor den Schußstiefel des Birminghamer Halblinken, Peter Murphy, warf. Trotzdem spielte er, benommen, weiter und nahm noch an der Siegesfeier für den Pokalgewinn teil. Erst die Röntgenaufnahme enthüllte, daß seine Verletzung lebensgefährlich war. Nach der Operation sagte der Arzt zu ihm: »Seien Sie froh, daß Sie noch leben! Mit einem solchen Genickbruch kommen nur zwei von hundert durch.« Trautmann hatte aber 1959 ein Comeback. Fußballreporter Ballard schrieb darüber: »Vergeßt ruhig Frank Swift, Harry Hibbs oder Sam Hardy – der beste Torwart, den dieses Land jemals hatte, ist Bernd Trautmann.«

Wer wirklich der beste Tormann aller Zeiten war, ist umstritten. Zu den würdigsten Kandidaten gehört jedenfalls Sepp Maier, deutscher Nationaltorhüter zwischen 1966 und 1979 mit 95 Einsätzen. Er hätte zweifellos Franz Beckenbauers Rekord (103 Länderkämpfe) erreicht, wenn nicht überboten, hätte er nicht nach einem schweren Autounfall und einer Operation auf Tod oder Leben seine glanzvolle Karriere beenden müssen. Damals war er fünfunddreißig und hatte damit gerechnet, noch ein paar Jahre aktiv zu bleiben. Torhüter

altern offenbar nicht so schnell wie Feldspieler, die Mitte Dreißig schon als Veteranen gelten. Der Russe Jaschin, vor Sepp Maier als Primus inter pares bezeichnet, stand noch mit zweiundvierzig zwischen den Pfosten. Dreimal zum »Fußballer des Jahres« gewählt, hält Maier die beiden Siege der deutschen Nationalmannschaft gegen England bei der Weltmeisterschaft in Mexiko 1970 (3:2) und im Wembley Stadion 1972 (3:1) für seine herausragenden Leistungen. Alte Fußballhasen meinen, er hätte sich im Finale der Weltmeisterschaft 1974 gegen Holland (2:1) und den Siegen des FC Bayern gegen Real und Atletico Madrid noch übertroffen. Wenn er aber einmal ein Tor durchließ und Reporter ihn fragten, ob es denn wirklich unhaltbar gewesen sei, antwortete er ohne Schwanken: »Ein Tor gegen Sepp Maier ist immer unhaltbar!« Eines der merkwürdigsten Tore, die er passieren lassen mußte, »schoß« der Italiener Sormani gegen ihn. Das war 1968 in Mailand, als der FC Bayern gegen den AC Milano spielte. Beim Stand von 0:0 fing Maier zu Beginn der 2. Halbzeit einen Eckstoß ab, tippte den Ball ein paarmal auf und wollte ihn eben abschlagen, als Sormani, der gerade den Strafraum verlassen hatte, sich umdrehte und den Fuß ausstreckte. Der Ball knallte gegen Sormanis Stiefel und sauste zurück ins Tor. Maier protestierte – er sei behindert worden. Aber der Schiedsrichter erkannte auf Tor, weil Maier ja noch einen Moment warten oder in eine andere Richtung hätte ausschießen können.
Der Tormann darf den Abschlag nicht verzögern und muß den Ball auch nach vier Schritten freigeben, das heißt abschlagen oder einem Mitspieler zuwerfen. Wenn der Ball, von einem Gegner zuletzt berührt, über die Torlinie ins Aus geflogen ist, wird er durch einen Abstoß aus dem Strafraum wieder ins Spiel gebracht. Beim Abstoß darf der Torhüter den Ball nicht mit den Händen aufnehmen; den Abstoß kann aber auch jeder andere Spieler seiner Mannschaft ausführen.
Bei einem Freistoß in Strafraumnähe oder bei einem indirekten Strafstoß im 16-Meterraum bilden die Feldspieler, um einen Teil des Tores zu decken, eine Abwehrmauer. Die Gegner müssen dabei 9,15 m vom Ball entfernt bleiben. Obgleich der Torwart jetzt nur wenig mehr als die Hälfte des Torraums decken muß, wird ihn ein scharf plazierter Schuß in die entfernte Torecke doch bezwingen, wenn es dem Schützen gelingt, den Ball haarscharf über die Köpfe der Spieler oder gar zwischen zwei Köpfen hindurchzuschießen. Das

gelang 1941 dem Wiener Bimbo Binder in einem berühmten Finale der Deutschen Meisterschaft im Berliner Olympiastadion gleich zweimal. In dem dramatischen Kampf zwischen Rapid Wien und Schalke 04, bei dem Schalke schon 3:0 geführt hatte, schoß Binder, nachdem er einen Elfmeter vergeben hatte, zwei Freistöße so plaziert über die Köpfe der mauerbildenden Schalker, daß ihr Tormann Klodt keine Abwehrchance hatte. Rapid siegte noch 4:3.
Ein guter Tormann ist hochsensibel und doch nervenstark. Weniger als jeder Feldspieler kann er sich Temperamentausbrüche leisten, die seine Konzentration, Übersicht und Entschlußkraft beeinträchtigen würden. Dagegen können Späße, wie sie Sepp Maier oder Radenkovic liebten, eine hektische Atmosphäre auflockern und den Torwart von Lampenfieber oder einem psychischen Druck, den ein fanatisches Publikum auf ihn ausübt, befreien. Maier dienten seine Clownerien zweifellos auch dazu, sich die Last der Verantwortung leichter zu machen. Ohnehin ein geborener Clown, der auf der Bühne und in der Manege erfolgreich auftrat, brachte er in den Stadien auch die lokalpatriotischsten Lacher und Macher auf seine Seite. Wie leidenschaftlich er dabei sein Metier betrieb, hat er selbst am besten geschildert. In der Biographie »Die Großen des Sports – Sepp Maier«* lasse ich ihn wie folgt zu Worte kommen:
»Den Ball zu fangen und wegzufausten, hoch in die Luft zu springen und ihn über die Latte zu lenken, nach ihm zu hechten und ihn im Fallen unter sich zu begraben oder ihn den Stürmern von der Stiefelspitze wegzustibitzen, das schien mir jetzt schöner, als ihn übers Feld zu treiben und draufzuhauen. Gab es etwas Prickelnderes, als durch die ganze Breite des Tores zu fliegen und den Schrei des Publikums durch eine großartige Parade verstummen zu lassen? Etwas Dankbareres, als durch blitzschnelle Reaktionen und Fangkünste den eigenen Klub vor einer Niederlage zu bewahren? Wem es mit abenteuerlicher Abwehr gelang, die Nationalelf zum Sieg in der Weltmeisterschaft zu führen, der wird Zeit seines Lebens dankbar daran zurückdenken und sich sagen: »Es war aller Mühen und Opfer wert. – Solche Höhepunkte einer Laufbahn sind nur wenigen gegönnt – sei froh, daß es das Schicksal so gut mit dir gemeint hat!«
Sinngemäß gelten diese Worte für jeden Torwart, auch wenn er nur in der Bezirksklasse, ja, bei einem kleinen Dorfverein, spielt. Auch hier gilt das sportliche Wort: »Dabei sein ist alles!«

---

* Hoch-Verlag, Düsseldorf, 1980

Der Libero

Als Chef der Abwehr trägt der Libero die Nr. 5. Seine Hauptaufgabe ist, die Abwehr zu organisieren, aber auch den Angriff durch öffnende und genau plazierte Pässe anzukurbeln. Er hat keinen direkten Gegenspieler, außer wenn der gegnerische Libero vorgeht. Er ist sozusagen der Feuerwehrhauptmann und muß überall da sein, wo es gerade brennt. Da er in der Mitte steht und die Flanken von rechts und links verwerten soll, muß er kämpferisch und kopfballstark sein und eine ausgezeichnete Spielübersicht haben; nichts darf ihm entgehen. Alle diese Eigenschaften besaß Nationalspieler Franz Bekkenbauer vom FC Bayern in höchstem Maß. Als letzter Feldspieler und freier Mann dirigierte er Abwehr und Angriff zugleich und wuchs dank seiner Spielintelligenz und mühelosen Ballbehandlung zum Kapitän der Nationalmannschaft heran, dem sich alle unterordneten. Daß dazu auch eine eiserne Kondition nötig war, versteht sich von selbst.

Der Libero ist aus dem offensiven Mittelläufer hervorgegangen, dem Ende der 20er Jahre der Stopper mit seiner harten Manndekkung des Mittelstürmers folgte. Es war der Startrainer Helenio Herrera, der bei Inter Mailand den defensiven Libero in seinen Abwehrriegel (Catenaccio) einbaute und damit ganz auf Nummer Sicher ging. In Italien wurde auch Karl-Heinz Schnellinger die Rolle eines solchen Ausputzers übertragen. Als Willi Schulz, einer der besten Stopper überhaupt, verletzt war und Beckenbauer seinen Platz in der Nationalelf einnahm, konnte der Münchener als freier Mann das taktische Konzept, das er beim FC Bayern schon so glänzend verwirklicht hatte, auch in den Länderkämpfen voll ausspielen. 1980 von Cosmos New York nach Deutschland zurückgekehrt, war er infolge so mancher Verletzungen nicht mehr der ideale Libero, als den ihn Clubmanager Günter Netzer verpflichtet hatte. Nun galt der Österreicher Bruno Pezzey von Eintracht Frankfurt als der Libero schlechthin, und auch Uli Stielike (FC Barcelona) wird von manchen als Nachfolger Beckenbauers anerkannt. Aber Franz Bekkenbauer ist als idealer Libero in die Fußballgeschichte eingegangen und verdient deshalb eine eingehendere Würdigung.

Beckenbauer, Sohn eines Postbeamten aus dem Münchener Arbeiterviertel Giesing, Geburtsdatum: 11. September 1945, wurde im März 1964 von der Jugendelf des FC Bayern in die deutsche Jugendauswahl berufen und spielte schon anderthalb Jahre später in der Nationalmannschaft. Mit dem FC Bayern ab 1969 viermal Deutscher Meister und ebenso oft Pokalsieger, wurde er einer der 11 Weltmeister, als Deutschland 1974 den Titel gegen Holland gewann. Mit Bayern München gewann er den Europapokal der Landesmeister 1974, 1975 und 1976, wurde 1976 Weltcupsieger und war 1967 auch im Europacup der Pokalsieger erfolgreich. Die nüchterne Statistik umschließt eine märchenhafte Karriere. Seine Fußballkunst hat ihn zum vielfachen Millionär gemacht und ihm die Beinamen »Kaiser« und »Mozart des grünen Rasens« eingetragen. Daß ein Film, der mit ihm gedreht wurde, ein Reinfall und ein Buch, das er schrieb, eine Enttäuschung war, konnte ihm nicht angekreidet werden; beides lag nicht auf seiner Linie. Er ist ein Fußballer durch und durch und nur ein Fußballer – Schuster bleib bei deinem Leisten! Um ihn voll zu würdigen, muß man dabei gewesen sein, wie souverän er mit dem Ball umging: traumhaft sicher, schwerelos, elegant. Was sich andere erarbeiteten, flog ihm unversehens zu. Innerhalb von Wochen oder Monaten machte er Fortschritte, zu denen seine Kameraden und Gegner Jahre brauchten. Aus unzähligen Kritiken seien hier nur jene zitiert, die sein Spiel als Libero am besten kennzeichnen. Nach dem Sieg in der Weltmeisterschaft schrieb ich: »Im Endspiel gegen Holland gab es zehn Champions und einen Olympier – Beckenbauer! Wie er seine Mannschaft nach dem Elfmetertor in der ersten Spielminute aufmunterte, neu organisierte und zum Sturm auf den Strafraum der Niederländer vorschickte, wird ihm so bald keiner nachmachen. Und als die Holländer nach den Toren von Breitner und Müller eine halbe Stunde lang Sepp Maiers Domäne pausenlos berannten, fronte Beckenbauer wie ein Grubensklave, um den Ausgleich zu verhindern. Zwar waren die Publikumshelden Torjäger Müller und Torhüter Maier, aber ohne diesen Karajan hätte das Orchester nie so brillant musizieren können.«

»Gäbe es den Libero noch nicht, so müßte er für Beckenbauer erfunden werden«, schrieb U. Schröder in seinem Buch »Stars auf grünem Rasen«. »Sein Gefühl für den Ball, seine Sicherheit im Zweikampf und die Geschmeidigkeit seiner Bewegungen machen ihn zu einem hervorragenden Abwehrspieler. Seine Übersicht, seine Fähigkeit, die Entwicklung des Spiels vorauszuahnen, seine fehlerlose Ballführung und seine Schnelligkeit beim Lauf mit dem Ball, sein zentimetergenaues Zuspiel auf kurze oder weite Entfernung machen ihn zu einem beispielhaften Aufbauspieler. Keine Frage, daß Beckenbauer auch ganz gefährlich schießen kann.« Das bewies er am besten bei dem dramatischen Weltmeisterschaftskampf gegen England 1970 in Leon. Nach 2:0 für die Engländer schoß Beckenbauer nach einem mitreißenden Solo das Anschlußtor, das die Wende des Spiels herbeiführte.

Oder hören wir, wie er 1975 in Paris im Endspiel der Landesmeister gegen Leeds United dem FC Bayern den Sieg sicherte: »Leeds United war 90 Minuten hoch überlegen; niemanden hätte es gewundert, wenn die Engländer schon vor der Halbzeit 3:0 geführt hätten. Aber Franz Beckenbauer organisierte die Abwehr wie ein genialer Feldherr, war überall, wo es brannte, schrie seine Weisungen wie Kasernenhof-Befehle hinaus. Daß Roth und Müller im letzten Spieldrittel zwei Tore schießen konnte, war letzten Endes sein Verdienst: Er hatte ihnen den Raum geöffnet, hatte die Kräfte der Briten verschlissen. Wenn Leeds nach dem Kampf von grausamem Spielpech sprach und die Engländer »die Welt nicht mehr verstanden«, so vergaßen sie, daß ein Mann ihre größten Chancen zerstörte und sein Team, das sonst auseinandergefallen wäre, durch die Magie seiner Persönlichkeit und Spielkunst noch einmal zusammengeschweißt hatte.«

Mit diesen Kritiken entsteht ein Bild des Libero par exellence! Jeder Libero der Extraklasse, der nach Franz Beckenbauer kommt, wird an ihm gemessen werden: An seiner Ballbehandlung und Entschlußkraft, dem Spielaufbau, seinen Pässen und dem krönenden Abschluß seiner Durchbrüche – den Schüssen aufs Tor. Nicht von ungefähr nimmt Bruno Pezzey, der Beckenbauer am nächsten kommt, auch in der Torschützenliste einen guten Platz ein.

Die Verteidiger

Die Rolle der Verteidiger hat der frühere Trainer des FC Bayern, Dettmar Cramer, mit ein paar Sätzen wie folgt umrissen: Der Verteidiger steht meist gegen den schnellsten und trickreichsten Stürmer. Diesen und dazu den Raum zu decken, bedarf es einer unerschütterlichen Kondition: Startschnell, spritzig, beweglich, hüftgewand und sprungkräftig, sicher in der Ballführung. Die taktische Klugheit des Verteidigers zeigt sich sichtbar in seinem Stellungsspiel. Wie er sich stellt, den Raum deckt und den Mann angreift, unterliegt bestimmten taktischen Gesetzen.«

Einer der besten rechten Verteidiger überhaupt war der Deutsche Paul Janes, der von 1929 bis 1951 für Fortuna Düsseldorf und 71 mal für die Nationalelf spielte. Janes, der als Außenläufer begann, konnte schießen, aufbauen, stören und, wenn es sein mußte, den Ball weit wegschlagen – wenn es sein mußte: über alle Zäune. Dabei hatte er, ein eiskalter Taktiker, die Ruhe weg. Seine besten Partner waren Jakob Streitle (FC Bayern) und Reinhold Münzenberg (Alemannia Aachen). Neben ihm müssen Berti Vogts (96 Länderspiele) und Manfred Kaltz genannt werden.

Als linke Verteidiger von Weltrang gelten die Deutschen Schnellinger, Streitle, Juskowiak, Höttges, Briegel und Erhardt. Zur Zeit Streitles, also kurz vor und kurz nach dem 2. Weltkrieg, war es die Hauptaufgabe des Verteidigers, die gegnerischen Stürmer am Torschuß zu hindern und den Ball aus der Gefahrenzone wegzuschlagen. Heute greifen sie – wie Briegel und Kaltz – auch in das Mittelfeldspiel und in die Attacken ein; scheitert der Angriff, müssen sie sofort wieder zurück und zur Stelle sein, wenn der Gegner vordringt. Voraussetzung dazu ist eine blendende körperliche Verfassung. Diese und eine instinktsichere Spielübersicht besaßen auch die Österreicher Karli Sesta, Peppi Blum, Willi Schmaus vom Wunderteam und Ernst Happel, heute Teamchef beim Hamburger SV. Uruguays Kapitän Nasazzi und den Brasilianer Juvenal haben wir an anderer Stelle erwähnt. Es waren aber englische Verteidiger, die in den 60er Jahren auch stürmten: Wilson und Cohen; sie griffen über die Flügel an und schlugen zentimetergenaue Pässe in die Strafraummitte. Als bestes Verteidigerpaar aller Zeiten werden heute noch die beiden Santos (Brasilien) genannt. »Fußballer in Vollendung«, beherrschten sie jeden Stil und jedes System. Erklärte ihnen ein Trainer die neue Taktik einer Mannschaft, meinten sie wegwerfend: »Was immer sie tun, über uns kommen sie nicht hinaus!« Dieses Selbstbewußtsein prägte in den 70er Jahren auch Paul Breitner, der später immer mehr vom Mittelfeld aus den Angriff, aber auch

Oben: Scharf bewacht, ja, umstellt, erkämpft sich Rummenigge mit meisterhafter Technik den Weg in den gegnerischen Strafraum.

Unten: Nach schwerer Verletzung hat Torjäger Klaus Fischer wieder seinen Platz in der Nationalelf.

Links: Das gefährliche Leben des Torwarts: Vor dem anstürmenden Uwe Seeler rettete Torwart Jaschin (UdSSR). Um ihn nicht zu verletzen, springt Seeler im Lauf über ihn hinweg.

Rechts: Elfmeter in der 1. Minute! Beim WM-Finale 1974 täuschte der Holländer Neeskens beim Strafstoß den rechts ins Leere hechtenden Sepp Maier.

Links: In seiner Glanzzeit war »die schwarze Perle Pelé« nur durch Foulspiel zu stoppen. Hier hängt sich sein Gegenspieler in ihn ein, um ihn zurückzuhalten.

Rechts: Wer springt am höchsten? Nach einem Eckstoß überspringt Briegel (Kaiserslautern) Bruno Pezzey (Frankfurt) und landet dabei auf dessen Rücken.

Mit wuchtigen Kopfstößen erzielt der Hamburger Horst Hrubesch viele seiner Tore. Hier beim 4:1 Sieg Deutschlands gegen Frankreich 1980 in Hannover.

Links: Gefährliches Spiel? Es sieht aber nur so aus, als würde der Torwart dem hochspringenden Stürmer die Handschuhfinger in die Augen stoßen.

Rechts: In höchster Bedrängnis rettet der Torwart, der Holländer P. Schrijvers, nach einen Eckstoß vor dem deutschen Stürmer Dieter Müller.

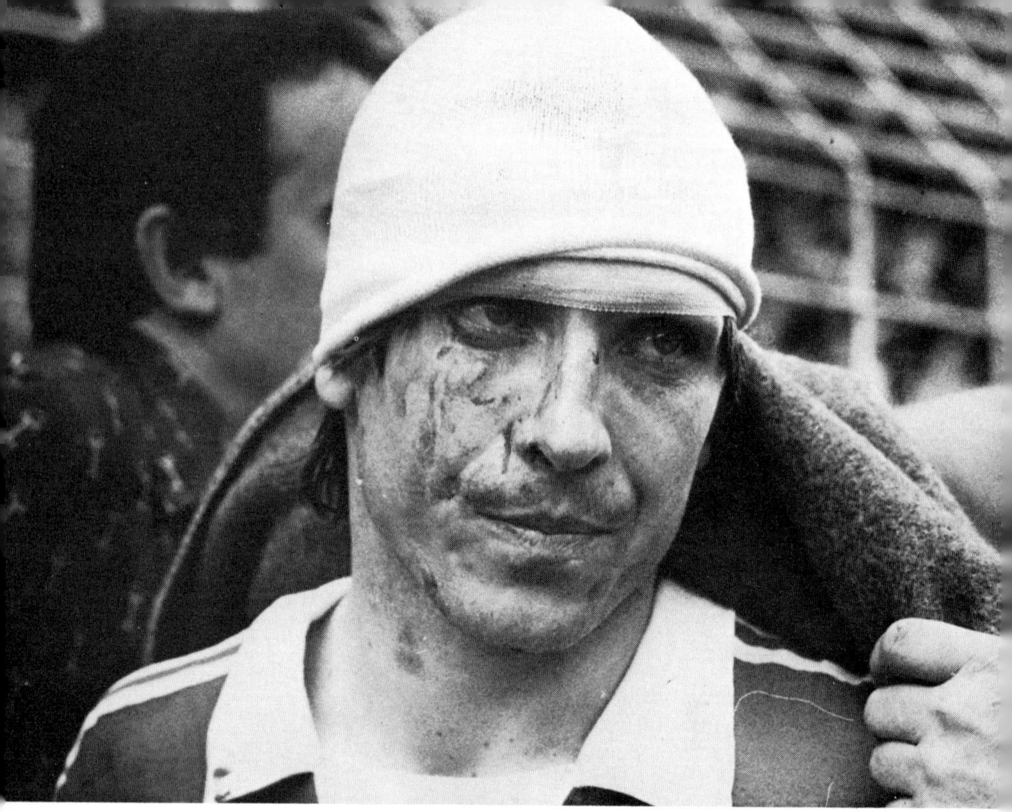

Oben: Nach einer Kopfverletzung wird Nationalspieler Klaus Fischer mit einem Notverband ins Krankenhaus geschafft.

Unten: Der ehemalige Nationalspieler Günter Netzer erlitt in seiner elfjährigen internationalen Karriere mehrere schwere Verletzungen.

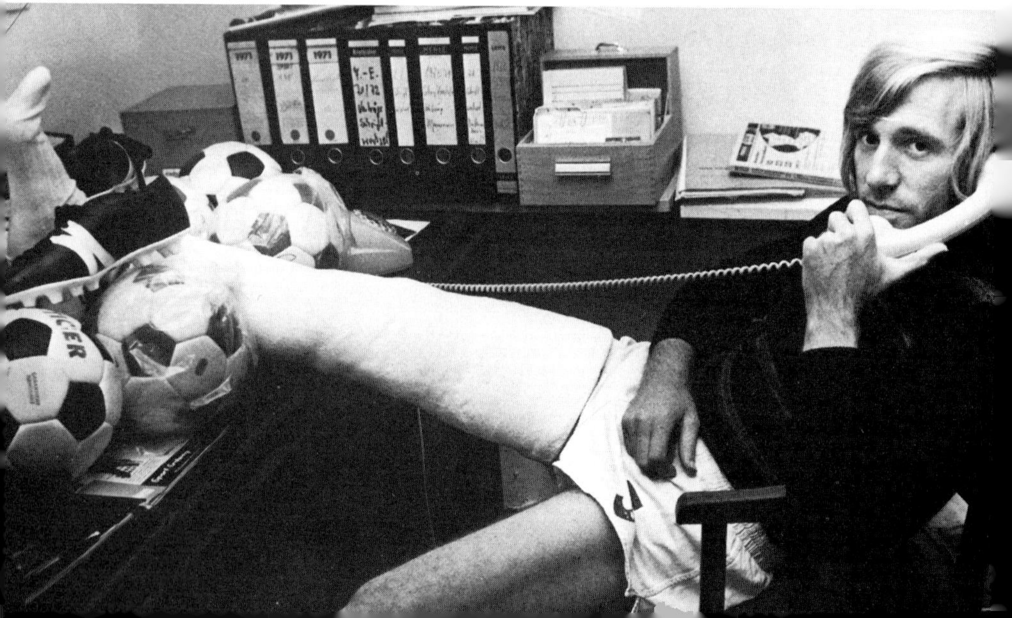

Oben: Überall, auch in England (unser Bild), müssen Schiedsrichter oft genug vor der Wut aufgebrachter Fans geschützt werden.

Unten: Jugendliche Fußball-Fans hinter den schützenden Sperrgittern.

Oben: Hemmungslos reißen HSV-Fans das Tor ein.

Unten: Wie Torwart Sepp Maier einen randalierenden Zuschauer, der ins Spielfeld eindrang, eingenhändig vom Platz beförderte.

die Abwehr dirigierte. Ohne technische Perfektion, Kaltblütigkeit und Ausdauer ist eine solche Rolle undenkbar.
In einer noch so kurzen Übersicht dürfen Caligaris, Burgnich und Facchetti (Italien), Buzanski (Ungarn), Popluhar (CSSR) und Suurbier (Holland) nicht vergessen werden. Erinnert sei auch noch an Werner Kohlmeyer, der als linker Verteidiger die Weltmeisterschaft 1954 mitgewinnen half. Über ihn haben wir in einem anderen Kapitel schon berichtet.

Stopper und Vorstopper

Den Begriff »Stopper« gibt es erst seit den 20er Jahren. Damals hatte Arsenal London in dem schlaksigen Roberts einen Mann, der den Strafraum leerfegte und den gegnerischen Mittelstürmer hautnah deckte. Von Arsenal übernahmen auch die anderen englischen Klubs die neue Institution, und von den Briten kam sie Anfang der 30er Jahre nach Mitteleuropa. Reichstrainer Prof. Nerz setzte Mittelläufer Goldbrunner von Bayern München erstmals 1935 gegen die Schweiz, die Tschechoslowakei und England als Stopper ein. Die Schweizer, Tschechen (und Polen) verloren, die Engländer gewannen 3:0; sie konnten es damals einfach noch besser . . .
Bis der Hamburger Jupp (Otto) Posipal, ein Rumäniendeutscher, auftauchte. An ihm prallten, wenn er als Stopper spielte, alle Angriffe ab, nur wurde er meist als Verteidiger eingesetzt oder übernahm sogar die Führung im Sturm. Auch als Seitenläufer war der vielseitige und kluge Mann ein As. Bei der Weltmeisterschaft 1954 übernahm er wieder den Verteidigerposten, weil der Kaiserslauterner Werner Liebrich nur in der Stopper-Rolle Weltklasse war. Da bissen sich an ihm allerdings die Ungarn im WM-Finale die Zähne aus. Ungemein stark war sowohl Posipals wie Liebrichs Kopfballspiel. Wenn sie nach dem Ball sprangen, hatten auch baumlange Stürmer keine Chance gegen sie.
Als Stopper und Vorstopper folgten ihnen der Kölner Wolfgang Weber und der Hamburger Willi Schulz, beide lange nicht so bullig, dafür aber flink, fleißig, federnd und feinspürig. Schulz fiel auf kei-

nen Trick herein, beherrschte aber selbst Dutzende. Mit 66 Länderspielen rangiert er in der vordersten Reihe der Nationalspieler. Weber, der beim Weltmeisterschaftsfinale 1966 in der Schlußminute der regulären Spielzeit das Ausgleichstor gegen England zum 2:2 schoß, gehörte mit 53 Länderkämpfen auch zu dem auserwählten Kreis der erfolgreichsten Nationalspieler. In Stil und Auffassung ähnelte er dem Stuttgarter Karl-Heinz Förster, während Schorsch Schwarzenbeck, der auch zu den besten Stoppern gehörte, mehr Rammbock und Springteufel als ausgekochter Defensivkünstler war. Daß er auch spielentscheidende Tore schießen konnte, bewies er mehr als einmal. Mit der Raumdeckung ist die Rolle des Vorstoppers durchaus nicht erleichtert worden. Auch die sorgsamst einstudierte Raumdeckung hat ihre Lücken, und gerade in diese muß der Vorstopper »hineinfahren«, um einen Vorstoß oder ein Tor des Gegners zu verhindern. Nicht zuletzt ihren Vorstoppern haben es die englischen Pokalsieger der Landesmeister, Liverpool und Nottingham Forest, zwischen 1976 und 1980 zu verdanken, daß sie ihre kontinentalen Gegner ausmanövrieren konnten. Wie Jupp Posipal ist der moderne Vorstopper alles andere als rein defensiv. Er ergänzt und stützt den Libero und setzt, aufbauend, die Mittelfeldspieler ein. Im modernen Fußball muß jeder Spieler von einem Augenblick zum nächsten in die Rolle des anderen eintreten können. Wer dabei Schwierigkeiten hat, bleibt seiner Mannschaft und bleibt dem Spiel etwas schuldig, ob als Vorstopper oder Stürmer, als Libero oder Außenverteidiger.

Die Mittelfeldspieler

»Bei Opas Fußball war alles einfach«, erklärte dieser Tage ein deutscher Startrainer. »Der Mittelstürmer war die zentrale Figur des Angriffs, der Mittelläufer der große Regisseur, die Verteidiger die Bewacher des Strafraums. Es gab die Links- und Rechtsverbinder und die Außenläufer – jeder Mann hatte seine spezielle Aufgabe und den Raum, für den er verantwortlich war. Heute stürmen die Verteidiger, und die Torjäger finden wir ebenso oft im gegnerischen

wie im eigenen Strafraum. Heute verlange ich von einem Spieler (außer dem Tormann), daß er praktisch jeden Posten gleich gut ausfüllt.«
In der Formulierung sicher übertrieben – so einfach war Opas Fußball gar nicht! –, läßt die Aussage des Trainers doch erkennen, daß man die Aufgaben der Feldspieler nicht eng umgrenzen kann. Im besonderen Maße gilt das für die Mittelfeldspieler. Das waren früher die drei Läufer, die dann zu »Halbstürmern« wurden. Auch gab es die defensiven und die offensiven Außenläufer. Auch die harte Manndeckung des Mittelstürmers durch den Stopper gehörte zu den Aufgaben des Mittelfeldes.
Der ideale Mittelfeldspieler unserer Tage ist der Augsburger Bernd Schuster; seine Spielstärke hat unter einer lärmenden Publizität und dem chaotischen Wechsel von Köln nach Barcelona glücklicherweise nicht gelitten. Mit 22 Jahren beherrscht er die abgezirkelte Ballverteilung ebenso wie die Einzelattacke mit dem krönenden Torschuß. Wenn er sich den Weg nicht selbst verbaut, kann er in die Fußtapfen von Fritz Walter oder Paul Breitner treten. Wäre Stuttgarts Hansi Müller 90 Minuten topfit, würde er, der den gleichen Ballinstinkt wie Schuster hat, mit ihm um den Lorbeer des Mittelfelddirigenten ringen. Die Impulse, die von ihm ausgehen, haben die Stuttgarter Angriffsspieler nur von Fall zu Fall verwertet. Wenn die Schauspieltruppe die Ideen ihres Regisseurs aber nicht befolgt, kreidet der Laie meist diesem das Ausbleiben des Erfolges an.
Vielleicht war Rainer Bonhof vor seinem Wechsel zum FC Valencia und der hastigen Rückkehr zu Borussia Mönchengladbach ein noch kampfstärkerer Mittelfeldspieler als Schuster und Müller. In 51 Länderspielen bewies er oft seine geradezu hellseherische Spielübersicht. So etwas ist nicht erlernbar, auch eine lange Erfahrung kann dieses Fingerspitzengefühl, diese »innere Stimme«, nicht ersetzen. In die Kategorie des Hallbstürmers gehörte der Kölner Heinz Flohe. In der Abwehr und im Angriff gleich nützlich (und manchmal schöpferisch!), war er leicht verletzlich und daher nicht immer so stark, wie es seinem Talent entsprochen hätte. Immerhin darf er auf 39 Länderkämpfe hinweisen, in denen er zwar im Sturm stand, tatsächlich aber aus dem Mittelfeld heraus operierte. Mehr Abwehr- als Mittelfeldspieler war Karl-Heinz Schnellinger. Obgleich er mit 47 Länderspielen unter den »ersten 15« unserer Nationalspieler steht, hat er als Legionär in Italien seine eindrucksvollsten

Spiele geliefert. Beim AS Rom und AC Mailand erntete er als König im Mittelfeld Ruhm und Millionen.

Der Mittelstürmer

Eigentlich gibt es ihn nicht mehr: den Publikumsliebling und Torjäger, dem seine Mitspieler von rechts und links den Ball auf den Fuß servieren, damit er bravourös einschießen kann. Seit viele Mannschaften mit drei, ja, bloß zwei Sturmspitzen spielen und auch von dem offensiven Außenverteidiger erfolgreiche Torschüsse erwartet werden, ist der Mittelstürmer alter Prägung ein Held von gestern. Rummenigge vom FC Bayern, Hrubesch vom Hamburger SV oder Klaus Fischer vom 1. FC Köln sind keine 100%igen Mittelstürmer mehr wie einstmals Gerd Müller, Uwe Seeler, di Stefano oder Johan Cruyff. Von den heutigen Sturmspitzen erwartet man nicht nur Tore, sondern auch die Deckung im Mittelfeld, ja, wenn es sein muß, des eigenen Strafraums.

Bleiben wir aber auch bei verändertem Spielsystem bei dem Begriff »Mittelstürmer«, so wird der Trainer diesen Posten einem Spieler anvertrauen, der schnell, hart, wendig und schußstark ist. Das traf vor dem 2. Weltkrieg für den Österreicher Sindelar, die Ungarn Schaffer und Dr. Sarosi, den Italiener Piola und den Schotten Gallacher zu. In den 50er Jahren waren es vor allem di Stefano, Nordahl (Schweden) und Vava (Brasilien), die alle Möglichkeiten der Hauptrolle im Angriff wahrnahmen, während bis Mitte der 70er Jahre neben Müller, Seeler und Cruyff der Engländer Hurst und der Brasilianer Tostao die Torhüter zittern ließen. Natürlich ist Rummenigge heute ein Star gleicher Größenordnung wie Müller, obgleich Müller in einer Spielzeit (1971/72) 40 Tore, Rummenigge als Torschützenkönig der Bundesliga 1980/81 hingegen »nur« 29 Treffer erzielte. Das liegt einfach an den vielfältigeren Aufgaben, die den Sturmspitzen heute übertragen werden.

Erinnern wir noch kurz an ein paar Mittelstürmer-Stars von vorgestern, die noch in der Erinnerung alter und treuer Fußballanhänger leben. Da war in den 20er Jahren vor allem der 1,90 m große Ham-

burger Tull Harder, der mit rechts und links gleich gut schoß und mit seinen Stahlschultern die Gegner von sich wegfliegen ließ, ohne ein Foul zu begehen. Gegen den französischen Meister Red Star schoß er in Paris fünf Tore, gegen Wandsbek sogar zwölf. Viele stellen den eleganteren Edmund Conen, der 28 Länderspieltore erzielte, ja, auch den Waldhofer Siffling mit 31 Treffern neben Harder und den heute vergessenen Adolf Jäger (Altona).
Der Mittelstürmer oder die Sturmspitzen dürfen vor keinem fairen Zweikampf (tackling) zurückschrecken, müssen ihre Position blitzschnell wechseln und mit weiten Alleingängen die gegnerische Front aufreißen können. Dabei müssen sie den Ball mit ihrem Körper abschirmen, aber auch aus jeder Lage schießen. Wer allerdings hierbei mit dem Kopf durch die Wand will, statt einem besser plazierten Mitspieler den Ball zuzupassen, wird trotz mancher riskanten Zufallstreffer seiner Rolle nur unzureichend gerecht – mannschaftsdienliches Kombinationsspiel ist fast immer erfolgreicher als eigensüchtige Dribblings. Daß der vorgeschobene Mittelstürmer heute zugleich ein aufopfernd arbeitender Abwehrspieler sein muß, hat uns bis Mitte der 70er Jahre gerade Gerd Müller vorbildlich gezeigt. Wer einem solchen Könner nacheifern will, wird nicht nur ein technisch perfekter Spieler, sondern auch eine starke Persönlichkeit sein müssen, um sein Können ganz in den Dienst der Mannschaft zu stellen.

Der Schiedsrichter

Von der Parteien Gunst und
Haß verwirrt, schwankt sein
Charakterbild in der Geschichte.

Was Schiller über Wallenstein gesagt hat, gilt ebenso für den Fußballschiedsrichter. Viele halten ihn für ein notwendiges Übel, während andere behaupten, ohne ihn würde jedes Spiel vorzeitig mit einer Prügelei enden. Und wieder andere verteidigen sogar falsche Entscheidungen der Schiedsrichter: Ein disziplinierter Sportsmann nehme auch Fehlurteile widerspruchslos hin. Und begehe nicht je-

der Spieler, auch ein Weltstar, Fehler? Wenn Beckenbauer und Kaltz Eigentore fabrizierten – können sie da von den Unparteiischen verlangen, unfehlbar zu sein?
Selten hadert die siegende Mannschaft mit dem Schiedsrichter, auch wenn er die eine oder andere Fehlentscheidung gefällt hat. Die Engländer waren höchst zufrieden, als Schiedsrichter Dienst im Weltmeisterschaftsfinale 1966 das spielentscheidende dritte Tor anerkannte, die Deutschen dagegen zutiefst deprimiert; ihre Proteste halfen natürlich nichts, obgleich Dienst das Tor erst nach Befragen des Linienrichters gegeben hatte, und der stand noch weiter davon entfernt als er selbst. Die Fernsehaufzeichnung ließ dann klar erkennen, daß der Ball die Torlinie nicht im vollen Umfang überschritten hatte, als er von der Latte heruntersprang. Hatte der Schiedsrichter den Gastgebern ein Geschenk gemacht? Wenn er unsicher war –, und seine Frage an den Linienrichter bestätigt es –, durfte er keinesfalls auf Tor erkennen. Vielleicht fürchtete er die Proteste wütender Massen, einen Krawall und weltweiten Skandal, vielleicht sympathisierte er, bewußt oder unbewußt, mit den Hausherren und Lehrmeistern des Fußballsports. Wie immer: wenn ein Schiedsrichter mit dem Wissen und der Erfahrung des Schweizers in einem Weltmeisterschaftsfinale eine zumindest leichtfertige Entscheidung fällt, muß man wie in allen anderen Bereichen des Lebens einfach mit der menschlichen Unzulänglichkeit rechnen, aber nicht rechten.
Die meisten Fußballfans haben vom Amt und von den Aufgaben des Schiedsrichters eine unhaltbare Vorstellung. Ein erstklassiger Schiedsrichter muß wie ein Fußballstar über eine ausgezeichnete Kondition verfügen und sich durch Gymnastik und Lauftraining fit halten. 90 Minuten lang in Hitze und Kälte, bei Regen oder Schneetreiben hin und her zu rennen, erfordert einen langen Atem! Wer sich der Schiedsrichterlaufbahn widmet, muß einen zweimonatigen Lehrgang absolvieren und die Regeln nicht nur Wort für Wort kennen, sondern sie auch richtig auslegen bzw. anwenden. Etwa siebzig von hundert Kandidaten bleiben in diesem ersten Stadium der Ausbildung stecken oder bestehen die Abschlußprüfung nicht. Die dreißig Glücklicheren dürfen erst einmal bei Schüler-, Jugend- und Reservemannschaften pfeifen.
Fast die Hälfte von ihnen hört wieder auf, weil sie sonst in ihrer Freizeit zu nichts anderem mehr kommen oder weil ihre Nerven dem Streß nicht standhalten. Gerade bei ehrgeizigen Jugend- oder

Provinz- und Dorfmannschaften geht es ja oft hoch her. Wer trotzdem dabei bleibt, darf dann Spiele der Amateurliga leiten. Und die Fähigsten werden, aber erst nach weiteren Prüfungen und Proben, dem DFB gemeldet. Es dauert gewöhnlich ein Jahrzehnt, bis sich ein Schiedsrichter von der Schülermannschaft zur Bundesliga durchgekämpft hat. Hier braucht man aber nur sechsunddreißig Mann. Da muß einer schon perfekt sein oder Glück und Gönner haben, um in das oberste Schiedsrichterstockwerk aufzusteigen. Gelingt es ihm, dauert seine Karriere im allgemeinen nicht länger als zwölf bis fünfzehn Jahre. Unter Fünfunddreißig und über Fünfzig gibt es nur ausnahmsweise Liga- oder Länderspiel-Schiedsrichter.

Dazu kommt, daß die Schiedsrichter zweifellos unterbezahlt sind. 72 DM Spesen pro Spiel und 20 DM Trainingsgeld pro Woche, das ist jämmerlich wenig. Allerdings kann der »Schiri« 1. Klasse Bahn oder Flugzeug und natürlich das Taxi zum Hotel verrechnen; im Vergleich zu den Gehältern und Prämien der Starprofis sind das nur Trinkgelder. Dafür dann noch beschimpft und bedroht zu werden, fordert von den Unparteiischen ein Höchstmaß an Enthusiasmus und Dickfelligkeit.

Das ist die eine Seite des Problems. Die andere Seite hat vor ein paar Jahren der Exschiedsrichter Dieter Berner im Fernsehen beleuchtet. Er warf seinen Kollegen Parteilichkeit, die Manipulation von Spielen und undurchsichtige Machenschaften innerhalb ihrer Organisation vor, ja, sprach sogar von einer Schiedsrichter-Mafia. Paul Breitner stieß in das gleiche Horn, als er in der »Welt am Sonntag« erklärte: »Sie sind alle Amateure, blutige Anfänger im knallharten Fußballgeschäft.« Und auch Breitner beschuldigte sie der Voreingenommenheit und bewußter Fehlurteile. Konnte man diese Stimmen noch mit gekränktem Ehrgeiz und verletzter Eitelkeit des einen (Berners) und der Krakeelsucht des anderen (Breitners) abtun, so hatte das Wort des Aachener Medizinprofessors Karlheinz Woeber ungleich stärkeres Gewicht. Prof. Woeber, der seit seinem zehnten Lebensjahr selbst Fußball spielt und ein halbes Tausend Amateurspiele leitete, betreut und behandelt seit 1965 die Schiedsrichter der Bundesliga. »Gesundheitlich«, so erklärte er, »sind sie alle topfit. Ihre Kondition und Regelkenntnis sind erstklassig. Allerdings«, so setzte er hinzu, »kümmert sich niemand darum, ob die Herren seelisch und nervlich den enormen psychischen Belastungen standhalten können. Und die versteckten Fouls der Profis sähe eben nur jemand, der so etwas selber schon als Spieler gemacht habe. Für einige Schiedsrichter wäre es das Beste, wenn wir ihnen für die Bundesliga die Trillerpfeife abnähmen!« Schon vor geraumer Zeit hatte Prof. Woeber mit dem Nervenarzt Dr. Clauss einen Psychotest für Schiedsrichter entwickelt; damit hätte man ihre nervliche und seelische Widerstandskraft feststellen können. Dem DFB waren aber die Kosten dafür – 16000 DM – zu hoch. Prof. Woeber glaubt dagegen, daß die Oberen der Schiedsrichterorganisation keine solchen Einblicke in die Intimsphäre zulassen wollten.

Prof. Woeber hat festgestellt, daß die Schiedsrichter unter einer vierfachen Belastung stehen. Erstens hätten sie Angst vor ihren Funktionären. Bei jedem Ligaspiel sitzt nämlich ein Beobachter des DFB auf der Tribüne und trägt die Fehler des Unparteiischen auf einer Strichliste ein. Zweitens hätten die Schiedsrichter Angst vor dem Publikum; sie werden nicht nur ausgebuht und tätlich bedroht, auch ihre Familien werden beschimpft oder lächerlich gemacht. Auch hätten die Schiedsrichter gegenüber den Spielern Minderwertigkeitskomplexe, weil diese berühmt und reich sind. Dagegen pfeift der Unparteiische sozusagen anonym. Ein solcher Komplex führt dazu, daß die Schiedsrichter keinen Spaß verstehen und auch dort diktatorisch auftreten, wo sie nachsichtig und verständnisvoll sein könnten. Und schließlich hätten sie Angst vor dem Fernsehen: Durch Zeitlupenaufnahmen würden ihre Entscheidungen nur zu oft ad absurdum geführt. Wer aber läßt sich gern vor Millionen Zuschauern lächerlich machen?

Exschiedsrichter Dieter Berner behauptet, daß 80 von 100 seiner ehemaligen Kollegen die Heimmannschaften bevorzugen. Bei einer brüllenden, tobenden Menge bekämen die meisten weiche Knie. Vor allem aber fürchteten sie ihre Beobachter, deren Noten über ihre weiteren Einsätze entscheiden. Wer öfter schlechte Noten bekommt, »steigt ab« und wird nur noch in tieferen Spielklassen eingesetzt. Oft stammten diese Beobachter aus der Stadt des gastgebenden Klubs und beurteilten deshalb das Spiel subjektiver als der Schiedsrichter von auswärts.

Andererseits führt Berner erschreckende Beispiele an, wie die Unparteiischen von den Spielern beschimpft und attackiert werden. »Ihr gehört alle aufgehängt«, hat ein Münchener Nationalspieler den Schiedsrichter Aldinger angebrüllt. Trotzdem erklärte Aldinger: »Wir sind selber schuld, wenn man auf uns schimpft. Man muß eben auch mal Fehler eingestehen, auch einem Spieler gegenüber.« Und man müsse auch bedenken, daß ein Tor nicht nur über Sieg oder Niederlage, sondern manchmal über Zehn-, ja, Hunderttausende DM entscheiden kann.

In Südamerika sind Schiedsrichter gelyncht worden, durch einen Steinwurf fiel einer tot um. Als Schiedsrichter Regely im Spiel Schalke gegen Nürnberg zwei Elfmeter gegen die Heimmannschaft gab, stürmten Fans nach dem Kampf in den Innenraum und belagerten die Schiedrichterkabine. Regely mußte in Polizistenuniform in Sicherheit gebracht werden. Der berühmte italienische Schiedsrichter Lo Bello hatte den Mut, in Ferrara drei Elfmeter gegen die Heimelf zu pfeifen. Andererseits hat er vor der Fernsehkamera sogar eine ausschlaggebende Fehlentscheidung zugestanden. Er, den man einen »Napoleon des grünen Rasens« nannte, konnte sich das dank seines Ansehens leisten. »Ein guter Schiedsrichter«, so erklärte er, »muß schnelle Reflexe, einen flinken Geist und eine klare Auffassungsgabe haben. Dazu müssen Sachkenntnis, Psychologie und Autorität kommen.« Über all das verfügte Concetto Lo Bello. Aber kann man so viel von allen Schiedsrichtern verlangen?

Der Trainer – Freund und Diktator

Wie das Orchester einen Dirigenten, braucht jede Fußballmannschaft den Trainer, der aus elf Einzelspielern ein Team macht, das Training leitet und die Spieltaktik bestimmt. Früher war der Trainer der Mann im Hintergrund, kaum einer aus dem Publikum kannte seinen Namen. Heute ist ein erstklassiger Trainer so berühmt wie seine Meisterspieler, und sein Gehalt reicht an die Einnahmen der berühmten Torjäger heran, wenn es sie nicht sogar übersteigt. Hennes Weisweiler, der vom 1. FC Köln zu Cosmos New York wechselte, Udo Lattek, der nach Barcelona ging, Dettmar Cramer, der die Bundesliga verließ, um in Scheichtümern reich zu werden und Helenio Herrera, den ein fürstliches Angebot von Italien nach Spanien zog, sind die höchstverdienenden in der Kaste der Startrainer. Mit ihnen verglichen verdienen die Trainer der Länderteams nur das sprichwörtliche Butterbrot. Auch Cesar Luis Menotti, der Argentinien 1978 zur Weltmeisterschaft führte und mit einer verjüngten Mannschaft 1982 den Sieg wiederholen will, gehört nur zu den Durchschnittsverdienern. Allerdings ist der kettenrauchende Nationalcoach von Haus aus Millionär.

Ein Fußballtrainer muß nicht unbedingt selbst ein Spitzenspieler gewesen sein; er muß aber die Technik zumindest so gut beherrschen, daß er seinen Schützlingen demonstrieren kann, was er meint. Jupp Derwall war in den 50er Jahren bei Fortuna Düsseldorf durchaus nicht der Star, obgleich er es zu einem B- und zwei A-Länderspielen brachte. Helmut Schön vom Dresdner SC trat immerhin 16 mal international an. Aber größer noch als sein spielerisches Können waren seine Lehrfähigkeit, seine Menschenkenntnis und Menschenführung. Seit die deutsche Nationalelf 1972 Europameister und 1974 Weltmeister geworden war, genoß Helmut Schön Weltruhm. In seiner Ära gelang Deutschland der erste Sieg gegen England, dem 1970, 1972 und 1978 drei weitere folgten. Helmut Schön, ein schlanker Riese, war Assistent von Sepp Herberger und wurde nach dessen Pensionierung 1964 Bundestrainer. Bald zeigte sich, daß er ein profundes Wissen von der Technik und Taktik des Spiels mit psychologischem Verständnis für die Eigenart seiner Stars und mit diplomatischem Geschick verband. Wie er aus dem selbstherrlichen Günter Netzer einen kameradschaftlichen und uneigennützigen Mannschaftskollegen machte, war eines seiner Meisterstücke. An Torwart Sepp Maier hielt er auch dann noch fest, als dieser mehrere schwache Spiele geliefert hatte und die Presse lauthals nach einem neuen Mann rief. Gerade Maier war es dann, der mit großartigen Paraden den Sieg gegen die Engländer im Wembley-Stadion 1972 sicherte. Schöns Blick für die Möglichkeiten eines Spielers grenzte manchmal an Hellseherei.

Dank seines Einfühlungsvermögens und seiner Intelligenz konnte Schön fast ganz auf diktatorische Führung verzichten; die Spieler erkannten seine Entscheidungen als richtig an und fügten sich willig seinen Anordnungen. Er war ihr Freund und väterlicher Vorgesetzter. Im Kampf dirigierte er sie vom Rand des Spielfeldes aus mit unmißverständlichen Gesten. Der geborene Sachse wollte ursprünglich Arzt werden. Arzt und Psychologe war er dann aber für seine leicht verletzliche Schar. Seine Steckenpferde sind Literatur und Musik, manchmal führte er seine Truppe vor einem wichtigen Spiel ins

Theater. Da er auch Lehrgänge in Firmen leitete und von einem wichtigen Spiel zum anderen eilte, blieb ihm für die Kunst wenig Zeit. Auf seinem Erfolgskonto zwischen 1964 und 1978 stehen 126 Länderkämpfe, davon 70 Siege und 32 Unentschieden. Er selbst hat sein Rezept wie folgt erklärt:

»Ich beobachte jeden Spieler nach bestimmten Kriterien. Erstens: Was kann er am Ball? Wie ist es um seine Technik bestellt? Ist er nur »einbeinig« oder auf beiden Füßen gut? Zweitens: Wie ist er konditionell in Schuß? Ist er schnell? Beweglich? Hat er Sprungkraft? Oder ist er nicht kräftig genug? Verliert er deswegen allzuleicht Zweikämpfe? Wie sieht es überhaupt mit seiner Zweikampfstärke aus. Drittens: Wie verhält er sich, wenn die eigene Mannschaft am Ball ist? Wie verhält er sich, wenn der Gegner am Ball ist? Es gibt ja Spieler, für die das Spiel erst beginnt, wenn sie selber am Ball sind. Sie haben keinen Blick über das ganze Feld. Sie sehen nicht, wann sie eingesetzt werden können, wann sie eingreifen müßten. Das sind oft Alleinunterhalter. Leider konnte ich sie in der Nationalmannschaft nicht brauchen. Ich machte mir über alles Notizen . . . Bei mir gab es eine Zettelsammlung, die Akte »Länderspiele«, die Beobachtungen vor und nach den Spielen enthielt, Aufstellungen, Stichworte. Da habe ich aber nicht etwa über die genauen Qualifikationen jedes Einzelnen Buch geführt. Das hat man im Kopf . . . Ich notierte: Wer hat die letzten Länderspiele mitgemacht? Wer hat sich in letzter Zeit im Verein durch besonders gute Leistungen empfohlen? Da kamen so etwa dreißig Mann zusammen. Wenn ich die hatte, teilte ich sie in Positionen auf: Torleute, Verteidiger, Mittelfeldspieler, Angriffsspieler. Dann bildete ich Untergruppen: defensive Mittelfeldspieler, offensive Mittelfeldspieler, Außenstürmer, Innenstürmer. Die Positionen mußten doppelt besetzt sein. Ein bestimmter Typ von Spielern bekam einen roten Strich: Es waren diejenigen, die ich unbedingt brauchte, die auf mehreren Positionen spielen konnten. Das Papier mit den Namen war nichts Endgültiges. Ich reagierte auf neue Hinweise. Ich telefonierte mit Spielern und Trainern. Ich besuchte Verletzte. Ich befragte meine Assistenten. Mancher kam hinzu, mancher mußte gestrichen werden. Das waren bisweilen recht bittere Entscheidungen.«

So oder ähnlich gehen wohl die meisten Trainer vor. Das berühmte Notizbuch Sepp Herbergers, in dem angeblich alle Fußballgeheimnisse vermerkt waren, ist von Menottis Kopf, der auf Abruf alles

registriert, abgelöst worden. Herbergers größtes Verdienst war es, nach dem verlorenen Weltkrieg, der Deutschland in Trümmern zurückgelassen hatte, eine neue Nationalelf aufgebaut zu haben, die im internationalen Konzert einen führenden Part übernahm. Den ehrenden Beinamen »schlauer alter Fuchs« verdiente sich Herberger während der Weltmeisterschaft 1954. In einem Gruppenspiel ließ er gegen Ungarn eine Ersatzmannschaft antreten, die 3:8 empfindlich geschlagen wurde. Als Deutschland trotzdem ins Endspiel vorgedrungen war, besiegte die Starmannschaft den gleichen Gegner 3:2. Herberger, der 81jährig starb, war 28 Jahre lang Reichs- und Bundestrainer – ein einzigartiger Rekord. Man sagt von ihm er habe Spieler und Gegenspieler, Trainer und Funktionäre oft so elegant überlistet, daß sie die Schach- und Winkelzüge gar nicht bemerkten. Trotzdem hatte er fast nur Freunde.
In England sind wegen ihrer Verdienste zwei Trainer geadelt worden: Matt Busby und Alf Ramsey. Busby war Außenläufer bei Manchester City und Liverpool, nahm aber nur an einem einzigen Länderspiel teil. Mit 35 Jahren Trainer bei Manchester United, führte er sein Team 1948 zum Pokalsieg und 1952 zur Meisterschaft. Danach verjüngte er die Mannschaft so rigoros, daß man von seinen Spielern als Busby-Babies sprach. Diese ›Kinder‹ wurden 1956 wiederum Meister und Zweite im Pokalwettbewerb. 1958 hatte Manchester United im Europapokal das Halbfinale erreicht. Im Februar stürzte die Sondermaschine mit den englischen Spielern an Bord nach einer Zwischenlandung in München ab und ging in Flammen auf. 21 Passagiere, darunter der frühere Torwart-Heros Swift, wurden getötet, mehrere andere schwer verletzt. Für Matt Busby hatten die Ärzte kaum Hoffnung; wochenlang kämpften sie um sein Leben. Er kam aber durch und baute zum dritten Mal eine Meistermannschaft auf; sie gewann 1963 den Pokal und 1965 die Meisterschaft.
Ein ganz anderer Menschentyp war Englands Team-Manager Alfred Ramsey. Manche behaupten, er sei eher Dompteur als Trainer gewesen und habe die Peitsche nur so knallen lassen. In seinem Gesicht drückten sich hohe Intelligenz und Energie aus, aber auch kompromißlose Härte. Ramsey schweißte Englands Nationalelf, die 1966 die Weltmeisterschaft gewann, zusammen. Von Elisabeth II. geadelt, wurde er als Held und Retter der englischen Fußballehre gefeiert. Daß England nämlich 1953, 1959 und 1965 von Ungarn, Schweden und Österreich auf eigenem Boden besiegt worden war,

hatten die Briten als nationales Unglück empfunden. Nun schien der Ruf des englischen Fußballsports wiederhergestellt. Aber lange konnten sich das Weltmeisterteam und Sir Alf seiner führenden Rolle nicht erfreuen. Man hat es Ramsey später zum Vorwurf gemacht, daß er »alte Kanonen« wie Hurst (30), Banks (32) und Bobby Moore (31) viel zu lange einsetzte, statt der Jugend eine Chance zu geben. Nach der Niederlage in der Europameisterschaft klagte er einem Reporter sein Leid: »Alle Nationaltrainer«, so sagte er, »haben heute ähnliche Probleme. Da die Spieler von ihren Vereinen überstrapaziert werden, fehlt es uns an Zeit, Länderkämpfe richtig vorzubereiten.« Aber das war natürlich schon 1966 so. Wie immer, Ramsey hat bisher keinen ebenbürtigen Nachfolger gefunden. Ron Greenwood wird zweifellos nicht geadelt werden und Brian Clough, der Nottingham Forest zweimal zum Sieg im Europapokal der Meister führte, wird vorgeworfen, daß er diese Erfolge nur durch stures Mauern erzielt hat. »In Madrid«, so schrieb die spanische Zeitung ABC, »verlor der (Hamburger SV), der während des ganzen Spiels in freier Offensive spielte. Nottingham ging schamlos in den Clinch, um von der Rente des einmal erzielten Tores zu leben.« Und »El Pais« stellte fest: »Nottingham wirkte wie der Aufguß einer Mannschaft alten italienischen Stils.« Wie einst Herrera, so wird mancherorts heute Clough ein Totengräber des Fußballsports genannt.
Der in Argentinien und Marokko aufgewachsene Spanier Helenio Herrera, der Inter Mailand Mitte der 60er Jahre zweimal zum Europapokalsieg führte, wurde von seinen Spielern ›der Sklaventreiber‹ genannt. Er war ein guter, aber keineswegs überragender Spieler gewesen, der ein paarmal in der französischen Nationalmannschaft eingesetzt wurde, nachdem er 1936 die Staatsbürgerschaft erhalten hatte. Selbstbewußt sagte er: »Hätte ich in meiner Jugend einen solchen Trainer wie mich gehabt, wäre ich ein zweiter di Stefano geworden.« 1947 wurde er französischer Nationaltrainer, ging aber schon zwei Jahre später nach Spanien, wo er nacheinander Atletico Madrid, Sevilla und den FC Barcelona betreute. Sowohl Atletico wie Barcelona wurden unter seiner Leitung spanische Meister, aber von beiden Klubs trennte er sich im Zorn. Ein Individualist und Diktator wie Herrera konnte und wollte sich nicht einem bürokratischen Vorstand beugen. 1960 kam er zu Inter Mailand, das 1964 und 1965 nicht nur den Europapokal der Landesmeister gegen Real Madrid bzw. Benfica Lissabon, sondern auch den Weltpokal gegen

Independiente Buenos Aires gewann. Herreras Jahresverdienst wurde seinerzeit mit 200000 Mark angegeben, doch erhöhte sich dieser Betrag durch Werbeeinnahmen, Prämien und Fernsehauftritte wie Artikelhonorare auf über das Doppelte. 1966 wurde Herrera italienischer Nationaltrainer. Er führte den »Betonfußball« (Catenaccio) ein, den Clough später imitierte. Mit Facchetti kreierte er den ersten Offensivverteidiger von Weltrang. Seine Spielweise wird heute von allen erstklassigen Mannschaften betrieben: Die Stürmer und Mittelfeldspieler helfen auch in der Abwehr aus, die Verteidiger schalten sich auch in den Angriff ein. Daß dazu eine unerschütterliche Kondition gehört, versteht sich von selbst.
Im Gegensatz zu dem despotischen Herrera ist Bundestrainer Jupp Derwall ein umgänglicher, fröhlicher Typ. Er unterscheidet sich auch in vielem von seinem Vorgänger Helmut Schön. Der bestand z. B. darauf, daß die Spieler nach dem Mittagessen ins Bett gingen, um sich zu entspannen; auch für »Kaiser« Franz Beckenbauer wurde da keine Ausnahme gemacht. Derwall läßt ihnen mehr Freiheiten. Schön liebte die Kunst, Derwall hat früher Flugzeugmodelle gebaut und ist zum Angeln nach Irland gefahren. Er hat auch gern Tennis und Schach gespielt. Schön hat sicherlich tiefer gedacht, aber Derwall ist der Fußballer geblieben, der für Alemannia Aachen und Fortuna Düsseldorf der patente Kerl war. Schön litt an jedem Streit, Derwall bereinigt ihn mit ein paar Kraftausdrücken. Und er ist nicht nachtragend. Er hat Paul Breitner, der in seiner hitzigen Zeit alle und alles insultierte, den Rückweg in die Nationalelf wieder ermöglicht. Auf den Unterschied zwischen sich selbst und Helmut Schön angesprochen, sagt er: »Schön überließ nie etwas dem Zufall. Er hatte für alle Eventualitäten einen Plan parat. Nichts konnte ihn überraschen. Ich glaube, ich bin spontaner. Ich kann auch auf unvorhergesehene Dinge ganz schnell reagieren.« Von Oktober 1978, als er das Amt des Bundestrainers übernahm, bis Ende 1980, als er sein Team zur Miniweltmeisterschaft in Montevideo führte, hatte die Nationalelf 18 Siege und 5 Unentschieden erzielt und war Europameister geworden. Im Januar 1981 kam der Rückschlag. War die Niederlage gegen Argentinien (1:2) noch erträglich, erlitt die Mannschaft gegen Brasilien ein Debakel, und auch das Rückspiel in Stuttgart ging verloren. Der allzu optimistische Jupp mußte erkennen, daß anderswo besser gespielt wurde. Der frühere Nationalspieler Willi Schulz hatte das schon bei der Europameisterschaft in Ita-

lien erkannt. »Wir haben es jetzt oft erlebt«, so schrieb er in der »Welt am Sonntag«, »daß unsere Mannschaft bis zum Umfallen an der Taktik festhält, die der Trainer in der Spielsitzung an die Tafel geschrieben hat. Derwalls Elf war z. B. nicht in der Lage, sich auf die technisch versierten Tschechen (in Rom) einzustellen. Stur wurde das Konzept (immer schön vorsichtig) bis zum bitteren Ende durchgehalten. Schön war in Sachen Taktik beweglicher. Bei ihm durfte der Kapitän im Spiel die Mannschaft eigenhändig umstellen. Zu mir sagte Schön immer: »Nach fünf Minuten weißt du ja, was der Gegner vorhat. Läuft es anders, als wir es besprochen haben, handelst du entsprechend.«

Niemand wird so schnell zum Sündenbock wie der Trainer. Als Rummenigge, nach der Europameisterschaft zum Weltstar Nr. 1 erklärt, über ein Vierteljahr kein Tor mehr schoß und nicht nur von Briegel (Kaiserslautern) lahmgelegt wurde, verlor er trotzdem nichts von seinem Nimbus, den er erst im Frühjahr 1981 wiederherstellte. Ein Trainer wird von seinem Klub meist schnell in die Wüste geschickt. Sein Posten ist im wahrsten Sinn des Wortes ein Schleudersitz. Aus dem Trainerkarussell werden die Pechvögel ebenso herauskatapultiert wie die vorübergehend Erfolglosen. »Der Sieg hat viele Väter, die Niederlage nur einen – den Trainer!« Das mußte sogar ein Könner ersten Ranges wie Hennes Weisweiler erfahren; allerdings fiel er ein paar Treppen hinauf: Bevor ihn der 1. FC Köln vor die Tür setzte, kündigte er selbst. Zu diesem Zeitpunkt hatte er nämlich schon den Millionenvertrag mit Cosmos New York in der Tasche. Den Rausschmißrekord hält übrigens Schalke 04; die Klubleitung setzte nicht weniger als 10 Trainer an die Luft, konnte aber damit 1981 den Abstieg in die 2. Liga doch nicht oder gerade deshalb nicht verhindern. Sechsmal von Bundesligaklubs gefeuert, ging Gyula Lorant nach Saloniki und starb während eines Spiels seiner Mannschaft (PAOK Saloniki) auf der Trainerbank. Starspieler der ungarischen Wunderelf Anfang der 50er Jahre, wechselte Lorant unfreiwillig vom 1. FC Kaiserslautern zu Köln, Offenbach, Frankfurt, München und Gelsenkirchen. Dabei hatte er u. a. Eintracht Frankfurt zu einem UEFA-Pokalplatz und einer Siegesserie von 21 Spielen geführt. Viele Spieler schwärmen heute noch von seinen (allerdings unorthodoxen) Praktiken. Weltmeister Jürgen Grabowski hielt Lorant für den idealen Trainer. »Er war ein Mann, der im Fußballsport alles wußte und ein unwahrscheinlich guter Taktiker«, erklärte Grabowski. »Außerdem war Lorant für mich ein herrlicher Mensch!«

Es sind also oft nicht die Trainer, sondern die Klubleitungen oder die Spieler, die versagen. Wenn ein Verein wie Schalke in einer Spielzeit viermal den Trainer wechselt, wird die Mannschaft total verunsichert und tritt dem Neuen mit größtem Mißtrauen entgegen. Von manchem Klubvorstand wird der Trainerwechsel als Allheilmittel angesehen, weil sich dann meist Anfangserfolge einstellen. Neue Besen kehren aber nur so lange gut, bis das Gesetz der Serie wieder umschlägt und auf eine Erfolgssträhne neue Niederlagen folgen. Der Streß beim Trainerberuf ist so groß wie bei Topmanagern. Diesen Streß hat Bayerns Mannschaftsarzt mit einem Herzfrequenzmesser getestet. Beim Institut für Kreislaufforschung an der Sporthochschule in Köln wurden kürzlich 14 Trainer aus der Bundesliga vor und während des Spiels untersucht. Schon eine halbe Stunde vor Spielbeginn hatten manche Trainer 132 Pulsschläge in der Minute; höhere Werte – bis zu 200 – wurden nur bei Autorennfahrern und Motocrossfahrern gemessen. Der Bremer Sportpsychologe Prof. Stemme hat festgestellt, daß die Trainer an Schlafstörungen, Nervenkrisen und Angstsymptomen leiden. Der Leistungsdruck und die Furcht vor dem blauen Brief haben u. U. schwere gesundheitliche Schädigungen zur Folge. Trainer Otto Rehhagel erklärte: »Mit Fünfzig bin ich im Irrenhaus. Bis dahin will ich aber so viel verdient haben, daß ich wenigstens 1. Klasse liegen kann.«

Für die heikle Lage der Trainer ist der Jugoslawe Branco Zebec ein Paradebeispiel. Zebec hatte von 1968 bis 1970 Bayern München und von 1974–1978 Eintracht Braunschweig trainiert, bevor er zum Hamburger SV kam. Hier gewann er mit seinem Team auf Anhieb die Deutsche Meisterschaft und kam im nächsten Jahr sowohl bei der Meisterschaft wie im Europapokal der Meister auf den zweiten Platz. Er verfügt über ein profundes Fußballwissen und impft seine Spieler mit technischen und taktischen Feinheiten. Was er denkt, ist Fußball, aber auf einem hohen Niveau. Durch den ständigen Streß magenkrank, mußte er sich 1970 einer Bauchspeicheldrüsen-Operation unterziehen. Nach der Enttäuschung über das Scheitern des HSV in der letzten Meisterschaftsrunde und dem Verlust des Europapokal-Endspiels versuchte er den Fehlschlag durch Alkoholkonsum zu vergessen. Im April 1980 wurde er mit 3,25 Promille von Polizisten aus seinem Auto geholt. Als er im Juli, benebelt, zum

Training kam, verwarnte ihn das Präsidium zum letzten Mal und sprach, als sich der Vorfall im Dezember wiederholte, die Kündigung aus. Paul Breitner, der 1977/78 bei Braunschweig unter Zebec trainiert hatte, erklärte dazu: »Branco Zebec ist für mich ein Trainer, von dem ich nur das Beste sagen kann. Er ist über jede Kritik erhaben, sachlich und absolut professionell. Ich weiß nicht, ob man einen Mann dieser Klasse hergeben soll, nur weil er das eine oder andre Mal einen zuviel gehoben hat. Im übrigen ist der Jugoslawe in seiner Branche nicht der einzige, der ab und zu einen über den Durst trinkt.« Nun, Zebec hat eine neue Aufgabe in Dortmund gefunden. Sein Nachfolger in Hamburg, Aleksandar Ristic, bisher Zebecs Stellvertreter, mußte erleben, daß der Mannschaft im Endspurt um die Meisterschaft wiederum der Titel entglitt. Daran war Ristic nicht schuldiger als vor ihm Zebec, den seine Spieler den »Unersetzlichen« nannten. Ob Ristic seinen Nachfolger, den Österreicher Ernst Happel, um sein Amt beneidet, muß bezweifelt werden.
Happel, einst technisch perfekter Verteidiger bei Rapid Wien und Racing Paris, Star der österreichischen Nationalelf, mit der er 51 mal antrat, gilt als einer der besten Trainer der Welt. 1978 betreute er für eine Traumgage von 200000 Mark ein paar Wochen lang die holländische Nationalelf bei der WM in Argentinien. Als die Holländer »nur« Zweite wurden, sprach er mit den Spielern nicht mehr; sie hatten ihn zu sehr enttäuscht. Mit Feyenoord Rotterdam hatte er 1969/70 den Europapokal der Landesmeister und den Weltpokal gewonnen, mit Brügge war er 1978 Endspielgegner von Liverpool geworden; auch hatte er bei mehreren Landesmeisterschaften den Sieg seiner Mannschaft vorbereitet. Schon als Spieler hatte er einen außergewöhnlichen Spürsinn und ein Gefühl für Ball und Gegner bewiesen. Das kam ihm als Trainer zugute; er durchschaut alle Tricks und Schliche der Starspieler und der anderen Startrainer. »Im Fußball kann mir keiner was vormachen«, sagt er. Obgleich vielfacher Millionär – in Wien besitzt er mehrere Eigentumswohnungen und auf dem Schafberg eine Luxusvilla – verleugnet er keinen Augenblick seine Herkunft. Er spricht ein handfestes Vorort-Wienerisch und durchsetzt es mit flämischen, holländischen und spanischen Brocken. Bei seinem ersten Engagement im Den Haag wollten die Spieler bei starkem Regen nicht trainieren. Da ließ er vom Klubdiener eine leere Coca Cola-Dose aufs Lattenkreuz des Tores stellen und schoß sie beim ersten Versuch außerhalb der Strafraum-

grenze mit dem Ball herunter. Danach trainierte die Mannschaft, obgleich es wie aus Kannen goß. Max Merkel (»das Lästermaul«), der mit ihm bei Rapid Wien in der Abwehr spielte und dann Trainer bei seinem Stammklub wurde, verwünschte ihn bei seinem Abschied mit den Worten: »Ich wünsch dir, Hundsfott, daß du Trainer wirst und dann so einen Hundsfott als Spieler bekommst, wie du es bist!«
Ein ganz anderer Mann ist der österreichische Team-Chef Karl Stotz. Er hat die Nachfolge des erfolgreichen Helmut Senekowitsch angetreten, der zu Atletico Bilbao ging. Stotz, früher Libero in der Nationalmannschaft und Trainer beim österreichischen Meister Austria Wien, hat mit der Raumdeckung, der Abseitsfalle und nicht zuletzt mit Spielwitz und Improvisation die Siege seiner Elf gegen England (4:3), Schottland und Portugal vorbereitet. Daß sich Österreich für die Weltmeisterschaft in Spanien qualifizieren konnte, ist nicht zuletzt sein Verdienst. Das 0:2 gegen Deutschland nahm er nicht weiter tragisch. »Unser Sieg in Cordoba«, so sagte er, »wurde vielfach überbewertet. Deutschland bleibt für uns noch immer der Lehrmeister.« Stotz, immer wie ein englischer Universitätsprofessor gekleidet, ist hochgebildet und tritt, wenn auch stets manierlich, sehr sachlich und zielbewußt auf.
Der brasilianische Trainer Tele Santana, von dem seine Landsleute den Weltmeisterschaftssieg 1982 erhoffen, hat ein anderes Konzept als Stotz, Menotti oder Weisweiler. Ein Vierteljahr durchstreifte er Europa, um alle großen Mannschaften zu sehen und die Spieler kennenzulernen. Nach dem deutschen 4:1 Sieg über Frankreich erklärte er Ende November 1980: »Die Deutschen sind die besten von allen, sie sind mit Recht Europameister.« »Fußball muß man wie eine Kunst betreiben«, sagte er anschließend. »Aber das begreifen wenige, und noch weniger tun es.« Das sagte ein Mann, der ursprünglich Fabrikant von Speiseeis werden wollte, dann aber mit Fluminense (1969), Atletico Mineiro (1971) und Palmeiras (1979) brasilianischer Fußballmeister wurde. Dann wurde er Nationaltrainer und führte den heimischen Fußball aus der »Verirrung«, in die ihn sein Vorgänger Coutinho getrieben hatte, zu der angestammten Spielweise zurück. Coutinho hatten den Brasilianern europäisches Athletentum und europäische Disziplin verordnet, aber die Individualität und die Impulse des Einzelnen unterdrückt. Bei der Weltmeisterschaft 1978 waren deshalb die brasilianischen Spieler zwar kämpferisch hervorragend, spielerisch aber schwach; sie wurden denn

auch hinter Argentinien und Holland nur Dritte. Als Nachfolger Coutinhos setzte Santana auf technische Perfektion verbunden mit Tempo, Entschlußkraft und Intelligenz. Er machte aus dem baumlangen Dr. Socrates, einem Kinderarzt, den die Europäer anfangs belächelt hatten, einen erstklassigen Mittelstürmer und aus dem rein defensiven Mittelfeldspieler Cerezo einen offensiven Spielgestalter. Er entdeckte die rasanten Flügelstürmer Paulo und Ze Sergio und aktivierte den Altstar und Torjäger Zico zu einer zweiten Jugend. Als er den Sprung zur Weltmeisterschaft nach Spanien geschafft hatte, wurde sein Gehalt auf monatlich 20000 Mark erhöht – in Brasilien das Einkommen eines Generaldirektors. Noch um 10000 Mark mehr bekommt in Barcelona Udo Lattek, der Borussia Dortmund über Nacht verließ, um an das große Geld heranzukommen. Lattek, der Anfang der 70er Jahre mit den Stars vom FC Bayern Deutscher Meister und Europacupsieger geworden war, hatte München seinerzeit mit einem Mißtrauensvotum seiner Spieler verlassen müssen. In Dortmund erfolgreich, schwor er den Borussen vor dem Ende der Spielzeit 1981 Treue und nahm anderntags das Flugzeug nach Barcelona. Wie lange er dort bleibt, ist ungewiß; José Luis Nunéz, der Präsident des Klubs, hat in den letzten $2^1/_4$ Jahren fünf Trainer gefeuert.
Heute wählen immer mehr Starspieler den Trainerberuf. Jupp Heynkes, der 39 mal die Farben Deutschlands trug, hat sich bei Borussia Mönchengladbach bereits bewährt, Sigi Held, der noch mit 38 Jahren für Bayer Uerdingen in der Bundesliga und vorher 41 mal für Deutschland spielte, setzt ebenfalls seine Laufbahn als Trainer fort. Aus dem Rennen sind dagegen der Jugoslawe Cajkovski und trotz aller seiner großen Sprüche »Lästermaul« Max Merkel. Zu seiner Zeit zweifellos ein Trainer von Format – unvergessen seine Meisterschafts- und Pokalerfolge mit 1860 München! –, wurde er mit zunehmendem Mißerfolg zänkischer und setzte seine Nebenbuhler erbarmungslos herab. Seine Kritik an Bundestrainer Jupp Derwall hat gezeigt, daß er seine Devise »Mit Zuckerbrot und Peitsche« auch vom Schreibtisch aus fortsetzen will. »Nach Meister Herberger und Glücksritter Schön«, so schrieb er im SPIEGEL, »macht nun Alt-Twen Derwall das deutsche Fußball-Bukett. Derwall will wohl nur noch ausprobieren, ob Erfolg auch ohne Mithilfe von Glück zu erringen ist. Es wäre der Triumph des Vakuums. Aber Jupp der Schöne hat trotzdem den besten Fußballjob der Welt. Die Lebens-

versicherung ist im Amt inbegriffen, die Rentenfrage geklärt. Derwall ist weder Napoleon noch Rumpelstilzchen. Ein schöner, aber grauer, an Waschtagen silbergrauer Mann fällt eben nicht auf, wenn er nicht zur Sache kommt.« So bissig und amüsant Merkels Stil ist, so falsch sind seine Prognosen. Nach obigem Verriß blieb die deutsche Nationalmannschaft unter Derwall in 23 Länderkämpfen ungeschlagen. Und nachdem Merkel aus Argentinien abgereist war, weil er bei der Weltmeisterschaft nicht zusehen wollte, wie Austria sich blamierte, schlugen die Österreicher die Mannschaften Spaniens, Schwedens und der Bundesrepublik. Das Beispiel Merkel zeigt aber auch, daß nicht nur die Zeit eines Spielers, sondern auch der Trainer begrenzt ist. Sogar der große Helmut Schön mußte seine ruhmvolle Laufbahn mit Mißerfolgen beschließen.

Das Training

Die Voraussetzung für guten Fußball ist eine hervorragende Kondition. Schon das Spiel in einer Schulmannschaft erfordert Kraft, Schnelligkeit, Gelenkigkeit und Ausdauer. Jeder Spieler muß wissen, was er sich zutrauen darf und sollte von einem erfahrenen Sportarzt untersucht werden, um körperliche Schwächen oder gar Schäden feststellen zu lassen. Wer ein Spiel nicht durchhält oder vom Gegner immer wieder stehengelassen wird, kann dieses Manko im allgemeinen durch gymnastische und leichtathletische Übungen beseitigen. Um dabei nicht übers Ziel hinauszuschießen und sich so erst recht gesundheitliche Nachteile zuzuziehen, müssen Sportwart und Arzt für den Spieler ein Trainingsprogramm zusammenstellen, das auf sein Talent, seine Eigenart und seine physischen Möglichkeiten abgestimmt ist.
Um Kraft und Ausdauer zu stärken, sollten die angehenden Fußballer regelmäßig Gelände- und Waldläufe absolvieren und das Tempo wie auch die Länge der Strecken planmäßig steigern. Von dem berühmten Alpinisten Reinhold Messner wissen wir, daß er seine Schnelligkeit beim Auf- oder Abstieg, die unbändige Kraft beim Überwinden schwierigster Fels- und Eispartien und seine Zähigkeit,

das fast übermenschliche Durchhaltevermögen, vor allem seinen Laufübungen im steilen Gelände verdankt. Jeder Fußballer braucht diese Härte und dieses Beharrungsvermögen, um anderthalb Stunden kräfteverschleißender Kämpfe durchzuhalten. Das Antrittstempo erhöht man durch wiederholte Sprints über 25 – 50 m. Die Spieler können dabei auf einen Pfiff des Trainers in Gruppen zu fünft starten und sollen nach einem zweiten Pfiff ganz locker auslaufen. Auch hier ist, besonders beim Beginn des Trainings, vor jeder Übertreibung zu warnen, denn diese sogenannten Intervallsprints verbrauchen viel Kraft und Energie. Erst abgehärtete und schon durchtrainierte Profispieler sind imstande, innerhalb einer Trainingsstunde zehn und mehr solcher Sprints über 50 – 200 m durchzuhalten.
Kraft und Gelenkigkeit der Spieler werden durch Liegestützübungen und durch Seilspringen gefördert. Wer 25 – 30 Liegestütze federnd ausführt und bis zu 2000 mal seilspringt, wird keine Schwierigkeiten haben, auch in der Verlängerung eines Ligaspiels dem Ball im gleichen Tempo wie zu Beginn nachzujagen und ihn aus vollem Lauf aufs Tor zu schießen. Auch das Boxen am Punchingball stärkt die Muskelkraft und macht Schulter- und Nackenpartien kraftvoll elastisch. Bei solchen Belastungen ist eine Pulsfrequenz von 120 – 180 Schlägen in der Minute normal. In den Pausen soll der Puls möglichst schnell wieder auf 90 Schläge zurückgehen, um nach dem Training die Durchschnittszahl von 60 – 72 nicht zu überschreiten. Hochleistungssportler haben im allgemeinen im Ruhezustand einen noch niedrigeren Puls.
Die gymnastischen Übungen sind durch Rumpf- und Hüftkreisen, das Klettern an Tauen, das Zuwerfen von Medizinbällen im Stehen, Sitzen und Liegen wie auch durch das Stemmen und Drehen nicht zu schwerer Hanteln zu ergänzen. Wer die Rolle vor- und rückwärts mit nachfolgendem Kopfstand und den russischen Tanz in der Kniebeuge mit den abwechselnd vorschnellenden Beinen beherrscht, wird bei Zweikämpfen oder im Getümmel vor dem Tor wenig anfällig für Verletzungen sein und auch aus schwierigsten Lagen und Winkeln gefährliche Torschüsse zustande bringen.
Das Spiel mit dem Ball beginnt am besten mit einem möglichst genauen Zuspiel. Dabei stehen einander zwei Partner im Abstand von etwa 10 m gegenüber. Wenn zehn oder zwölf Pässe genau zu dem anderen Spieler kommen, ist damit ein erstes Ziel erreicht. Danach sollen sich die Partner den Ball im Laufen so genau wie möglich zu-

spielen. Und schließlich sollen vier oder fünf Spieler eine Gruppe bilden und sich den Ball über 25 – 30 m abwechselnd zupassen. Bei kurzen Entfernungen – auch beim Doppelpaß – wird der Ball mit der Innenseite des Fußes abgespielt, bzw. weggeschlagen oder -gestoßen. Mit dem Innenseitenstoß kann der Ball allerdings nicht weit und hart genug weggeschlagen werden; auch erkennt der Gegenspieler schon im Ansatz die Richtung, die der Ball nehmen wird. Infolgedessen müssen von Anfang an besonders die Spannstöße geübt werden. Dabei unterscheiden wir

a) den Innenspannstoß
b) den Außenspannstoß
c) den Vollspannstoß

Beim Innenspannstoß ist das Spielbein im Knie gebeugt und der Fuß gestreckt; der Ball wird mit der Innenseite des Rists getroffen. Der Fuß des Spielbeins wird leicht nach außen gedreht, damit der Ball mit der Innenseite des Spanns voll getroffen werden kann.

Beim Außenspannstoß läuft man leicht schräg zum Ball an, dreht den Fuß etwas einwärts und trifft den Ball mit der Außenfläche des Spanns. Mit dem Außenspann kann man sowohl weite wie kurze Pässe, Torschüsse und Freistöße ausführen. Auch der Dropkick wird am besten mit dem Außenspann geschlagen.

Der Vollspannstoß wird mit dem Fußrist bei gestrecktem Fuß ausgeführt, wobei die Fußspitze gegen den Boden zeigt. Damit werden harte Torschüsse und Befreiungsschläge wie auch weiche Heber über einen Gegenspieler – eventuell über den herausstürzenden Torwart hinweg – geschlagen. Mit dem Vollspannstoß schießt man auch den direkt aus der Luft genommenen Ball aufs Tor.

Für den fortgeschrittenen Fußballer ist zwischen Innenrist und Innenspann ein feiner Unterschied. Der Innenrist ist gegen die Fußmitte, der Innenspann mehr seitlich oben; dasselbe gilt von Außenrist und Außenspann.

Eine der Voraussetzungen für ein zuverlässiges Spiel ist das fehlerlose Stoppen des Balles, so daß ein sofortiges Weiterspiel möglich ist.

Bei flachen Pässen wird der Ball mit der Innenseite des Fußes abgestoppt; dabei nimmt man den Fuß, elastisch federnd, etwas zurück, damit der Ball nicht wie von einer Mauer abprallt. Auch der Körper federt beim Abstoppen des Balles etwas zurück. Wer das Stoppen beherrscht, kann einen Schritt weitergehen und den ihm zugepaßten

Stoppen mit dem Oberschenkel.

Ball direkt in den Lauf mitnehmen oder aber ihn sofort einem Mitspieler zuleiten. Das Stoppen und die Weitergabe des Balles gehen dann fließend ineinander über. Leichte Pässe können auch mit dem Außenrist abgestoppt werden.
Bei halbhohen Bällen winkelt man das Bein in Hüfthöhe ab, so daß der Ball mit der Innenseite des Fußes gestoppt werden kann.
Hohe Bälle stoppt man mit der Brust ab. Der Spieler macht dabei ein Hohlkreuz und läßt den Ball, wiederum elastisch nachgebend, auf der Brust aufprallen.
Man kann aber den Ball auch bis in Knöchelhöhe fallen lassen und ihn dann mit der Innenseite des Fußes, ja, fast mit der Sohle, stoppen. Wenn das Stoppen richtig ausgeführt wird, muß der Ball dicht vor dem Spieler liegenbleiben.
Um einen hohen Ball gleich in den Lauf mitzunehmen, wird der Oberkörper dem Ball entgegengeführt, also vorgebeugt; beim Auftreffen des Balles wird der Paß oder Stoß weich abgefangen, indem der Körper – siehe oben! – elastisch nachgibt.

Die Pässe

Bei den Pässen unterscheiden wir
a) den Kurzpaß b) die Vorlage c) die Flanke.

Stoppen mit der Brust.

Der Fußball als Mannschaftssport ist ohne die Pässe nicht denkbar. Mit dem Kurzpaß bringt man einen mitlaufenden oder in nächster Nähe stehenden Teamkameraden ins Spiel. Der Kurzpaß wird mit dem Innenspann gespielt oder mit der Fußspitze angetippt. Auch eine Rückgabe zum Torwart wird wie ein Kurzpaß gespielt.
Die Vorlage ist ein Paß zu einem Mitspieler in guter Position. Mit der Vorlage wird in der Regel ein Angriff eingeleitet.
Die Flanke ist die Vorlage der Außenstürmer zu ihren im Strafraum oder in Strafraumnähe postierten Mitspielern.

Das Dribbeln

Dribbeln ist das Führen des Balles möglichst nahe am Fuß, das Raum gewinnende Vorlaufen mit dem Ball, wobei dieser mit dem Spann geführt wird. Durch das Dribbeln kann der Ball auch in den eigenen Reihen gehalten und das Spiel verzögert werden, wenn es darauf ankommt, einen Vorsprung in den letzten Spielminuten zu halten oder dem Gegner keine Angriffsmöglichkeiten zu lassen. Von diesem Hin- und Herschieben des Balles wird dann durch schnelle Pässe überraschend ein eigener Angriff eingeleitet.
Das Dribbeln ist nur erforderlich, wenn man den Gegenspieler durch Tricks oder Finten täuschen kann. Am gebräuchlichsten ist der

Stanley-Matthews-Trick.

Dabei täuscht man links an und geht rechts vorbei. Links antäuschen ist eine blitzartige Ausfallbewegung nach links. Der Abwehrspieler muß diesem Manöver folgen und steht auf dem falschen Fuß, wenn der Angreifer rechts an ihm vorbeigeht. Dasselbe gilt für rechts antäuschen und links vorbeigehen. Immer wird der Ball nach der entgegengesetzten Seite, als die Körperbewegung zunächst andeutet, weggeführt. Noch sicherer wird der Gegner getäuscht, wenn man den Ball kurz nach links (oder rechts) führt, ihn aber sofort wieder auf der Gegenseite vorbeispielt.

Der Beckenbauer-Trick

erfordet hervorragende Körperbeherrschung, Ballführung und Beweglichkeit. Der Spieler täuscht dabei einen Paß an, dreht sich aber um seine eigene Achse und nimmt den Ball beim Umdrehen mit; mit diesem Manöver geht er an seinem Gegner auf der entgegengesetzten Seite (als angetäuscht) vorbei. Als

Lokomotive oder Leo

bezeichnet man eine Finte, die vor allem an der Außenseite des Spielfeldes bei hohem Tempo ausgeführt wird. Der den Ball führende und der Abwehr-Spieler laufen etwa auf gleicher Höhe nebeneinander. Plötzlich schwingt der Angreifer den Fuß über dem Ball, ohne ihn aber zu berühren. Das nimmt dem Angreifer wie dem Ball die Fahrt. Der Gegenspieler reagiert, indem er selbst abbremst und wird übertölpelt, wenn der Angreifer sofort wieder – geradezu explosiv – losstartet und so den Gegner hinter sich läßt.
Anstatt aber den Fuß über dem Ball zu schwingen, kann man auch von oben mit der Sohle darauf treten und ihn kurz abstoppen. Dadurch verliert man allerdings den Bruchteil einer Sekunde und gibt dem Gegner u. U. Gelegenheit, hineinzugrätschen und den Ball ins Aus zu stoßen.
Und schließlich kann man den Ball mit der Hacke einem Mitspieler nach rückwärts zustoßen. Mit diesem Trick schafft man dem Mitspieler freien Raum für einen Paß oder ein Dribbling.

Der Doppelpaß

Mit dem Doppelpaß wird ein oder werden mehrere Gegenspieler durch zwei Angreifer ausgeschaltet. Der Angreifer läuft direkt auf seinen Gegenspieler zu. Ohne zu dribbeln, spielt er den Ball zu einem seitlich postierten Mitspieler schnell ab, läuft auf der anderen

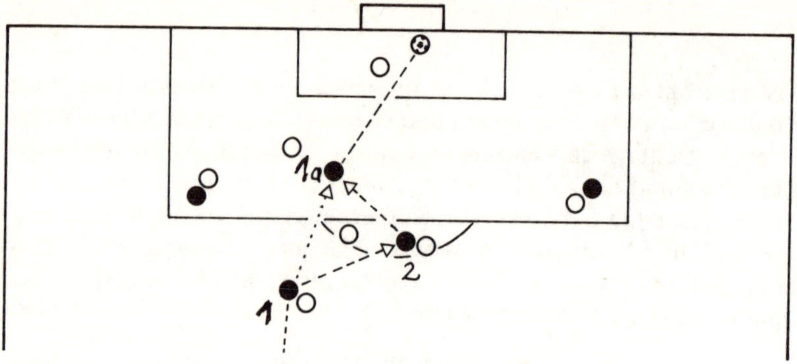

Oben: 1 spielt den Ball zu 2 und läuft in Position 1a. Dort erhält er den Ball von 2 zurück.

Unten: Der Fallrückzieher.

Seite um den Gegenspieler herum und bekommt den Ball, nachdem der Gegenspieler ausgetrickst wurde, von seinem Mitspieler wieder zurück. Gelingt der Doppelpaß in Strafraumnähe, hat der Angreifer meist freie Bahn zum Tor(schuß); mißlingt der Doppelpaß, geht die Initiative sofort auf den Gegner über.

Der Dropkick

Beim Dropkick wird der Ball, ohne ihn zu stoppen, unmittelbar nach dem Aufprall auf dem Boden mit dem Voll- oder Außenspann geschlagen. Der Dropkick wird vor allem als Befreiungsschlag der Abwehrspieler oder als direkter Torschuß angewandt. Auch der Abschlag des Torhüters wird oft als Dropkick gespielt. Technische Perfektion erfordert der Dropkick mit der Innenseite des Fußes als weiches Zuspiel. Besonders gefährlich ist der Dropkick mit dem Außenspann. Durch das seitliche Anschneiden bekommt der Ball eine Drehung und fliegt in einer Kurve um die Gegenspieler herum.

Der Fallrückzieher

Ein Spieler, der mit dem Rücken zum Tor steht, kann den Ball, der über seinem Kopf heranfliegt, durch einen Fallrückzieher beantworten. Er springt mit dem Spielbein genau in dem Moment ab, wo der Ball über ihn hinwegfliegt. Im Rückwärtsfallen führen seine Beine eine Scherenbewegung aus, und der Ball wird mit dem Vollspann des Spielbeins getroffen. Um nicht mit dem Rücken auf den Boden zu prallen, stützt sich der Spieler mit den Händen auf. Mit dem Fallrückzieher haben Stürmer wie Uwe Seeler oder Klaus Fischer ihre effektvollsten Tore erzielt. Ein seitlicher Fallrückzieher ist der Scherenschlag. Beim

Hüftdrehstoß

wird der Ball mit einer Drehung des Körpers aus der Luft genommen. Das Standbein verläßt dabei den Boden nicht. Der Ball wird in Hüfthöhe direkt aus der Luft mit dem Vollspann geschlagen. Der Spieler muß in Hüfte und Schultern außerordentlich elastisch sein, um mit dem Hüftdrehstoß ein Tor zu erzielen. Auch als Befreiungsschlag ist der Hüftdrehstoß im Repertoire eines Klassespielers unentbehrlich.

Die Kopfstöße

Beim Kopfstoß ist es wichtig, im richtigen Augenblick abzuspringen, um dem Ball mit der Stirn die gewünschte Flugbahn zu geben. Um dem Ball Fahrt zu geben, muß der ganze Körper in den Stoß hineingelegt werden. Das geschieht, indem man aus dem Hohlkreuz nach vorne schnellt. Im Strafraum können auch hüft- oder kniehoch fliegende Bälle durch einen Flugkopfball aufs Tor gestoßen werden. Dabei führt der Spieler einen Hechtsprung aus und trifft den Ball, fast waagrecht in der Luft liegend, mit der Stirn. Sodann stützt er sich mit beiden Händen auf den Boden und fängt so den Schwung des Körpers ab. Eines der spektakulärsten Tore, die je erzielt wurden, war ein Stoß mit dem Hinterkopf. Bei der Weltmeisterschaft 1970 in Mexiko bekam Uwe Seeler beim Stand von 1:2 gegen England von Schnellinger eine hohe Flanke zugespielt. Seeler stieg in die Luft und stieß den Ball mit der hinteren Ohrpartie ins Tor.

Beim **Effetstoß**

wird der Ball seitwärts von seiner Mitte oder unterhalb der Ballmitte mit dem Innen- oder Außenspann getroffen; der Spann wird am Ball entlanggezogen und verleiht ihm so eine Drehung, einen Effet; er fliegt dann in einer bogenförmigen Bahn. Mit dem Effetstoß kann man einen Eckstoß ins Tor lenken, kann an der aufgebauten Mauer vorbei oder über die Mauer hinweg ins Tor schießen, aber auch eine Flanke in den Rücken der Abwehrspieler plazieren.

Tackling

Unter Tackling versteht man die Technik der Ballwegnahme, vor allem das Hineingrätschen. Wenn der Abwehrspieler neben dem Angreifer läuft, wird er versuchen, seinen Gegenspieler durch seitliches Hineingrätschen vom Ball zu trennen. Weil er den Fuß dabei weit vor sich streckt, fällt er bei diesem Manöver immer hin, bzw. er läßt sich fallen, um den Fuß so weit wie möglich auszustrecken.
Beim Hineingrätschen darf der Spieler nur den Ball treffen. Wenn der Angreifer den Ball mit seinem Körper oder mit dem Fuß abdeckt, würde er durch ein Hineingrätschen u. U. schwer verletzt werden. Korrekt ausgeführt, ist das Tackling im Gegensatz zu dem »gestreckten Fuß« unbedenklich. Einem Steilpaß kann der Abwehrspieler entgegenspringen und, fallend, in den Ball hineinrutschen.

Der Freistoß

Bei Foul und Handspiel verhängt der Unparteiische einen Freistoß,

der direkt verwandelt werden kann. Beim Freistoß im Mittelfeld kommt es vor allem auf die Schnelligkeit der Ausführung an; dem Gegner soll keine Zeit gelassen werden, seine Deckung aufzubauen. Beim Freistoß in der Nähe des gegnerischen Strafraums kommt es darauf an, die Abwehrmauer zu überwinden. Diese Mauer wird aus sechs bis sieben Spielern gebildet, wenn der Freistoß frontal zum Tor ausgeführt wird; die Abwehrspieler decken dabei die kurze Torecke, während der Torwart das übrige Drittel des Tores beherrschen muß. Zwischen dem Ball und der Mauer muß ein Abstand von 9,15 m gewahrt bleiben. Ein Torerfolg ist nur möglich, wenn es dem Schützen gelingt, den Ball mit einem angeschnittenen Effetstoß um die Mauer herum zu plazieren oder haargenau zwischen die Köpfe zweier Abwehrspieler zu schießen. Auf diese Weise gelangen Bimbo Binder in dem berühmten Meisterschaftsfinale Rapid Wien gegen Schalke 04 im Jahre 1941 zwei Prachttore, die das Spiel entschieden.
Der Torwart kann unter Umständen auch durch einen besonders wuchtigen, unters Lattenkreuz plazierten Schuß überwunden werden, doch wird das nur einem »Eisenfuß« gelingen, der einen richtigen »Hammer« abfeuert. – Oft wird in die Abwehrmauer hineingedonnert. Der Schütze hofft dabei, daß der zurückprallende Ball einem Mitspieler vor den Fuß kommt, der dann eher eine Lücke in der Mauer findet. Ein bekannter Trick besteht darin, daß ein Spieler, als ob er den Freistoß ausführen würde, anläuft, dann aber über den Ball springt und den Schuß einem Mitspieler überläßt. Auch kann sich ein Spieler der angreifenden Partei u. U. in die Abwehrmauer einschmuggeln und sich im Moment des Schusses bücken, um dem Schützen so eine Lücke zu schaffen.
Bei Freistößen seitlich zu Tor und Strafraum decken zwei oder drei Abwehrspieler die ballnahe Torecke; die anderen schirmen den Raum seitlich davon ab. In dieser Situation hat der Freistoßschütze

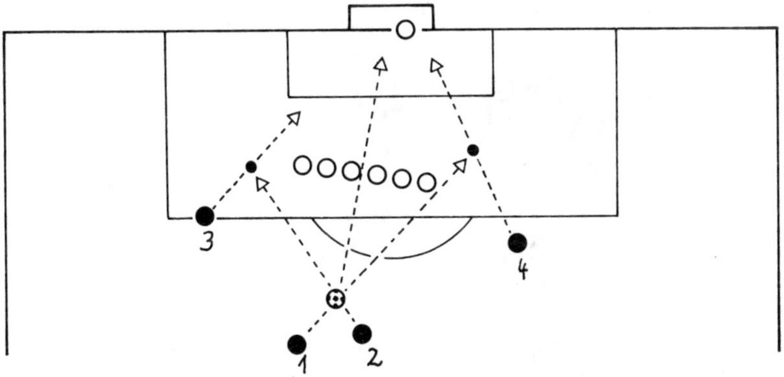

1 und 2 können den Ball direkt schießen, oder an 3 bzw. 4 zum Torschuß weiterspielen.

Oben: Kein Foul – Mit der Schulter und angelegter Hand rempeln
Unten: Foul – Den Gegner am Einwurf hindern.

mit einem angeschnittenen Effetstoß eine gute Chance, zu einem direkten Torerfolg zu kommen. Pelé, Rivelino und Fritz Walter haben so einige ihrer überraschenden Treffer erzielt.
Ein indirekter Freistoß wird vom Schiedsrichter durch das Hochheben des Armes angezeigt. Der Ball darf erst nach Berührung durch einen zweiten Spieler aufs Tor geschossen werden. Ein indirekter Freistoß im Strafraum wird auch verhängt, wenn der Torwart vor dem Abschlag mehr als vier Schritte läuft. Dann decken alle Abwehrspieler auf der Torlinie das Tor, während der Torwart sich vor ihnen postiert. Auch hier muß ein Abstand von 9,15 m zwischen Ball und Torlinie gewahrt werden. Es gehört schon das feinste Fußspitzengefühl dazu, den Ball über diese Abwehrmauer ins Tor zu heben.

Der Strafstoß (Elfmeter)

Beim Strafstoß kommt es darauf an, entweder den Torwart zu täuschen oder den Ball so wuchtig und plaziert ins Tor zu bomben, daß dagegen keine Abwehrchance besteht. Um den Torwart in die fal-

Foul: gestrecktes Bein.

sche Ecke zu schicken, dreht der Schütze den Fuß erst im letzten Moment nach innen oder außen, je nachdem in welche Ecke er den Ball plazieren will. Auch mit der Art seines Anlaufs und der Richtung seines Blickes kann er den Torwart täuschen.
Wenn der Ball vom Pfosten oder der Latte abprallt, darf ihn der Schütze nicht eher spielen, bevor ihn ein anderer Spieler berührt hat. Konnte der Torwart aber den Ball nur abklatschen, darf der Schütze sofort wieder schießen. Ein gefürchteter Elfmetertöter war der russische Startorwart Jaschin; durch blitzschnelle Reaktion und Ballinstinkt machte er so manche scheinbar totsichere Chance des Gegners zunichte, als ob er die Richtung des Balles hätte erraten können.

Der Eckstoß

Der Eckstoß wird entweder durch einen kurzen Paß zu einem Mitspieler ausgeführt oder hoch in den Strafraum geschlagen. Die alte Fußballweisheit »Drei Ecken – ein Tor« oder »Ein Eckstoß ist ein

1 schießt eine hohe Ecke – 2, 3 und 4 laufen in Schußposition.

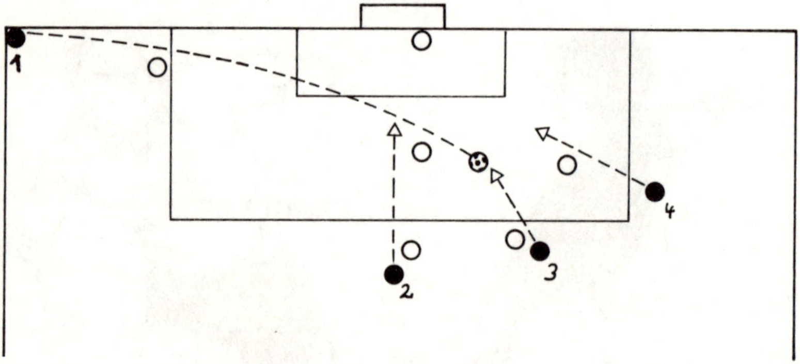

halbes Tor« trifft heute infolge der verstärkten Abwehr nicht mehr zu. Das Verhältnis ist eher 1:9, wenn nicht noch ungünstiger. Die Abwehr und zwei Mittelfeldspieler schirmen den Strafraum und das Tor ab, die Torecken werden von den Außenverteidigern gedeckt, der Torwart postiert sich in der langen Torecke, um dem hereinkommenden Ball entgegenzulaufen und ihn im Sprung zu fangen oder wegzufausten.
Eckballspezialisten schlagen den Eckstoß mit Effet, so daß der Ball

Unvergessener Sepp Herberger! 1954 führte er die deutsche Nationalelf zur Weltmeisterschaft.

Seite 98 links: Der Bundestrainer. Jupp Derwall ruft seinen Spielern von der Trainerbank Anweisungen zu.

Seite 98 rechts: Hennes Weisweiler, der von Köln zu Cosmos New York wechselte, führte sein Team auch 1980 zum Gewinn der US-Meisterschaft.

Seite 99 links oben: Englands langjähriger Erfolgstrainer Sir Alf Ramsey wurde von Queen Elizabeth geadelt.

Seite 99 rechts oben: Derwalls großer Gegenspieler Cesare Menotti, Trainer der argentinischen Nationalmannschaft hat sein Team auf den Gewinn der Weltmeisterschaft eingeschworen.

Seite 99 links unten: Nationaltrainer Karl Stotz verhalf der österreichischen Elf zur Teilnahme an der Weltmeisterschaft 1982 in Spanien.

Seite 99 rechts unten: Der neue Trainer des Hamburger SV, der frühere österreichische Nationalspieler Ernst Happel.

Links: Helenio Herrera, »der Sklaventreiber«, der den italienischen catenaccio (Riegel) einführte.

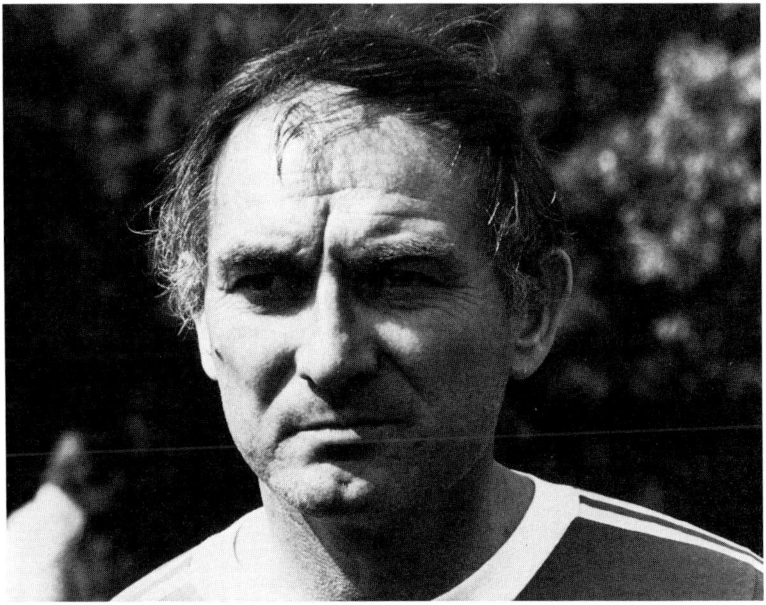

Zwei Startrainer in der Bundesliga: Der Ungar Pal Csernai (Seite 100 rechts) trainiert die Meistermannschaft Bayern München, und der Jugoslawe Branco Zebec (oben), der vom Hamburger SV zu Borussia Dortmund wechselte.

Oben: Dr. Joao Havelange, Präsident des Fußballweltverbandes und des brasilianischen Fußballverbandes.

Rechts: DFB-Präsident Hermann Neuberger (l.) und die Altstars Uwe Seeler und Willi Schulz begutachten den FIFA-Weltpokal, eine Schöpfung des italienischen Bildhauers Silvio Cazzaniga.

Ein Dokument sportlicher Größe und Kameradschaft: Helmut Schön übergibt das Amt des Bundestrainers seinem Nachfolger Jupp Derwall.

eine bogenförmige Flugbahn beschreibt. Im Gegensatz zum Spannstoß verläßt der Ball den Fuß erst spät, das heißt der Fuß folgt dem Ball länger als sonst. Die Ecke von links schlägt am besten ein Rechtsfüßler, die Ecke von rechts ein Linksfüßler.
Die englische Ecke wird verhältnismäßig flach in Hüfthöhe hereingeschlagen; sie ist mehr ein direkter Schuß als eine Flanke. Die Kölner Ecke ist ein Mittelding zwischen kurzer und langer Ecke. Dabei postiert sich ein Spieler der angreifenden Mannschaft am vorderen Torpfosten. Der Schütze des Eckstoßes serviert ihm den Ball auf den Kopf. Durch Kopfstoß wird der Ball zu einem Mitspieler in der Strafraummitte weiterbefördert und von ihm aufs Tor geköpft oder geschossen.

Der Einwurf

Um bei einem Einwurf (nach einem Ausball) einen Vorteil zu erlangen, muß er so schnell wie möglich ausgeführt werden. Wenn sich die Abwehr erst formiert hat, ist es schwer, einen freistehenden Mitspieler zu finden. Dann wirft man den Ball am besten einem nahestehenden Mitspieler zu, der ihn meist sofort wieder zurückspielt. Erst dann bringt ein weiter Schlag zur Mitte oder nach vorn einen günstig postierten Angreifer ins Spiel. Beim Einwurf, besonders in Strafraumnähe, müssen Angreifer und Abwehrspieler beachten, daß die Abseitsregel dabei aufgehoben ist! Ein weiter und genauer Wurf kann da sofort große Gefahr für das Tor bedeuten.

Abseits – nicht abseits!

Die Abseits-Regel ist die umstrittenste Bestimmung der Fußballregeln. Zunächst heißt es:

> Ein Spieler befindet sich in Abseitsstellung, wenn er näher der gegnerischen Torlinie ist als der Ball, außer: a) er befindet sich in seiner eigenen Spielhälfte oder b) mindestens zwei Spieler der gegnerischen Mannschaft sind ihrer eigenen Torlinie näher als er.

Dann jedoch wird einschränkend verfügt:

> Ein Spieler wird nur dann abseits erklärt, wenn im Moment, da ein Spieler seiner Mannschaft den Ball berührt, er nach Ansicht des Schiedsrichters a) das Spiel oder einen Gegner beeinflußt oder versucht, aus jener Stellung einen Vorteil zu ziehen.

Das ist eine Art Gummiparagraph und gibt dem Schiedsrichter die Möglichkeit, »so oder so« (auch willkürlich) zu entscheiden. Klarer

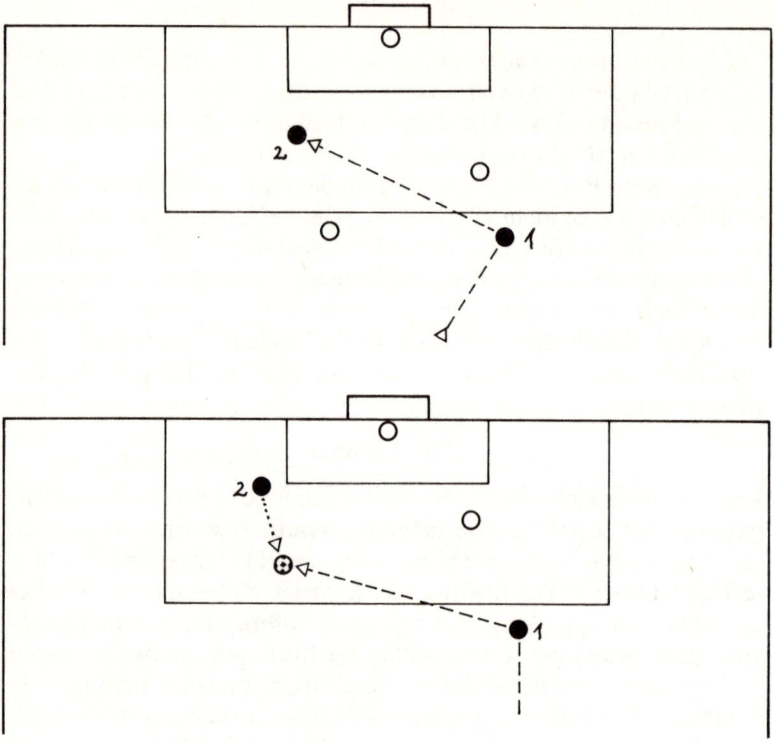

Oben: Abseits – 2 steht im Augenblick der Ballabgabe durch 1 im Abseits.
Unten: Kein Abseits – 1 sieht, daß 2 im Abseits steht und wartet mit der Ballabgabe, bis 2 zurückgelaufen ist. 2 ist dann nicht mehr abseits.

heißt es dagegen unter Punkt 3 der Abseitsregel:

Ein Spieler wird vom Schiedsrichter nicht abseits erklärt,

a) nur weil er sich in Abseitsstellung befindet;
b) wenn er den Ball direkt aus einem Abstoß, Eckstoß, Einwurf oder einen Schiedsrichterball bekommt.

Wie stark die Abseitsregel den Angriffsfußball behindert und damit das Spiel langweiliger macht, haben nicht nur die Belgier bei der letzten Europameisterschaft gezeigt. In den USA gilt die Abseitsregel erst im letzten Drittel des Spielfeldes. Die Vorschläge, diese Regelung auch bei uns einzuführen, sind bisher abgelehnt worden; da sich aber immer mehr Spieler, Trainer und Funktionäre dafür einsetzen, ist eine angriffsfreundlichere Neufassung der Abseitsregel in absehbarer Zeit zu erwarten.

Die Raumdeckung

In einem Fußball-ABC heißt es über die Raumdeckung:
»Kontrolle eines Spielfeldteils, in dem im Augenblick keine Aktion stattfindet.«
Wenn das die Raumdeckung wäre, gäbe es nichts Einfacheres. Tatsächlich ist das System der Raumdeckung, wenn man es erst einmal begriffen hat, zwar unkompliziert, wird aber zumeist unzulänglich oder gar falsch erklärt; mit Höherer Mathematik hat es nichts zu tun. »Bei der Raumdeckung«, so heißt es in einer anderen Aussage, »versperren die Abwehrkräfte mit klugem Stellungsspiel die möglichen (freien) Gassen der Gegenpartei und bewegen sich auf jene Seite zu, von der ein Angriff droht. Es greift dabei derjenige Spieler ein, der dem Ball am nächsten steht, während die anderen den nächsten (vorrückenden) Gegner abdecken.« So weit, so gut. Man muß aber hinzusetzen, daß bei der Raumdeckung das Spielfeld in (gedachte) Planquadrate aufgeteilt wird und die Abwehr- und Mittelfeldspieler in Längsrichtung des Spielfeldes einen Raum von ca. 25–30 m Breite decken. Sobald in diesem Raum ein Gegner auftaucht, wird er von dem ballnächsten Spieler angegriffen. Die beiden Sturmspitzen gehen normalerweise bis zur Mittellinie zurück; sie greifen nur in Notfällen in die Abwehr ein. So spielen die Österreicher, Italiener, Holländer, Belgier und Südamerikaner und ebenso englische Spitzenmannschaften wie Nottingham und Liverpool. In der deutschen Nationalelf wurde bis 1980 die Manndeckung praktiziert. Dabei hatte jeder Feldspieler einen bestimmten Gegner und deckte ihn möglichst eng. Das erforderte lange Wege und eine unerschütterliche Kondition.
Natürlich kann die Raumdeckung abgewandelt werden. Beim FC Bayern, wo Trainer Csernai sie »vorgeschrieben« hat, gibt es zwei Liberos: Einen Abwehr- und einen Mittelfeld-Libero. Der Abwehr-Libero hat seinen Platz vor der Mitte des Strafraums, der Mittelfeld-Libero, der nach vorn und den beiden Seiten operiert, hinter dem Zentrum des Spielfeldes. Im Zentrum des Spielfeldes befindet sich ein Spieler – beim FC Bayern: Paul Breitner –, der nach allen Seiten operiert; er ist, wie Csernai erklärt, die zentrale Schalt- und Denkstation der Mannschaft. Csernai meint, daß das System der Raumdeckung einfacher als die Manndeckung zu spielen sei. So habe es die

Jugend von Eintracht Frankfurt, die er früher trainierte, schnell kapiert, und beim FC Bayern habe es jeder ebenso verstanden. »So gut«, setzt er hinzu, »daß wir zweimal nacheinander Deutscher Meister geworden sind.« Mit dem Wechsel von der Mann- zur Raumdeckung wurde mit einer 70jährigen Tradition gebrochen.
Csernai weist darauf hin, daß z. B. die Brasilianer die totale Raumdeckung praktizieren. Sie kreisen den ballführenden Gegner mit zwei, drei, ja, vier Spielern ein und jagen ihm den Ball ab. Beim FC Bayern dagegen wird eine Mischung von Mann- und Raumdeckung gespielt; der Schwerpunkt liegt aber auf der Raumdeckung. Csernai verlangt, daß die Spieler Ball, Spielsituation und bestimmte Planquadrate des Spielfeldes unter Kontrolle haben. Ab der Mittellinie darf kein Gegenspieler hinter dem Rücken eines Bayern-Spielers auftauchen. Im Mittelfeld müssen zwei, besser noch drei Spieler gleichzeitig den Gegner, der den Ball führt, angreifen, damit er zu Rück- oder Fehlpässen gezwungen wird oder den Ball verliert. Je näher beim eigenen Tor das Spiel verläuft, um so enger wird das Netz um den (die) Gegner; etwa 20 m vor dem Tor wird jeder gegnerische Angreifer durch engste Manndeckung behindert oder ausgeschaltet. Bei der Raumdeckung darf kein Mitspieler bei einem Zweikampf mit dem Gegner allein gelassen werden; der Gegner muß von mehreren Seiten gleichzeitig angegriffen werden.
Bei der Manndeckung konzentriert sich ein Spieler völlig auf seinen Gegenspieler und muß ihm u. U. über den ganzen Platz nachrennen. Dadurch verausgabt er sich, verliert die Spielübersicht und nützt den eigenen Spielzügen wenig. »Warum soll er aber«, so fragt Csernai in seinem Artikel »Das Geheimnis der Raumdeckung« in der WELT AM SONNTAG, »warum soll er einen Spieler decken, der gar nicht den Ball hat und deshalb ziemlich ungefährlich ist?«
Seit Paul Breitner wieder in der Nationalelf ist, läßt auch Bundestrainer Jupp Derwall die Tradition der Manndeckung durchbrechen. Letzten Endes aber entscheiden nicht die Systeme, sondern die Spieler! Wenn die Spieler nicht aufpassen oder versagen, werden sie sowohl mit der Mann- wie der Raumdeckung Schiffbruch erleiden. Ein Team, das die Manndeckung fehlerlos praktiziert, ist natürlich einem Team mit löcheriger Raumdeckung überlegen und umgekehrt. Heute schwingt das Pendel zur Raumdeckung hin aus, aber schon morgen kann es wieder umgekehrt sein. Die Raumdeckung ist ja aus dem Schweizer Riegel und dem Catenaccio der Italiener her-

vorgegangen. Dadurch verlaufen so viele Spiele unentschieden oder enden mit geringer Tordifferenz. Das Publikum will aber Tore sehen; es sähe es lieber, wenn nicht wie beim Catenaccio und der Raumdeckung mit zwei, sondern mit vier oder fünf Stürmern angegriffen würde, wie es noch bis zu den 50er Jahren der Fall war. Wenn das Publikum ausbleibt, muß das Spiel wieder offensiver werden. Zweifellos wird man dann für ein altes System einen neuen Namen finden.

Raumdeckung.

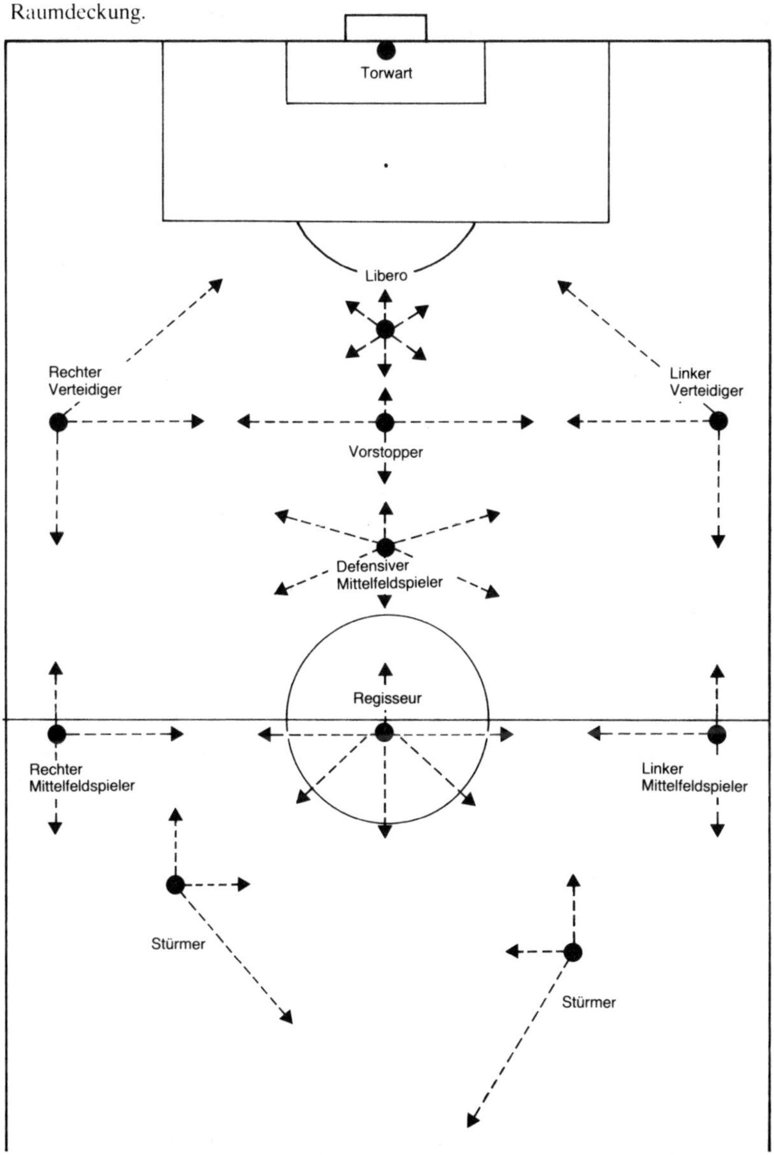

Jugendfußball

Der runde Ball hat schon immer eine magische Anziehungskraft auf die Jugend ausgeübt. Ob er rollt, fliegt oder bloß einladend daliegt, um durch einen Stoß oder Schlag durch die Luft zu segeln, immer verlockt er die Menschen zu fröhlichem Spiel. Kaum kann ein Junge richtig laufen, hebt er den Fuß und kickt einen Kiesel, eine Papierrolle, eine leere Dose oder ein Wollknäuel. Welches Glück für ihn, wenn er dann zu seinem dritten Geburtstag einen Ball bekommt, der ihm allein gehört – nicht für alles in der Welt würde er ihn hergeben! Bevor er noch in die Schule geht, gehört er schon einem Straßen- oder Hinterhofklub an. Und ein sportbegeisterter Vater wird seinen fußballhungrigen Sprößling so bald wie möglich in der F-Jugend seines Stammvereins anmelden. Das sind die Jungen (und Mädchen) bis zu acht Jahren; sie können auch mit den 8 – 10jährigen, der E-Jugend, in einer Mannschaft spielen. Wenn sie zu einem Wettkampf gegen Gleichaltrige antreten, darf das Spiel vorerst nicht länger als 2 mal 20 Minuten dauern.

Die D-Jugend (10 – 12 Jahre) spielt 2 mal 25 Minuten, die C-Jugend (12 – 14 Jahre) 2 mal 30 Minuten, die B-Jugend (14 – 16 Jahre) 2 mal 35 Minuten und die A-Jugend (16 – 18 Jahre) 2 mal 40 Minuten. Ab Achtzehn gelten die Jungen als Erwachsene, die die volle Spielzeit (2 mal 45 Minuten) durchstehen können. Mit 18 Jahren – Stichtag ist der 1. August – dürfen die Spieler, je nach Talent, an den Kämpfen der Amateurklassen oder den Länderspielen der Amateure, an Deutschlands A- und B-Länderkämpfen, an Junioren-Länderspielen (bis zu 21 Jahre) und an der Deutschen Fußballmeisterschaft teilnehmen.

Die deutschen Fußballvereine betreuen rund 45000 Schüler- und 25000 Jugendmannschaften. Der Jugendfußball dient in erster Linie der körperlichen Ertüchtigung, der Freude am Spiel, der sportlichen Einstellung, aber auch einem Erfolgserlebnis; der gesunde Ehrgeiz und der Wille zum Sieg tragen zur Charakterbildung junger Menschen bei. Die Jugendlichen sollen, so weit es ihre Kräfte erlauben, schon im Wettkampf gestählt und im Geist der Kameradschaft erzogen werden. Darin liegt eine der verantwortungsvollsten Aufgaben für Sportwart und Trainer. Wer einem jungen Spieler rät, Studium oder Berufsausbildung abzubrechen, um Fußballprofi zu werden, muß nicht nur das Talent, sondern auch die Eigenschaften und Eigenheiten, die Wesensart seines Schützlings richtig einschätzen. Wer da leichtfertig entscheidet, trägt Mitschuld an einer verpatzten Laufbahn, wenn nicht einem gescheiterten Leben! Manche Manager machen heute leider schon den 15- und 16jährigen übereilte Versprechungen und versuchen, sie durch laufende Zuwendungen an ihren Verein zu binden. Das kann nicht scharf genug angeprangert und bestraft werden, wenn es auch zweifellos schwierig ist, solche Methoden einwandfrei nachzuweisen.

Verschiedentlich wurde auch die Einführung des Jugendprofis und einer Jugend-Bundesliga gefordert. Der Deutsche Fußball-Bund hat das dankenswerterweise abgelehnt. Selbstverständlich ist es der Wunsch und das Ziel des DFB, möglichst vielen jungen Spielern den Weg zu den höchsten Spielklassen zu ebnen. Aber die Ausreifung von Körper, Geist und Charakter muß den Vorrang haben vor einer rein technischen Schulung und einem Rekordstreben. Für ein großes Talent kommt es nicht darauf an, ob es ein oder zwei Jahre später Schlagzeilen macht und märchenhafte Gehälter und Prämien bezieht. Wie viele junge Spieler haben von Ruhm und Reichtum geträumt, ehe sie »erwachsen«, das heißt reif und diszipliniert, geworden waren. In solchen Fällen war die erträumte Karriere zu Ende, ehe sie richtig begonnen hatte, und der Katzenjammer folgte den enttäuschten Hoffnungen auf dem Fuß.

Der deutsche Jugendfußball mit seinen Spielern unter Achtzehn hatte 1981 sein bisher erfolgreichstes Jahr. Unter der Anleitung von Trainer Dietrich Weise wurde die deutsche Jugend-Auswahl durch einen 1:0 Sieg über Polen Europameister. Es war das 34. UEFA-Jugendturnier, das 1981 zur Junioren-Europameisterschaft aufgewertet worden war. Dieses Turnier gibt es (unter dieser oder jener Bezeichnung) bereits seit 1923. Schon zweimal hatte die deutsche Jugend-Auswahl dabei die Endrunde erreicht: 1954 war sie nur durch die schlechtere Tordifferenz hinter Spanien Zweite geworden, 1972 an England (0:2) gescheitert. Diesmal war es ein Mammut-Turnier mit fünf Kämpfen in zehn Tagen. Da das nordrhein-westfälische Kultusministerium die Spieltage zu Schulwandertagen erklärt hatte, sahen 200000 Zuschauer diese fünf Länderspiele. Das Finale gegen die Polen war ein temperamentvoller Kampf zweier fast gleichwertiger Gegner, doch hatten die Deutschen in Torwart Vollborn von Blau-Weiß Berlin und dem Torschützen Holger Anthes zwei bereits ligareife Spieler. Vollborn, 1,83 m groß und sehr selbstbewußt, hatte im Halbfinale gegen Frankreich sogar zwei Elfmeter gehalten. Wenn er allerdings erklärte, er sei bereits besser als Nationaltorwart Toni Schumacher, so sollte Trainer Weise ihn etwas dämpfen. Vollborn wird allerdings heute schon so umworben, daß er seinem Lehrer und Mentor beim Erscheinen dieses Buches wohl längst entkommen ist.

Für den Gewinn der Europameisterschaft gebührt jedenfalls Dietrich Weise aller Respekt. Seit ihn bei dem UEFA-Jugendturnier in der DDR und bei den Niederlagen gegen Frankreich und Spanien 1980 die ihm anvertrauten Jungen im Stich gelassen hatten, kannte er nur ein Ziel, diese Scharten auszuwetzen. Er stellte ein neues Team zusammen und forderte den mutigen und vielseitigen Angriffsspieler. Schon lange hatte er vor der Verarmung im deutschen Ligafußball und der starren Taktik gewarnt. »Fußball ist Angriff«, so predigt er. »Wer die Jugend von dem natürlichen Angriffsgeist abbringen und ein stures Deckungsspiel eintrichtern will, erweist ihr einen Bärendienst.« Bei diesem Konzept bleibt er aber nicht stehen. Er warnt vor einem frühen Verschleiß seiner Jungen und erklärt: »Von den Europameistern ist noch keiner fertig. Da ist noch viel Arbeit und Geduld nötig, um sie liga- oder gar länderspielreif zu machen.« Gerade das sollte man allen jungen Talenten klarmachen und den bedenkenlosen Spielervermittlern entgegenhalten, wenn sie eine Entwicklungsstufe oder gar zwei Spielklassen überspringen wollen.

Wir brauchen bei solchen Erwägungen nur an den hochbegabten Bernd Schuster zu denken. Mit 19 Jahren schon Starspieler beim 1. FC Köln, hat er zweifellos spielerisch alle Erwartungen, die man in ihn setzte, erfüllt. Sein geplanter Wechsel zu Cosmos New York oder dem FC Bayern München, sein Übertritt schließlich zum FC Barcelona und seine Angriffe gegen Bundestrainer Derwall wie auch gegen Paul Breitner und Rummenigge zeigen aber, daß er auch mit 22 Jahren noch einen väterlichen Mentor braucht, um sich zur Reife eines verantwortungsbewußten Nationalspielers zu entwickeln. Und wo sind die anderen großen Talente, denen man vorzeitig die Nachfolge Beckenbauers oder Breitners zutraute? Da ist Reiner Geye, der von Fortuna Düsseldorf zum 1. FC Kaiserslautern kam und nach vier Länderspielen wieder ins zweite Glied zurücktrat. Da ist der blutjunge Lothar Matthäus, mit 18 Jahren der jüngste Spieler des Europameisters und bei Borussia Mönchengladbach geschätzt, aber nicht überbewertet. Dasselbe gilt für Holger Hieronymus (Hamburger SV), für Dieter Müller und andere. Alles erstklassige Profis, aber eben keine Weltwunder, wie man ihnen vor Jahren eingeredet hat. Damit hat man ihnen mehr geschadet als genützt. Bevor aus ihnen ein Beckenbauer, Gerd Müller oder Breitner wird, müssen sie nicht nur zu Spitzenspielern, sondern zu Persönlichkeiten heranreifen.

Im Herbst 1981 hatte der deutsche Jugendfußball seinen bisher größten Erfolg. Bei der Jugend-Weltmeisterschaft in Australien gewann unser Fußballnachwuchs den heißumkämpften Titel. Dabei wurde Spanien 4:2, Mexiko, Australien und Rumänien je 1:0 und im Finale Katar 4:0 geschlagen. Nur gegen Aegypten hatte es eine 1:2 Niederlage gegeben. Die deutsche Mannschaft war fair, diszipliniert und angriffsfreudig; außer dem Weltmeistertitel hätte sie auch den Fairneß-Pokal gewinnen müssen, hätten die jungen Spieler mit ihren Finalgegnern nicht die Trikots getauscht: Der Fußballbürokratie mißfiel diese freundschaftliche Geste . . . Zu den überragenden Spielerpersönlichkeiten gehörten Kapitän Ralf Loose (Borussia Dortmund), der startschnelle Roland Wohlfahrt (MSV Duisburg), der überzeugende Libero Michael Zorc (Borussia Dortmund), Torwart Rüdiger Vollborn (Bayer Leverkusen) sowie Holger Anthes (Eintracht Frankfurt); sie waren schon bein Gewinn der Europameisterschaft die herausragenden Spieler und Kämpfer gewesen. Nach dem rumänischen Linksaußen Gabor wurde Michael Zorc zum zweitbesten Spieler der Weltmeisterschaften gewählt. Den schwersten Kampf hatte die deutsche Jugendelf in der Vorschlußrunde gegen die favorisierten Rumänen zu bestehen. »Eine Bombentruppe, prima Kerle – da könnten sich manche Vollprofis eine Scheibe davon abschneiden«, rühmte Delegationschef Braun vom DFB seine Mannschaft. Für die Leser dieses Buches wird es reizvoll sein festzustellen, wer von ihnen in der Bundesliga festen Fuß fassen und Deutschland in den kommenden A- und B-Länderkämpfen vertreten wird.

Die Kehrseite der Medaille

Für Millionen Menschen ist Fußball die Bereicherung des Lebens; ohne sie wäre der Alltag reizlos, das Wochenende unerfüllt. Schon der dreijährige Junge, der Papierknäuel, leere Dosen oder Steine vor sich her treibt, spürt den prickelnden Reiz dieses Spiels. Bald wird er in einer Schülermannschaft seine Schußkraft und Gelenkigkeit erproben, Freundschaften schließen und lernen, sich dem Kreis seiner zehn Mitspieler einzufügen. Tritt er dann einem Klub bei, entscheiden Talent, Ehrgeiz und Trainingsfleiß darüber, ob Fußball für ihn Abwechslung und Sonntagsvergnügen bleibt oder zum erwählten Beruf wird. In beiden Fällen ist das Erlebnis für ihn gleich wertvoll. Aber auch, wer das Spiel aufgeben muß, weil Beruf und Familie ihn dazu zwingen, wird dem packenden, dem wechselvollen Geschehen zumindestens als Zuschauer treu bleiben. Und die Alten? Im Stadion und vor dem Fernsehschirm, ja, beim Lesen der Fußballzeitschrift erleben sie, aufgeregt und glücklich, noch einmal den schönen Zeitvertreib oder die harten Kämpfe ihrer Jugend. Da Fußball jedem etwas bietet, ist es zu dem beliebtesten Sport der Völker geworden. Für die einen ist es ›die schönste Nebensache der Welt‹, für die anderen ein Abbild des Lebens schlechthin. Und wie das Leben auch seine häßlichen, ja, abstoßenden Seiten hat, gibt es auch beim Fußball eine unerfreuliche und verdammenswerte Kehrseite.

Das vielgerühmte »fair play« wird buchstäblich mit Füßen getreten, wenn ein Spieler weniger den Ball als den Gegner attackiert. Immer wieder muß man – nicht nur in der Sportpresse – den Satz lesen: »In höchster Gefahr für das Tor blieb ihm nichts anderes übrig, als die Notbremse zu ziehen.« Oder noch harmloser: ». . . ließ er sein Bein stehen.« Beides bedeutet, daß der Gegner durch einen Tritt oder das Dazwischenfahren in die Beine umgerissen worden ist. Wer eine solche Unsportlichkeit verniedlicht oder sie als Rettung in höchster Not bezeichnet, macht sich mitschuldig! Leider hat einer der angesehensten Nationalspieler, Paul Breitner, in einer weit verbreiteten Sonntagszeitung der Jugend ein unfaires Spiel geradezu empfohlen. »Wir zwingen den 8- bis 18jährigen ein körperloses Spiel auf und müßten ihnen doch zuschreien: ›Nun mach doch endlich ein Foul! Zieh deinem Gegner die Beine weg! Hau ihn um!‹« schrieb er ohne

Oben: Foul – Den Gegner mit der Hand zurückhalten.
Unten: Foul – Zwei Spieler nehmen einen Gegner in die Presse.

Gewissensbisse. Und fuhr fort: »Eines ist klar und gilt für Schüler genauso wie für Bundesligaprofis: Bevor ich dem Gegner erlaube, ein Tor zu schießen, muß ich ihn mit allen Mitteln daran hindern. Lieber einen Freistoß als ein Tor. Wer das nicht offen zugibt, der lügt sich was vor – oder er ist kein Fußballer. Daß bei solchen Fouls auch der eine oder andere verletzt werden kann, das liegt im Risiko unseres Jobs, das ist normal (!) und unumgänglich.« »Man kann ein Foul auch regulieren«, erklärt Breitner. »Das Unempfindlichste ist es, den Gegner am Spann zu treffen, am besten dann, wenn der Spann vom Boden abhebt. Da läßt man dann das Bein stehen oder zieht den Fuß weg. Das kann man mit Gefühl machen, ohne daß es weh tut. Die Dummheiten in diesen Situationen sind, dem Gegner auf den Oberschenkel, ans Knie oder an den Knöchel zu hauen. Das sind Sachen, die mit Foul nichts mehr zu tun haben. Aber wenn das einer nicht gelernt hat, dann passieren solche Brutalitäten. Deshalb muß man lernen, wie man einen ›schmerzlos‹ von hinten umsäbelt . . .« Für solche Ratschläge wäre eine halbjährige Sperre angebracht, auch wenn – oder besser: gerade weil – es sich um einen der besten und intelligentesten Spieler der Weltklasse handelt.
Auch manche Trainer putschen ihre Spieler auf. So wurde der damalige Trainer der Offenbacher Kickers, Otto Rehagel, vom DFB zu 3000 Mark Geldstrafe und vier Wochen Lizenzentzug verurteilt; er hatte im Spiel gegen Eintracht Frankfurt einem Abwehrspieler zugeschrien: »Tritt dem Hölzenbein die Knochen kaputt!« Aber so plump braucht man's ja gar nicht zu machen; es genügt, wenn dem Spieler gesagt wird: »Geh ordentlich zur Sache« oder, halb spaßhaft: »Immer feste druff!« Auf Spanisch oder Italienisch heißt das: »Hau ihm die Beine weg – tritt ihn, aber fall' für den Schiedsrichter selber um!« Der österreichische Torjäger Hans Krankl, der zwei Spielzeiten für den FC Barcelona kämpfte, hat den spanischen Ligafußball wie folgt charakterisiert: »Hier wird nicht geholzt, getreten oder gesprungen – hier wird gnadenlos gekillt! Der Trainer gibt die Order: ›Den Krankl ausschalten‹, und die Spieler halten sich daran. Ein Krankl mit zerschmettertem Schienbein kann keine Tore mehr schießen – das allein zählt.« Und was tut man dagegen? Krankl: »Man springt schneller, höher und flinker. Man darf keine Angst haben. Man betet vor dem Spiel um ein bißchen Glück. Und man läßt sich hoch bezahlen.«
Wer im spielentscheidenden Augenblick den Kopf oder Fuß ein-

zieht, wird von dem Trainer bei nächster Gelegenheit auf die Ersatzbank verbannt. »Du hättest deinen Gegenspieler eben parterre schicken müssen«, faßte einer die Kritik an seinem Stammspieler zusammen und ließ ihn eine Woche später aus dem Aufgebot heraus. Aber auch gegen sich selbst darf der hoch verdienende Profi nicht »wehleidig« sein. »Ein richtiger Profi«, so erklärte der Manager von Werder Bremen, »spielt schon mal mit angeknackster Rippe weiter.« Manche werden für wichtige Treffen schmerzfrei gespritzt. Der Schalker Mittelstürmer Klaus Fischer spielte nach einem Tritt gegen den Kopf im Kampf gegen Borussia Dortmund weiter; erst nach Spielende brach er zusammen. Ein paar Wochen später prallte er mit dem Uerdinger van de Loo zusammen und erlitt einen Schienbeinquerbruch und eine Zersplitterung des Schienbeinschaftes. Die glänzende Laufbahn des Nationalspielers schien beendet. Auch Berti Vogts, Nationalspieler und Weltmeister, hatte ja nach einem Tritt, der ihm das Wadenbein und die Außenknöchel brach, seine Karriere beenden müssen. Nach komplizierten Operationen und monatelangem Krankenlager trat Vogts nur noch einmal an, während Fischer mit einem Nagel im Bein wieder bei Länder- und Ligakämpfen mittat. Daß er jemals wieder die Form seiner Glanzzeit erreicht, bezweifelt er selbst. Das gilt auch von dem Frankfurter Koreaner Cha Bum Kun (Tscha Bum), der im Sommer 1980 einen Bruch des Wirbelfortsatzes und eine schwere Nierenprellung erlitt sowie von dem Münchener Jupp Kapellmann: Ein Tritt des Frankfurters Wolfgang Trapp setzte den Schlußpunkt hinter seine Profiexistenz. Die Beispiele im In- und Ausland ließen sich beliebig verlängern. Fußball ist ein hartes Spiel, das vollen körperlichen Einsatz und unerbittlichen Kampfgeist verlangt. Wer die Härte zur Brutalität steigert, sollte unnachsichtig gesperrt werden. Was wird aus dem Fußball, wenn Spitzenspieler wie Tscha Bum vorsätzlich fertiggemacht werden? Nach der schweren Verletzung des Koreaners im Ligakampf gegen Leverkusen erklärte der Frankfurter Kapitän Hölzenbein erbittert: »Das war ein Skandal, wie ich ihn noch nie erlebt habe. Von der ersten Sekunde an haben die Leverkusener Jagd auf Tscha gemacht, es war nur eine Frage der Zeit, wann sie ihn erlegt hatten.« Jagdszenen in der Bundesliga? Daß dann der Übeltäter, Jürgen Gelsdorf, telefonisch und schriftlich, Morddrohungen erhielt, ist natürlich ebenso zu verurteilen.
Eine andere Gefahr für den Fußballsport sind die Gewalttätigkeiten

und die Zerstörungswut von Fan-Banden. Jugendliche, oft alkoholisierte Rockertypen, lassen, besonders nach einer Niederlage ihrer Heimmannschaft, ihren Aggressionen freien Lauf. Besonders gefürchtet sind die englischen Fans, die schon viele Skandalszenen auf dem Kerbholz haben. 1975 schloß die UEFA (Europäische Fußball-Union) Leeds United zunächst für 4 Jahre von allen europäischen Wettbewerben aus, weil seine Schlachtenbummler nach dem verlorenen Pokalfinale gegen den FC Bayern Ende Mai 1975 in Paris alles kurz und klein geschlagen und harmlose Zuschauer bedroht und verletzt hatten. Die Londoner Zeitung »Sun« geißelte diese Ausschreitungen wie folgt: »Die betrunkenen Rüpel, die unseren Fußball infizieren, haben wieder einmal ›gesiegt‹. Leeds muß nun den Preis für ihr scheußlichcs Verhalten bezahlen. Dennoch werden die Vandalen, wenn die neue Saison beginnt, die Luft wieder mit ihren Obszönitäten erfüllen.« Ebenso scheußlich führten sich die englischen Schlachtenbummler bei der Europameisterschaft 1980 in Italien auf. In Turin mußten italienische Militär- und Polizeitruppen mit Tränengas und Rauchbomben gegen die randalierenden englischen Fans vorgehen. Diese hatten im Spiel England – Belgien belgische und italienische Zuschauer tätlich angegriffen, als die Belgier den Ausgleichstreffer zum 1:1 erzielt hatten. Zahlreiche Verletzte mußten von den Sanitätern abtransportiert werden. Schon am Tag vor dem Kampf war es in den Straßen Turins zu schweren Ausschreitungen gekommen. Die Polizei nahm 36 Randalierer vorübergehend fest, 6 Personen wurden ins Krankenhaus eingeliefert. Vor dem Spiel Italien – England kam es dann zu neuen Terrorszenen. Diesmal wurde ein englischer Fan-Bus in Brand gesteckt, und englische Schlachtenbummler wurden von einem Campingplatz am Po-Ufer, aber auch aus Bars und Restaurants verjagt. Ein paar fanatisierte Franzosen verletzten Polizisten mit abgebrochenen Flaschenhälsen im Gesicht.

Ähnliche Szenen sind in Südamerika offenbar an der Tagesordnung. Ein Freundschaftsspiel in Brasilien endete 1979 mit einer Schießerei, die drei Menschen das Leben kostete. Als Brasilien 1970 zum dritten Mal die Weltmeisterschaft gewonnen hatte, kamen in einem allgemeinen Siegestaumel 94 Menschen ums Leben. 1969 kam es zwischen Honduras und El Salvador nach einem turbulenten Länderspiel zu dem sogenannten Fußballkrieg; dabei gab es 3500 Tote. Im griechischen Saloniki verlor der Spitzenreiter PAOK Saloniki in den 70er Jahren gegen Panathinaikos Athen 0:2. Daraufhin zerstörten PAOK-Anhänger parkende Autos, entwurzelten Bäume und zettelten Straßenschlachten an. Tränengas, Polizei, ja, aufgefahrene Panzer konnten die tobende Menge nicht aufhalten. Ein Scherbenregen ging auf die Straßen nieder, ganze Stadtviertel wurden demoliert, 40 Menschen mehr oder weniger schwer verletzt. Leider kommt es auch in Deutschland immer öfter zu ähnlichen Ausschreitungen. So lieferten sich in München wildgewordene Fußballrowdies vor dem Spiel TSV 1860 gegen den 1. FC Nürnberg blutige Straßenschlachten, und auch nach einem Bundesligaspiel zwischen Bayern München und Stuttgart kam es zu einem Bürgerkrieg im Kleinen. Die »Süddeutsche Zeitung« schrieb dazu, Fußball sei sozusagen Ersatzreligion und Ersatzkrieg in einem geworden. »Von einer gut daran verdienenden Fan-Industrie mit Fahnen, Trikots und Schals in den Vereinsfarben ausgestattet, hat sich das Rowdytum«, so stellte das Blatt fest, »innerhalb und außerhalb der Stadien erschreckend ausgebreitet. Man armiert sich mit Eisenstangen, Gaspistolen, Pflastersteinen und Fahrradketten. Was immer man unternehmen mag, im Grunde ist dagegen kein Kraut gewachsen; es handelt sich um ein typisches Edelprodukt unserer Zivilisation.« Damit sollte niemand übereinstimmen. Hätten die Fußballbehörden die Weisheit der Alten »Wehret den Anfängen!« berücksichtigt, statt den zahlenden Mengen immer zu schmeicheln, wäre es nie so weit gekommen. Wie ein Pendel schlägt die menschliche Natur nun einmal nach beiden Seiten aus. Den Friedensforschern gäbe die Fußballszenerie das beste Studien- und Anschauungsmaterial in die Hand. Hier helfen kaum die massiven Zäune um das Spielfeld, und es nützt wenig, die Zuschauer in einer Art riesigem Käfig einzusperren; die Erziehung zur Sportlichkeit muß im Kindergarten beginnen und sowohl in der Schule wie in den Fußballkneipen fortgesetzt werden.

Geht man dem Vandalismus der Fan-Banden auf den Grund, kommt man zu überraschenden Feststellungen. Die schlimmsten Randalierer stammen erfahrungsgemäß aus den Slums der Großstädte und den Hinterhöfen trostloser Industrieviertel. Licht und Frohsinn, die hier völlig fehlen, sucht eine zu kurz gekommene Jugend in den Spielen ihrer Starmannschaften. Der Sieg ihres Teams ist ihr eigener Triumph, eine Niederlage wird zur Erniedrigung, zum Schimpf, der gerächt werden muß. Dazu kommt eine chauvinistische Selbstdarstellung mit dem Union Jack als Aushängeschild. Für die

Fußball-Punks aus Glasgow, Liverpool oder Manchester ist der britische Fußball noch immer tonangebend. Kontinentale Mannschaften sind bestenfalls dünkelhafte Herausforderer. Unterliegen die vergötterten Helden der Insel dennoch, kann es nur an einem bestochenen Schiedsrichter, dem Terror des einheimischen Publikums oder einer schicksalhaften Verschwörung liegen. Die Vandalen der Straßenschlachten schlagen sich also für England. Oder für Mailand, Turin und Genua. Oder für den Kohlenpott und Nürnberg . . . Das alles klingt ebenso anschaulich wie bedeutungsvoll. Nur kann man erleben, daß der Schrei »Schiebung!« auch aus den Logen aufsteigt und die Inhaber teurer Tribünenplätze einander in die Haare geraten. Und wenn man weiß, daß ein Funktionär des irakischen Fußballverbandes einem Schiedsrichter die Pistolc auf die Brust richtete, damit er eine Elfmeterentscheidung zurücknähme, wird man den Verfall der Sportmoral nicht nur den Flegeljahren anlasten.
Ein weiteres Problem, mit dem sich der Fußballsport auseinandersetzen muß, ist der mögliche Betrug an Zuschauern und Toto-Wettern durch manipulierte Spiele. Bisher sind zwei große Bestechungsskandale aufgedeckt worden, der eine in Deutschland, der andere in Italien. Die mißliche Affaire in der Bundesrepublik geht auf das Jahr 1971 zurück. Damals beschuldigte der Präsident von Kickers Offenbach die Lizenzspieler Manglitz, Patzke, Wild und Ulsaß, sie hätten den Sieg ihrer Mannschaften bei entscheidenden Abstiegsspielen verkauft. Ihm selbst, Horst-Gregorio Canellas, wurde dann nachgewiesen, er habe durch seinen Geschäftsführer der Braut von Torwart Manglitz 25000 Mark übergeben, damit dieser gegen Rot-Weiß Essen je nach Spielstand vermeidbare Tore durchlasse. Außerdem war Canellas Vizepräsident Klein mit 140000 Mark Prämie für das Hertha-Team nach Berlin gereist. Aber die Konkurrenz: Arminia Bielefeld war ihm mit 250000 Mark zuvorgekommen und hatte sich damit einen 1:0 Sieg erkauft. Der Skandal weitete sich aus, und fünf Spieler von Schalke 04 – Rüßmann, Fischer, Lütkebohmert, Sobieray und Wittkamp – ließen sich vor einem ordentlichen Gericht zu Meineiden verleiten. Mit Zuchthaus und lebenslanger Sperre bedroht, deckten sie endlich die Machenschaften auf, die die Bundesliga und damit auch den Deutschen Fußball-Bund erschütterten. Mit einer Buße von je 50000 Mark an die Deutsche Krebshilfe wurde der Bestechungsskandal 1976 bereinigt. Aber auch nach dem Ende der Affaire behauptete der mittlerweile verstorbene Ca-

nellas, er hätte dem Kölner Manglitz nur 100000 Mark zahlen müssen, dann wäre Offenbach seinerzeit nicht abgestiegen.
In Italien ging es 1980 um weit höhere Summen und noch mehr Schuldige, darunter einige Stars aus der Nationalelf. Ins Rollen gebracht wurde der Stein von zwei Vermittlern von (illegalen) Fußballwetten. In ihrer Klage behaupteten sie, 27 Spieler der 1. und 2. Liga hätten gegen hohe Bestechungssummen die Ergebnisse zahlreicher Treffen untereinander vereinbart. Dazu muß man wissen, daß in Rom und Mailand etwa 2000 Buchmacher beim »schwarzen Toto« jährlich rund 100 Millionen Mark umsetzen. So wettete der Mailänder Nationaltorwart Albertosi 75000 Mark auf einen Sieg von AS Rom. Die favorisierten Mailänder verloren 0:4, aber diese 4 römischen Tore machten Albertosi um über eine Viertelmillion Mark reicher. Mannschaftskapitän »Pino« Wilson von Lazio Rom gab seinem Torwart einen Scheck mit den Worten: »Setze das Geld auf unsere Niederlage!« Der Skandal nahm riesige Ausmaße an. Zunächst wurden 17 Personen, darunter der Präsident von AC Mailand, Dr. Felice Colombo, in Handschellen abgeführt, 37 weitere Spieler und Schiedsrichter vor Gericht zitiert. Hier übernahm für jeden Fall ein Angeklagter die Alleinschuld: Beim AC Mailand war es der über 40jährige Albertosi, der ohnehin aufhören wollte, bei Lazio Rom »Pino« Wilson, der zu Cosmos New York überwechseln sollte und bei Perugia Mauro della Martira; ihm hatte sein Verein angeblich $^1/_2$ Million Mark geboten. Der italienische Fußballverband sperrte die Skandalsünder zuerst nur für 2 Monate, später für anderthalb bis fünf Jahre. Danach kamen die üblichen Begnadigungen und Freisprüche. Das italienische Publikum, an weit schlimmere Korruption in Wirtschaft und Politik gewöhnt, fand sich mit dem Fußballbetrug schnell ab. Die inhaftierten Stars bekamen Sympathietelegramme und Trostbriefe. Daß sie im Gefängnishof ein Fußballmatch veranstalten durften, sicherte ihnen zusätzliche Publizität.
Wer die Schäden bekämpft, an denen der Fußballsport leidet, darf den Spielerhandel nicht vergessen, bei dem Unsummen geboten und bezahlt werden. Wenn Juventus Turin für den argentinischen Superstar Maradona eine Ablösesumme von 24 Millionen Mark bietet und Beträge zwischen 2 – 3 Millionen für erstklassige Spieler heute als ›durchaus normal‹ angesehen werden, gerät der Profifußball ins Absurde. Solche Summen sind nur durch eine enorme Verschuldung der Klubs, überhöhte Eintrittspreise, riesige Reklameeinnahmen

und Spenden aufzubringen; dieses Geld fehlt dann überall anderswo: Bei der Heranziehung des Fußballnachwuchses, der Verpflichtung einsatzfähiger Reservespieler, der Ausgestaltung und Erweiterung der Stadien u. v. m. Eine solche Gigantomanie führt die sportliche und die demokratische Idee ad absurdum. Immer mehr Klubs rutschen in den Bankrott oder sind beim Finanzamt hoffnungslos verschuldet. Niemand mißgönnt den Stars, die Hunderttausenden Spannung und Freude am Spiel vermitteln, aber auch allwöchentlich ihre Knochen riskieren, die hohen Gagen, Prämien und Werbeeinnahmen. Wenn aber die sportliche Idee nichts mehr, das Geld hingegen alles gilt, wird Fußball zum Börsenmanöver. Dann werden auch Bestechungsskandale, wie sie hier geschildert wurden, nicht länger mehr Einzelfälle sein, sondern jederzeit und überall vorkommen.

Wenn etwas den Ruin des Profifußballs herbeiführt, so sind es die Spitzengehälter auch lokaler Stars und die ungeheuren Transfersummen. Aus eigener Kraft können heute die wenigsten Klubs ihre Spieler finanzieren. Franz Beckenbauer erhält in Hamburg dreiviertel seiner Jahreseinkünfte vom Sponsor des HSV, Ölkonzern BP. Der Präsident des 1. FC Nürnberg, Michael Roth, bezahlte die österreichischen Legionäre Oberacher und Hintermaier aus seiner Privatschatulle und sollte den Vorschuß in monatlichen Teilbeträgen zurückbekommen. Schließlich war der Klub seinem Präsidenten fast $^1/_2$ Millionen schuldig. Willi Hoffmann, Präsident des FC Bayern, bezieht aus einem Werbevertrag von Magirus Deutz jährlich 750000 Mark. Der monatliche Unterhalt seiner Mannschaft kostet aber allein schon 800000 Mark. Und weil im November 1980 bis März 1981 nur 880000 Mark Eintrittsgelder hereinkamen, mußte Manager Uli Hoeneß schleunigst die Spieler Röber und Aas für $1^1/_2$ Millionen Mark verkaufen. Dann verloren zwar die Bayern im Europapokal der Meister gegen Nottingham, aber das Olympiastadion war ausverkauft; und als sie im Juni 1981 die Deutsche Meisterschaft schon in der Tasche hatten, war das Stadion auch gegen einen inferioren Gegner wie Uerdingen brechend voll. Damit waren die Geldsorgen vorläufig behoben.

Schlimmer erging es dem TSV 1860. Sein Präsident Dr. Riedel, MdB., ließ den Immobilienhändler Roland Holy vier Spieler für insgesamt 2,55 Millionen Mark kaufen und zum Zinssatz von 6% an den Klub verleihen. Holy ist also ›Eigentümer‹ der Stars Völler,

Klinkhammer, Sidka und Schreml und kann so den Verein unter Druck setzen. Trotz dieses vorläufig einmaligen Manövers wären die »Löwen« in den Bankrott geschliddert, wenn die Klubmitglieder nicht mit einer Erhöhung der Grundschuldeintragung auf ihr Klubheim von 1,6 auf 3 Millionen Mark einverstanden gewesen wären. Was Dr. Riedel und den TSV 1860 nach dem Abstieg in die 2. Liga erwartet, ist ungewiß ...

Der Hamburger Manfred Kaltz bezieht mit 450000 Jahresgehalt die höchste Vereinsgage, zu der die Schuhfirma »adidas« beisteuert. Bei Rummenigge schießt die Gothaer Versicherung, bei Breitner die Kontaktlinsenfirma »Eurocon« zu. Prämien bis zu 200000 Mark im Jahr, Werbeverträge, Autogrammstunden und die Honorare von den Medien garantieren den Superstars Einnahmen um die Millionengrenze. Das ist offenbar Paul Breitner noch nicht genug. »Die Stars verdienen immer noch zu wenig«, erklärte er, »sie spielen ihr Geld ja wieder ein. Aber die mittelmäßigen Spieler sind zu hoch bezahlt.« Damit stimmte auch Udo Lattek überein. »Viel Geld für mäßige Fußballer, aber gute Kaufleute« schrieb er im BILD. »Vor einigen Jahren waren 300000 Mark (pro Saison) noch viel Geld. Heute gibt's dafür noch kaum einen vernünftigen Fußballer. Durchschnittliche Leute werden zu astronomischen Summen gehandelt.«

Ende 1980 hatten die 18 Vereine der 1. Bundesliga Schulden in Höhe von 34 Millionen Mark. Dem gegenüber standen allerdings Guthaben und Besitztümer im Wert von ca. 70 Millionen. Was diese Immobilien wert sind, wenn sie unter den Hammer kommen, ist eine andere Frage. Die Klubs der zweiten Ligen sind mit 30 Millionen verschuldet. In eine besonders mißliche Lage geriet da Wormatia Worms, dem der Münchener Finanzmakler Heyn fünf Spieler finanzierte; ihre Ablösesummen hatte er anderen Geldgebern als Sicherheit abgetreten. Das Münchener Landgericht nannte die Verträge, die Heyn abgeschlossen hatte, sittenwidrig. Damit wurde der »Sklavenhandel« aber nicht unterbunden.

Wer für die spürbare Mißstimmung unter den Fußballanhängern und für den Zuschauerschwund allerdings die Skandale verantwortlich macht, ist kein Menschenkenner. Was immer passieren mag: Das Publikum läßt sich seine Kurzweil, sein Lieblingsvergnügen, wegen ein paar Affairen nicht vergraulen. Auch das Fernsehen hält nur wenige von dem Gang in die Stadien ab. »Unser Fußball ist langweilig geworden«, erklärte Paul Breitner und deckte damit den

wahren Grund für das Ausbleiben der Zuschauermassen auf. »Es wird immer nur gekämpft, aber viel zu wenig gespielt«, pflichtete ihm Rainer Bonhof vom 1. FC Köln bei. Zu dem gleichen Schluß war vorher schon Brasiliens Trainer, Tele Santana, gekommen. Er hat allerdings auch weit mehr Künstler als Jupp Derwall an der Hand. Die Leute wollen einfach mehr Tore und Kabinettstücke sehen; eine massierte Abwehr reißt keinen von seinem Sitz. Deshalb verlangen viele, darunter Derwall und Breitner, daß die leidige Abseitsregel geändert wird. Um die Abseitsfalle, die heute allerorten praktiziert wird, auszuschalten, sollte die Regel erst im letzten Drittel des Spielfeldes gelten.
Natürlich sind es auch die überhöhten Eintrittspreise, die heutzutage viele Fußballfans zu Hause halten. Als TSV 1860 München für das zumeist ausverkaufte Lokalderby gegen den FC Bayern einen Zuschlag erhob, kamen nur mehr 53000 anstatt 75–80000 Zuschauer. Schlimmer erging es Schalke 04, dem siebenfachen Deutschen Meister: Als die Mannschaft nicht mehr siegte, sanken die Zuschauerzahlen von rund 70000 auf 12–15000 herab. »Alles verzeiht das Publikum«, sagte Schalkes Torjäger Klaus Fischer, »nur nicht reizloses Spiel und mangelnden Kampfgeist«. Nun hat die Spannung in der Bundesliga nachgelassen, seit der FC Bayern München und der Hamburger SV die Meisterschaft sozusagen unter sich ausmachen. Die beiden Klubs waren seit 1978 den anderen Vereinen so überlegen, daß sie eigentlich eine Klasse für sich bilden. Spiele gegen sichere Verlierer ziehen nun mal bloß die ›Klubtiger‹ an. In Hamburg wollte der frühere Generalmanager Dr. Krohn den Rückgang der Zuschauerzahlen durch zusätzliche Jahrmarktveranstaltungen wie Radrennen, Tanzmusik, Tombolas u. a. aufhalten. Er erzielte das Gegenteil damit: In den Stadien wollen die Leute Fußball, keine Zirkusnummern, sehen!

Die Deutsche Meisterschaft

Das höchste Ziel jeder Fußballmannschaft in der Bundesrepublik ist die Erringung der Deutschen Meisterschaft. Die Kämpfe um den Ti-

tel ziehen alljährlich ein Millionenpublikum in Bann; sie sind die Höhepunkte der Spielzeit. Die Liste der Meister weist die Namen der berühmtesten Fußballklubs Deutschlands auf. Noch immer hat z. B. der 1. FC Nürnberg als Rekordhalter mit 9 Siegen einen geradezu legendären Ruf, obgleich er seither meist am Ende der Bundesliga-Tabelle steht oder gar absteigen mußte.
Die erste Deutsche Meisterschaft wurde 1903 ausgetragen. An ihr beteiligten sich acht Gaue mit ihren besten Vereinen. Das Endspiel zwischen dem VfB Leipzig und dem Deutschen Fußballclub Prag (!) wurde in Hamburg ausgetragen und endete mit einem 7:2 Sieg der Leipziger. In der Zwischenrunde war der Karlsruher FV infolge eines gefälschten Telegramms: »Meisterschaftsspiel verlegt. DFB« gegen die Prager nicht angetreten. Als alt-österreichischer Klub war der DFC Prag zur Teilnahme an einer »reichs«-deutschen Meisterschaft ausdrücklich eingeladen worden.
1904 fiel die Endrunde aus, da es Proteste – keineswegs rein sportlicher Art – gegeben hatte. 1905 siegte Union 92 Berlin mit 2:0 gegen den Karlsruher FV in Köln, während 1906 der VfB Leipzig seinen Sieg von 1903 (gegen den 1. FC Pforzheim) wiederholen konnte. Aus den Jahren bis zum 1. Weltkrieg dringt nur noch geringe Kunde zu uns. Immerhin erfahren wir, daß es schon 1908 einen Wundertormann gab; er hieß Skranowitz und stand in der Mannschaft von Victoria 89 Berlin, die mit 3:0 die Stuttgarter Kickers besiegte. Wie im Jahre 1903 sahen 2000 Zuschauer das Endspiel. Als 1911 Victoria den Meisterschaftssieg (gegen den VfB Leipzig) wiederholte, waren schon 12000 Zuschauer gekommen, um die Endspielgegner zu feiern. Noch einmal war der Berliner Willi Worpitzki Held des Tages. Die erfolgreichste Mannschaft vor 1914 wird aber der VfB Leipzig, der 1913 zum 3. Mal die Deutsche Meisterschaft gewinnt. Mit der Spielvereinigung Fürth taucht 1914 ein neuer Name in der Liste der Meisterklubs auf. Über $2^1/_2$ Stunden dauert der Kampf gegen den VfB Leipzig, der sich erst in der Verlängerung mit 2:3 geschlagen gibt.
Nach Kriegsende werden die Meisterschaftsspiele erst 1920 wieder aufgenommen. Jetzt ist es der 1. FC Nürnberg, der die deutsche Fußballszene beherrscht und mit seinen unvergessenen Größen Stuhlfaut, Kalb und Riegel, fünf Meistertitel erringt. 35000 Zuschauer erleben 1920 in Frankfurt das Endspiel Nürnberg gegen Fürth. 1922 waren zu der Wiederholung des Endspiels zwischen

dem 1. FC Nürnberg und dem Hamburger SV sogar 50000 Zuschauer gekommen. Das erste Spiel in Berlin war nach $2^3/_4$ Stunden beim Stande von 2:2 wegen Erschöpfung aller Teilnehmer abgebrochen worden. Beim zweiten Kampf in Leipzig, der ebenso dramatisch verlief, waren zwei Nürnberger verletzt und zwei des Feldes verwiesen worden. Der DFB erklärte die Hamburger zu Meistern, doch verzichteten diese auf den Titel. Sie gewannen ihn aber ein Jahr später gegen Union Oberschöneweide mit 3:0. Gefährlichster Spieler der Hamburger war der berühmte »Tank« Tull Harder, der Deutschland zwischen 1914 und 1926 in 15 Länderkämpfen vertrat. Auch 1928 steht Harder noch in der Siegermannschaft, als der HSV gegen Hertha Berlin mit 5:2 den Titel erringt. Die Zuschauerzahlen liegen jetzt immer um 50000, in Berlin waren es 1923 sogar 64000!
1927 ist die Aera des 1. FC Nürnberg zu Ende. Der große Rivale, die Spielvereinigung Fürth, hat schon 1926 die Meisterschaft gewonnen und trägt ihren Namen auch 1929 auf die »Viktoria«, die im doppelten Wortsinn umstrittene Symbolfigur, ein. Dann tauchen zwei neue Bewerber auf: Hertha Berlin und der FC Schalke 04. In Hanne Sobek hat Berlin einen Stürmer von Weltklasse. Dann aber ist es der FC Schalke 04, der zwischen 1933 und 1942 im deutschen Fußball eindrucksvoll dominiert. Mit Tibulski, Szepan und Kuzorra, zu denen bald auch der Klassetormann Klodt sowie Eppenhoff und Kalwitzki stoßen, haben die »Königsblauen« aus dem Ruhrpott ein »Wunderteam« beisammen, das sechsmal den Titel gewinnt und ihn 1938 gegen Hannover 96 vor 100000 Zuschauern nur nach zwei heiß umkämpften Schlachten in der Verlängerung verliert. Großartig auch die beiden Endspiele gegen die Wiener! 1939 kommt Admira Wien mit 0:9 unter die Räder, 1941 reißt Rapid Wien den Kampf nach 0:3 noch mit 4:3 aus dem Feuer. Während viele Menschen in diesem gnadenlosen Krieg ihr Leben verlieren, hält die NS-Führung aus Propagandagründen das Schauspiel Fußball aufrecht. 1943 und 1944 kann sich der Dresdner Sport-Club mit Torwart Kreß und dem späteren Bundestrainer Schön vor achtzig- bzw. siebzigtausend Zuschauern als Meister feiern lassen. Dann haben die Deutschen mit der Spaltung ihres Landes in vier Zonen, mit Entnazifizierung, Schwarzhandel, Geldentwertung und Ruinenelend lebenswichtigere Probleme als den Wettbewerb um die deutsche Fußballmeisterschaft.
Aber nach dreijähriger Pause beginnt 1948 das große Spiel von neu-

em. Noch einmal ist es der 1. FC Nürnberg, dessen Name in den silbernen Meisterteller des DFB eingraviert wird; die altehrwürdige Viktoria ist in dem Chaos der letzten Kriegsmonate verloren gegangen. Erst dreizehn Jahre später kommen die Nürnberger mit dem unermüdlichen Max Morlock noch einmal zu Meisterehren. 1951 und 1953 herrscht der 1. FC Kaiserslautern mit Fritz und Otmar Walter, Liebrich, Kohlmeyer und Eckel unangefochten. Mitte der 50er Jahre spielt sich Borussia Dortmund nach vorne, aber 1958 kommt noch einmal Schalke 04 zum Zug. Dann wechseln die Meister Jahr für Jahr. Auf Frankfurt folgen Hamburg, Nürnberg und Köln, auf Dortmund wiederum Köln, Bremen, München (TSV 1860), Braunschweig und Nürnberg. Erst Bayern München und Borussia Mönchengladbach beenden dieses Wechselspiel. Die Bayern haben in Maier, Beckenbauer, Breitner, Hoeneß und Gerd Müller Stars der Weltelite, die Gladbacher in Netzer, Vogts, Bonhof, Heynckes, Wimmer und Stielike Fußballer von höchstem Rang. Die Bayern gewinnen 1969 und 1972 – 1974, die Borussen 1970/71 und 1975/77. Dann kommen Köln und Hamburg wieder an die Spitze, bis 1980 der FC Bayern – bis auf Paul Breitner völlig neu formiert – an seine Glanzzeit anknüpft. In Rummenigge hat er Europas Stürmer-As, in Breitner den überragenden Techniker und Strategen, in Hanne Weiner den lang gesuchten Libero und in Reinhold Mathy den Jungstar mit Ehrgeiz und Können. Und da Cheftrainer Pal Csernai (50) in den vergangenen Jahren gezeigt hat, daß er den Besten seines Berufes zumindest ebenbürtig ist, kann die Mannschaft auf neue Meisterehren hoffen.

Die Europameisterschaft

Neben der Weltmeisterschaft ist die Europameisterschaft der herausragende Wettbewerb des Fußballsports. Auch sie findet nur alle vier Jahre statt und zwar immer zwei Jahre nach und zwei Jahre vor einer Weltmeisterschaft. Erster Europameister wurde 1960 die Sowjetunion, die im Endspiel Jugoslawien 2:1 besiegte, vier Jahre später aber gegen Spanien 1:2 unterlag. 1968 kam es in Italien zu be-

sonders erbitterten Kämpfen. Als das Vorschlußrundenspiel Italien – Sowjetunion auch nach der Verlängerung 0:0 stand, entschied das Los für Italien. Aber auch das Endspiel Italien – Jugoslawien endete trotz Verlängerung unentschieden (1:1). Erst im Wiederholungstreffen behielt Italien mit 2:0 die Oberhand. Deutschland, das sich 1966/68 erstmals beteiligt hatte, gewann zwar das Heimspiel gegen Jugoslawien 3:1, verlor aber auswärts 0:1 und leistete sich gegen Albanien nach einem 6:0 Sieg auf eigenem Platz im Rückspiel ein Unentschieden (0:0) und war damit ausgeschieden.
1972 griff Deutschland tatkräftiger in die Kämpfe ein. Dabei begann es alles andere als gut: In Köln konnten die Deutschen gegen die Türken nur ein mageres 1:1 erzielen, und auch der denkbar knappe Erfolg gegen Albanien in Tirana (1:0) ließ nicht ahnen, zu welcher Steigerung die deutsche Nationalmannschaft fähig war. Die Türkei wurde in Istanbul 3:0, Albanien in Karlsruhe 2:0 und Polen in Warschau 3:1 besiegt. Und dann die beiden Treffen mit England! Vierzehnmal waren die Deutschen seit 1908 auf die Engländer gestoßen, nur zweimal – in Hannover 1968 und in Leon 1970 – hatten sie den Sieg davongetragen; zehnmal hatten die Engländer triumphiert. Auf heimatlichem Boden hielt Trainer Ramsey eine Niederlage für ausgeschlossen. »Eher wird der Tower umfallen oder die Themse rückwärts fließen«, erklärte er. »Wir werden das unglückliche 2:3 von Mexiko unmißverständlich korrigieren.« Nur dreimal in ihrer fast 100jährigen Geschichte hatte Englands Nationalelf bisher gegen kontinentale Mannschaften daheim verloren: 1953 gegen Ungarn (3:6), 1959 gegen Schweden (2:3) und 1965 gegen Österreich, ebenfalls 2:3.
England und Deutschland verfügten über gleichviel Spieler mit großen Namen. Torwart Banks, inzwischen schon zweiunddreißig, wurde noch höher eingestuft als Sepp Maier, der ein paar Unglückstage gehabt hatte. Mittelfeldspieler Bobby Moore, auch schon einunddreißig, hatte 92 Länderspiele und drei Weltmeisterschaften hinter sich; Ramsey stellte ihn noch über Franz Beckenbauer. Und Geoff Hurst, der im WM-Finale 1966 drei Tore geschossen hatte! Auch dieser englische Gerd Müller hatte inzwischen sein viertes Lebensjahrzehnt begonnen. An der Seite der »Veteranen« der 1,84 m große Martin Chivers (25), der für Tottenham Hotspurs die Tore schoß, dann Alan Ball, höchstbezahlter englischer Profi, Torjäger Martin Peters und die anderen Stars größeren und kleineren Kalibers. Es

sollte sich jedoch zeigen, daß die Helden müde geworden waren und gegen das deutsche Spielfeuer nicht länger bestehen konnten. Der vergötterte Bobby Moore verschuldete das erste Tor und den Elfmeter, weder Ball noch Chivers kamen gegen den schnellen und wendigen Netzer an, der wie ein Panzer durch die Abwehrreihen stieß. Und Banks stand zweifellos im Schatten von Torwart Maier. 3:1 gewannen die Deutschen, die Engländer wollten es kaum fassen. Als Hurst gegen Rodney March ausgewechselt wurde, schüttelte er fassungslos den Kopf und murmelte ein übers andere Mal: »Der schlimmste Augenblick meines Lebens!« Als dann England beim Berliner Rückspiel nicht über ein Unentschieden hinauskam, hatte eine neue Fußballepoche begonnen.

In der Vorschlußrunde war Belgien, dessen Nationalmannschaft einen großartigen Aufschwung genommen hatte, ein fast härterer Gegner als England. Vor 60000 Zuschauern führten die Deutschen in Antwerpen zwar verdient 2:0 – beide Tore hatte Netzer vorbereitet und Gerd Müller geschossen –, aber die Belgier mit ihrem beidfüßig schießenden Paul van Himst und dem glänzenden Libero van den Daele blieben immer gefährlich. Als die Deutschen, bestrebt, den Vorsprung zu halten und den Ball nur noch hin- und herzuschieben, ohne Kampfgeist weiterspielten, fuhren die Belgier entschlossen dazwischen; einen Moment lag sogar der Ausgleich in der Luft. Leicht angeschlagen verließen Beckenbauer und Müller das Stadion in Antwerpen-Deurne.

Das Endspiel brachte einen sicheren 3:0 Sieg gegen starke, aber schablonenhaft spielende Sowjetrussen, die immerhin Ungarn und Jugoslawien übertrumpft hatten. Ihr Torwart Rudakow, der die Nachfolge von Lew Jaschin angetreten hatte, hielt gegen Ungarn einen Elfmeter! Bei den Deutschen klappte die Doppelpaßtaktik zwischen Beckenbauer, Netzer, Müller und Heynkes vorzüglich; immer wieder wurden die Russen dadurch verwirrt und deckten oft den falschen Mann.

Nach dem Triumph eine Enttäuschung! Wieder hatte sich das deutsche Team 1974/76 in die Endrunde durchgekämpft, unterlag hier aber unerwartet der Tschechoslowakei. Gewiß, die Niederlage war knapp und wurde erst durch Uli Hoeneß besiegelt, der beim Elfmeterschießen seinen Strafstoß hoch über das Tor der Tschechen feuerte. Aber die Deutschen hatten bis eine Minute vor Schluß wie die Verlierer ausgesehen; erst in der 89. Minute gelang Hölzenbein der

Ausgleich. Schon im Halbfinale hatten Maier, Beckenbauer & Co. die Verlängerung gebraucht, um Jugoslawien zu bezwingen. Und auch die Gruppenspiele hatten nur magere Ergebnisse gebracht: 1:1 und 2:2 gegen Griechenland, 1:0 und 1:1 gegen Bulgarien und nur 1:0 in Valletta gegen Malta. Dagegen hatten die Tschechen in den Gruppenspielen in Prag die Engländer und die Portugiesen, dann im Viertelfinale die Sowjetrussen und im Halbfinale die Holländer (3:1 nach Verlängerung) besiegt. So war ihr Enderfolg verdient, wenn auch glücklich.

1980 hieß der Europameister wiederum Deutschland. Einmal mehr hatte in den Gruppenspielen die deutsche Mannschaft mit Malta in Valletta (0:0) und in Istanbul gegen die Türkei – ebenfalls 0:0 – viel Mühe, während die Heimspiele 8:0 bzw. 2:0 endeten. Überzeugend dagegen wurde Wales (2:0 und 5:1) besiegt. Am Endturnier in Italien nahmen erstmals 8 Mannschaften teil. Deutschland stieß dabei gleich auf den Titelverteidiger. Die Revanche gelang, aber der 1:0 Erfolg erweckte keine großen Hoffnungen auf das Finale. Und als das Team gegen Griechenland über ein 0:0 nicht hinauskam, schienen die Chancen auf den Titel gering. Favorisiert wurden dagegen die Holländer und Belgier, die mit ihren Abseitsfallen und einer kaltschnäuzigen Härte imponierten oder sich unbeliebt machten. Doch wie so oft kämpften die Deutschen dann am besten, wenn es darauf ankam. Der 3:2 Sieg gegen Holland fiel nach den drei Toren, die der Düsseldorfer Klaus Allofs erzielt hatte, nur deshalb noch knapp aus, weil die Truppe Jupp Derwalls nach der hohen Führung zurücksteckte und der Schiedsrichter den Holländern einen unberechtigten Strafstoß zusprach.

Die Belgier hatten in der 2. Gruppe vor Italien, England und Spanien das Endspiel erreicht. In Meeuws hatten sie in der Abwehr, in Ceulemans im Sturm Weltklassespieler, denen ihre Kameraden nur wenig nachstanden. In der deutschen Elf erinnerte Schumacher (Köln) mit glänzenden Paraden an seinen unvergessenen Vorgänger Sepp Maier. Die Abwehr war mit Kaltz, Stielike, K. H. Förster und Dietz hervorragend besetzt, das Mittelfeld mit Schuster, Briegel und Hansi Müller offensiver als der belgische Gegenpart. Vor allem aber waren Rummenigge, Hrubesch und Klaus Allofs, wenn sie nicht kopflos in die Abseitsfalle tappten, gefährlicher als Mommens, Ceulemans und van der Elst bei den Gegnern. Obgleich Rummenigge als bester Spieler der Europameisterschaft gerühmt wurde, war es

Horst Hrubesch, der die beiden Tore für Deutschland erzielte. Von Rom datiert sein steiler Aufstieg. Das Endspiel entschädigte für manche Enttäuschungen; es wurde hart, schnell und technisch brillant gekämpft; zum Schluß waren die Belgier dem Ausgleich nahe, doch verhinderte Schumacher einen weiteren zählbaren Erfolg. Das allgemeine Urteil lautete: »Mit den Deutschen hat das beste Team gewonnen.« Leider ließen sich englische Fans sowohl in Neapel wie in Turin zu Ausschreitungen hinreißen, die aus den Stadien Kriegsschauplätze machten. Sie schadeten damit mehr dem eigenen Team als den Gegnern; denn England gewann nur knapp gegen Spanien, verlor aber gegen Italien und spielte gegen Belgien unentschieden. Aber auch die Gastgeber spielten keine sehr rühmliche Rolle. Nach dem Bestechungsskandal mußten sie zwar auf ihren gefährlichsten Stürmer (Rossi) verzichten, hätten aber wohl auch mit ihm nicht einfallsreicher oder druckvoller gespielt. Daß sie im Kampf um den 3. Platz gegen die Tschechen nach 1:1 das Elfmeterschießen 8:9 verloren, ließ die Krise erkennen, in der der italienische Fußball nun schon seit einem halben Jahrzehnt steckt.

Die Fußball-Weltmeisterschaften 1930 – 1978

In der Geschichte des Fußballs sind die Weltmeisterschaften etwa das, was die Salzburger oder Bayreuther Festspiele für die Musikwelt bedeuten: Große Opern, strahlende Tenöre, Fehlbesetzungen, Jubelstürme, aber auch da oder dort ein kräftiges Buh. Während der Weltmeisterschaftswochen stellen die Fußballkämpfe alles in Schatten, was sonst Schlagzeilen liefert; gegen den spielentscheidenden Elfmeter oder die Fangkunst des Wundertorwarts treten sogar Sensationsprozesse, Wahlkämpfe und die heimlichen Romanzen an Fürstenhöfen in den Hintergrund. Der Ruhm der Helden währt allerdings nicht lange. Nur Sporthistoriker und die wißbegierigsten Fußballfans kennen noch die Namen der Größen vergangener Zeiten, die einstmals Millionen Anhänger begeisterten. Wer weiß noch etwas von José Leandro Andrade, dem »Mann mit den goldenen

Füßen«, der mit seinen vorbildlichen Pässen und Flanken sein Land, Uruguay, 1930 zum ersten Fußballweltmeister machte? Uruguay, das schon 1924 und 1928 mit Andrade das olympische Turnier gewonnen hatte, besaß damals virtuose, trickreiche Balljongleure, die auch kämpfen und Tore schießen konnten. Unter ihnen ragten noch Stürmer wie Scarone und Cea, vor allem aber der großartige Verteidiger Nasazzi hervor, der dann Generaldirektor der uruguayischen Spielcasinos wurde. Hier verdiente so mancher altgewordene Star sein Gnadenbrot. Andrade, lange wie ein Volksheld gefeiert, war allerdings nicht zu helfen. Erst den Frauen, dann dem Alkohol verfallen, starb er, 56jährig, in einer Kellerwohnung in Montevideo. Ähnliche Schicksale sollten noch andere Größen erster Ordnung erleiden.

An der 1. Weltmeisterschaft nahmen nur 13 Länder teil, davon vier aus Europa: Frankreich, Belgien, Jugoslawien und Rumänien. Nur Jugoslawien erreichte durch einen Sieg über Brasilien die letzten 4; hier unterlag es Uruguay chancenlos mit 1:6. Finalgegner Uruguays wurden die Argentinier, die Frankreich, Mexiko, Chile und die USA bezwangen. Das Endspiel fand am 30. Juli 1930 im nicht ausverkauften Nationalstadion von Montevideo vor 82000 Zuschauern statt.

Uruguay besiegte Argentinien mit 4:2 (1:2)

Uruguay: Ballesteros; Mascheroni, Nasazzi; Andrade, Fernandez, Gestido; Dorado, Scarone, Castro, Cea, Iriarte.

Argentinien: Botasso; Della Torre, Paternoster; J. Evaristo, Monti, Juarez; Peucelle, Varallo, Stabile, Ferreira, M. Evaristo.

Tore: Scarone, Peucelle, Stabile, Cea, Iriarte und Castro.

Schiedsrichter: John Langenus (Holland).

Zuschauer: 87000.

Die zweite Weltmeisterschaft gewann 1934 Italien, das in der Vorschlußrunde Österreich 1:0 und im Endspiel die Tschechoslowakei 2:1 mit Hilfe der Schiedsrichter und eines fanatischen Publikums besiegte. Es war ein Turnier der überragenden Torhüter: Planička (CSSR), Combi (Italien), Platzer (Österreich) und Jakob (Deutschland). Durch einen unerwarteten Sieg gegen das abflauende österreichische Wunderteam erreichte Deutschland den 3. Platz.

Weil Italien 1930 nicht nach Montevideo gekommen war, kam Titelverteidiger Uruguay 1934 nicht nach Italien. Argentinien und Brasilien schickten nur verstärkte Vereinsmannschaften, während

England wiederum absagte, obgleich es kampflos in die Endrunde einziehen sollte – ein ebenso groteskes wie unsportliches Angebot! Favorit war Österreichs Wunderteam, das Italien in Turin 4:2 und Deutschland (allerdings drei Jahre zuvor) 6:0 und 5:0 besiegt hatte. Die deutsche Mannschaft führte Reichstrainer Prof. Dr. O. Nerz, dem Sepp Herberger geschickt assistierte. Nach Siegen über Belgien und Schweden unterlag sie den Tschechen 1:3, nicht zuletzt weil der sonst verläßliche Torhüter Kress unbegreifliche Fehler beging. Im Spiel um den 3. Platz gelang ihr aber mit Torhüter Jakob ein sensationeller 3:2 Sieg gegen die Österreicher, bei denen der weltberühmte Sindelar, »der Papierne«, ebenso fehlte wie Gscheidl, Nausch und Hiden. Die italienische Presse, die Deutschland eine der schwächsten Mannschaften der Weltmeisterschaft genannt hatte, mußte ihr Urteil ein für allemal revidieren.

Italien hätte, wenn es gerecht zugegangen wäre, schon gegen Spanien verlieren müssen. Im ersten Spiel verhinderte Wundertorwart Zamora einen italienischen Sieg; die Wiederholung wurde zur Farce, als der offenbar bestochene Schiedsrichter Mercet zwei spanische Treffer nicht anerkannte, ein Tor der Italiener aber, bei dem sich Meazza auf den Ersatztormann Nogues aufgestützt hatte, gelten ließ. Auch gegen die Österreicher gewannen die Italiener nur durch ein Abseitstor, wobei Meazza noch dazu Torwart Platzer ohne Ball gerempelt hatte. Im Endspiel boten die Italiener ihre beste Leistung. Doch zeichnete sich der spät eingebürgerte Monti – er hatte 1930 für Argentinien gespielt! – durch grobe Fouls aus, und Ferrari zog dem schußbereiten Tschechen Puč im Strafraum die Beine weg, ohne daß der Schiedsrichter einen Elfmeter verhängte. Trotzdem, ein technisch hochstehendes Spiel, das die Italiener erst in der Verlängerung für sich entschieden.

Italien – Tschechoslowakei 2:1 (0:0), (1:1)

Italien: Combi; Monzeglio, Allemandi; Ferraris 4, Monti, Bertolini; Guaita, Meazza, Schiavio, Ferrari, Orsi.
Tschechoslowakei: Planička; Zenisek, Čtyroky; Kostalek, Cambal, Krčil; Junek, Svoboda, Sobotka, Nejedly, Puč.
Tore: Puč, Orsi, Schiavio.
Schiedsrichter: Eklind (Schweden).
Zuschauer: 41 000.

Vier Jahre später zeigte Italien, daß es nicht nur in heimatlichen Stadien gewinnen kann. Bei der 3. Weltmeisterschaft vom 4. – 19. Juni

1938 in Frankreich verteidigte es erfolgreich (und verdient) seinen Titel. In Meazza-Piola-Ferrari hatte Verbandskapitän Vittorio Pozzo ein Innentrio von höchstem Rang, in Locatelli einen großartigen Außenläufer und in Foni und Rava zwei Verteidiger der Weltklasse. Dazu noch der schußgewaltige Colaussi und Torwart Olivieri, der dem großen Combi kaum nachstand. Frankreich wurde 3:1, Brasilien 2:1 besiegt, und im Endspiel gingen auch die favorisierten Ungarn mit dem genialen Mittelstürmer Dr. Sarosi 4:2 unter. Die Magyaren hatten bei ihrem 5:1 Triumph über Schweden wie die kommenden Weltmeister ausgesehen.
Bei diesen Weltmeisterschaften war mit Österreich ein halber Favorit ausgefallen. Das Land war im März 1938 von Hitler-Deutschland annektiert worden; jetzt sollten seine besten Spieler die deutsche Mannschaft verstärken. Raftl, Schmaus, Hahnemann, Stroh und Pesser harmonierten aber nicht mit Janes, Kupfer, Streitle und Goldbrunner, so daß es in der 1. Finalrunde eine 4:2 Niederlage gegen die kampfstarken Schweizer gab. Torschützenkönig in diesem Turnier wurde der Brasilianer Leonidas, »der schwarze Diamant«, mit 8 Toren. Gegen Polen wollte er wegen des nassen Bodens im Straßburger Stadion barfuß spielen, wurde aber vom Schiedsrichter gezwungen, die Fußballstiefel wieder anzuziehen. Im Duell Brasilien – Tschechoslowakei gab es Boxkämpfe zwischen den Spielern und Platzverweise, und der Prager Torwart Planička erlitt einen doppelten Armbruch. Nachdem das erste Spiel unentschieden geendet hatte, gewann Brasilien die Wiederholung mit 2:1. Gegen Italien gerieten die Südamerikaner aber schnell 0:2 in Nachteil; sie verdankten es nur ihrem Torwart Walters, daß sie mit einer knappen Niederlage davonkamen.

Italien schlug Ungarn 4:2 (3:1)

Italien: Olivieri; Foni, Rava; Serantoni, Andreolo, Locatelli; Biavati, Meazza, Piola, Ferrari, Colaussi.
Ungarn: Szabo; Polgar, Biro; Szalay, Szücs, Lazar; Sas, Vincze, Dr. Sarosi, Zsengeller, Titkos.
Tore: Colaussi (2), Titkos, Piola (2), Dr. Sarosi.
Schiedsrichter: Capdeville (Frankreich).
Zuschauer: 52 000.
Nach dem 2. Weltkrieg war 1950 Brasilien Schauplatz der 4. Weltmeisterschaften. Hier wiederholte das kleine Uruguay seinen Sieg von 1930. Wieder stand ein Andrade im uruguayischen Team: Rod-

riguez Andrade, ein Neffe des überragenden Stars der 20er Jahre, kaum schwächer als der Onkel. Mit dem hervorragenden Torwart Maspoli, dem schwergewichtigen Mittelläufer Varelo und den technisch so perfekten Stürmern Ghiggia und Schiaffino besiegten die Uruguayer vor 185 000 Zuschauern in Rio de Janeiro die gastgebenden Brasilianer, die als hohe Favoriten in das Endspiel gegangen waren, 2:1. 600000 Menschen empfingen die Sieger, Präsident Trueba rief einen Nationalfeiertag aus.

Daneben gab es allerhand andere Sensationen. England, das zum ersten Mal an einer Weltmeisterschaft teilnahm, verlor gegen die USA und Spanien, die Schweiz hatte Brasilien ein 2:2 abgetrotzt, war aber gegen die Jugoslawen mit 3:0 unter die Räder gekommen. Und Brasilien hatte gegen Schweden (7:1) und Spanien (6:1) so hinreißend aufgespielt, daß ihm der Titel sicher schien. Aber Fußball ist eben nicht auszurechnen!

Uruguay schlägt Brasilien 2:1 (0:0)

Uruguay: Maspoli; M. Gonzales, Tejera; Gambetta, Varela, Andrade; Ghiggia, Perez, Miguez, Schiaffino, Moran.

Brasilien: Barbosa; Augusto, Juvenal; Bauer, Danilo, Bigode; Friaca, Zinzinho, Ademir, Jair, Chico.

Tore: Friaca, Schiaffino, Ghiggia.

Zuschauer: 185 000.

Schauplatz der 5. Weltmeisterschaft war vom 16. Juni – 4. Juli 1954 die Schweiz, hoher Favorit Ungarn. Die Magyaren hatten Ende 1953 den Engländern die erste Heimniederlage beigebracht und sie im Mai 1954 mit 7:1 in Budapest deklassiert. Wer sollte diese blendenden Techniker mit dem kompromißlosen Angriffsspiel schlagen? Teamchef Gustav Sebes hatte aus Czibor, Kocsis, Hidegkuti, Puskas und Toth eine Stürmerreihe formiert, die ihresgleichen suchte. Trotz Torhüter Grosics war allerdings die Verteidigung nicht so sattelfest, doch aber gut genug, um den Angriff der Gegner zu blokkieren. In der 1. Finalrunde kam Deutschland gegen diese scheinbar unüberwindliche Elf zu immerhin 3 Toren, mußte allerdings selbst nicht weniger als acht einstecken! Allerdings hatte Bundestrainer Herberger eine ersatzgeschwächte Mannschaft ins Feld geschickt, da Deutschland durch zwei Siege gegen die Türkei (4:1 und 7:2) schon für die 2. Finalrunde qualifiziert war.

Die Ungarn waren durch überzeugende Siege gegen Brasilien und Uruguay (jeweils 4:2) in die Endrunde eingezogen. Die deutschen

Erfolge gegen Jugoslawien (2:0) und Österreich (6:1!) hatten ihr Siegesbewußtsein nicht gemindert. Kapitän und Kopf der deutschen Mannschaft war der geniale Fritz Walter. In Rahn hatte er einen Scharfschützen neben sich, in Posipal und Liebrich unnachgiebige Abwehrspieler. Morlock, Otmar Walter und Schäfer verstärkten den Angriff durch Schußkraft und glänzendes Positionsspiel. Wenn diese Elf die Österreicher, die schließlich Portugal 9:0 und die Tschechoslowakei mit 5:0 überrannt hatten, so klar distanzieren konnte, mußte sie auch gegen die Magyaren ihre Stiche machen! Die Ungarn, vor deren Stürmern jede Verteidigung zitterte, gingen im Finale durch Czibor und den noch leicht verletzten Puskas 2:0 in Führung. Wer zu diesem Zeitpunkt auf einen Sieg der Deutschen gesetzt hätte,wäre Millionär geworden. Sie überwanden aber den Schock der frühen Tore und fanden zu einem Zusammenspiel, das immer zügiger und druckvoller wurde. Morlock und Rahn glichen aus, und nach der Pause scheiterten alle Angriffe der Ungarn an Torwart Turek. Mit einem halben Dutzend Traumparaden rettete er den Sieg, den Rahn mit einem tückischen Aufsetzer kurz vor Spielende herausschoß. Der Triumph war umso wertvoller, als sich die Deutschen durch ihr faires Auftreten und ihren Kampfgeist große Sympathien erworben hatten. Daß sie zu Hause wie Volkshelden empfangen und gefeiert wurden, war neun Jahre nach der immer noch spürbaren Weltkriegsniederlage begreiflich.

Deutschland schlägt Ungarn 3:2 (2:2)

Deutschland: Turek; Posipal, Kohlmeyer; Eckel, Liebrich, Mai; Rahn, Morlock, O. Walter, F. Walter, Schäfer.
Ungarn: Grosics; Buzansky, Lantos; Boszik, Lorant, Zakarias; Czibor, Kocsis, Hidegkuti, Puskas, Toth.
Tore: Puskas, Czibor, Morlock, Rahn (2).
Schiedsrichter: Ling (England).
Zuschauer: 60000.

Die 6. Weltmeisterschaft war nach Schweden vergeben worden. Die Schweden waren es auch, die das deutsche Team in der Vorschlußrunde hinauswarfen. Svensson, einer der besten Torhüter aller Zeiten, mußte aber im Endspiel von den Brasilianern fünf Tore einstecken; zwei davon erzielte der damals erst 17jährige Pelé, der bald zum Nationalhelden und Multimillionär aufsteigen sollte. Neben ihm brillierten die beiden Santos, Garrincha, Didi und Vava, die ein Feuerwerk an Dribblekünsten, Tricks und Torschüssen aus allen La-

Oben: Nach dem Gewinn der Weltmeisterschaft 1978 schreit der argentinische Flügelstürmer Houseman sein Glück in die Fußballwelt hinaus.

Unten: William Hartwig (1860 München, jetzt Hamburger SV) ist von einem Gegenspieler angesprungen und empfindlich verletzt worden.

Oben: Die deutsche Mannschaft bei der Mini-WM 1981

Unten: Stars von morgen: Die Europameister der Junioren 1981

Oben: Die argentinische Weltmeisterelf von 1978; von links: Passarella, Gallego, Bertoni, Fillol, Luque, Olguin, Galvan, Ardiles, Tarantini, Ortiz und Kempes.

Unten: Das River Plate Stadion von Buenos Aires, wo das Weltmeisterschaftsfinale zwischen Argentinien und Holland ausgetragen wurde.

Links: Luigi Riva (»Gigi Nazionale«), Italiens Linksaußen, Dribbelkünstler und Schützenkönig bis Anfang der 70er Jahre.

Unten: Nach dem Gewinn des Europapokals der Pokalsieger 1979: Der Österreicher Krankl (l.), damals in Diensten des FC Barcelona, hebt die wertvolle Trophäe glückstrahlend in die Höhe.

Links: Fußballer einmal anders: Nationalspieler Paul Breitner hat sich 1975 auch als Filmschauspieler versucht. Hier in einer Szene des Films »Potato Fritz«.

Rechts: Der langjährige Nationaltorwart Sepp Maier tritt jetzt auch als Volksschauspieler und im Fernsehen auf. Hier beglückwünscht ihn der ehemalige bayerische Ministerpräsident Goppel (r.).

Seite 142 oben: Verbrüderung nach hartem, fairen Spiel: Verteidiger Berti Vogts tauscht nach dem Länderkampf Deutschland – Italien sein Trikot mit dem des italienischen Stars Zaccarelli.

Seite 142 unten: Der ehemalige Startrainer Max Merkel (»Das Lästermaul«) jetzt Karlsruher SV, in einer Zirkusszene »Mit Zuckerbrot und Peitsche«.

Seite 143: Freude für ein Jahrzehnt! Nach dem WM-Sieg der deutschen Nationalmannschaft 1974 wird Gerd Müller, Schütze des Siegestores, von Bundestrainer Schön umarmt und von begeisterten Anhängern auf den Schultern davongetragen.

Das imposante Rosebowl-Stadion von Los Angeles, Austragungsort des Olympischen Fußballturniers 1984.

gen abbrannten. Dagegen waren auch die gefürchteten schwedischen Asse wie Hamrin, Bergmark und Gren machtlos. Deutschland, das Argentinien und Jugoslawien besiegt und gegen die Tschechoslowakei und Nordirland unentschieden gespielt hatte, vergab den 3. Platz durch eine 3:6 Niederlage gegen Frankreich.

Brasilien schlägt Schweden 5:2 (2:1)

Brasilien: Gylmar; D. Santos, N. Santos; Zito, Bellini, Orlando; Garrincha, Didi, Vava, Pelé, Zagallo.

Schweden: Svensson; Bergmark, Axbom; Börjesson, Gustavsson, Parling; Hamrin, Gren, Simonsson, Liedholm, Skoglund.

Tore: Vava (2), Pelé (2), Zagallo, Liedholm, Simonsson.

Schiedsrichter: Guigue (Frankreich).

1962 war die deutsche Nationalmannschaft – noch immer unter Sepp Herberger – nicht glücklicher. In der 2. Finalrunde schied sie mit 0:1 gegen die Jugoslawen aus, die dann den Tschechen 1:3 unterlagen. Brasilien verteidigte den Titel souverän. Noch immer waren Torhüter Gylmar, die beiden Santos, Zito, Garrincha, Didi, Vava und Zagallo in Hochform. Da hatten weder die Mexikaner und Spanier noch die Chilenen gegen sie etwas zu bestellen. Nur die Tschechen hatten im Gruppenspiel ein 0:0 erzielt, unterlagen aber im Endspiel 1:3. Pelé, leicht verletzt, mußte Kampf und Sieg von der Ersatzbank miterleben.

Das schönste und wertvollste Spiel dieser Weltmeisterschaften war das Treffen zwischen Brasilien und Chile – ein vorweg genommenes Finale. »Hier war Vollblut des Fußballs zu spüren, hier zogen keine schweren Ackergäule den holpernden Karren der Defensive«, schrieb Richard Kirn, einer der sach- und wortkundigsten Sportreporter begeistert. Zwei Traumtore durch Garrincha in der 1. Halbzeit und zwei unhaltbare Kopfstöße von Vava entschieden das faire Spiel für den Weltmeister. Die Hausherren, ebenso elegant und akrobatisch wie ihre Rivalen, aber nicht so durchschlagskräftig, kamen nur zu zwei Strafstoßtoren, und beide waren umstritten. Den ersten verhängte der Schiedsrichter nach einem zahmen Foul Zitos, den zweiten, als Ramirez aus nächster Nähe Zito an die Hand schoß. Dafür verweigerte Yamasaki den Brasilianern einen Elfmeter, als Garrincha, schußbereit, im Strafraum zu Fall gebracht wurde. Zum Glück litten Dramatik und klassischer Stil der Begegnung unter solchen Entscheidungen nicht.

Das häßlichste Spiel der 7. Weltmeisterschaft war der Kampf Chile

– Italien, das zu einer Vernichtungsschlacht ausartete. Nach beklagenswerten, aber auch gespielten Zusammenbrüchen, Protesten, Meckereien und Tätlichkeiten wurde erst Italiens Ferrini, dann Rechtsverteidiger David vom Platz gestellt, während der Chilene Sanchez, der sich wie ein Wüterich aufführte, unbestraft blieb. So gewann Chile, das vorher Deutschland 0:2 unterlegen war, das Skandal- und Spektakelspiel mit 2:0. Dann aber schlug es die UdSSR und Jugoslawien, bevor es in Brasilien einen übermächtigen Gegner fand.

Das langweiligste Spiel der 7. Weltmeisterschaft war das zwischen England und Bulgarien (0:0). Gegen die recht schwachen Bulgaren blieben die Engländer meist in der Defensive und scheiterten, wenn sie einmal angriffen, an der massierten gegnerischen Abwehr. Nur 6000 Zuschauer sahen das eintönige Hin- und Hergeschiebe, und viele davon verließen lange vor Spielende das Stadion. England, das gegen Ungarn 2:1 verloren, gegen Argentinien aber gewonnen hatte, schied im Viertelfinale 1:3 gegen Brasilien aus.

Brasilien schlägt die Tschechoslowakei 3:1 (1:1)

Brasilien: Gylmar, D. und N. Santos, Zito, Mauro, Zozimo, Garrincha, Didi, Vava, Amarildo, Zagallo.

Tschechoslowakei: Schroif, Tichy, Novak, Pluskal, Popluhar, Masopust, Pospichal, Scherer, Kadraba, Kvasnak, Jelinek.

Tore: Masopust, Amarildo, Zito, Vava.

Schiedsrichter: Latyschew (UdSSR).

Zuschauer: 60000.

Die achte Weltmeisterschaft fand zwischen dem 11. und 30. Juli 1966 in England statt. Das Mutterland des Fußballs, der Lehrmeister der kontinentalen und südamerikanischen Mannschaften, hatte bei den früheren Turnieren um den Titel nur eine bescheidene Rolle gespielt. Bei der 4. Weltmeisterschaft erstmals angetreten, war es Spanien, ja, sogar den USA (!) unterlegen. 1954, in der Schweiz, hatte es gegen Uruguay mit 2:4 das Nachsehen gehabt, während es 1958 in Schweden nach einem 0:0 gegen Brasilien und einem 2:2 gegen Österreich bei den Gruppenspielen ausgeschieden war. Auch in Chile hatte es 1962 gegen Brasilien den Kürzeren gezogen. Nun erwartete ganz England, daß seine Nationalmannschaft auf heimischem Boden die Gegner wieder das Fürchten lehrte. Das Team mit dem großartigen Torwart Banks, den Brüdern Charlton, Bobby Moore und Torjäger Hurst hatte allerhand Mühe, das Finale zu er-

reichen. Ein 0:0 gegen Uruguay und hauchdünne Siege gegen Argentinien und Portugal überzeugten weder das torhungrige Publikum noch die Reporter der Medien. Auf der anderen Seite hatte Deutschland zwar hohe Siege gegen die Schweiz und Uruguay (5:0 bzw. 4:0) herausgespielt, war aber bei dem 0:0 gegen Argentinien und den knappen Erfolgen gegen Spanien und die Sowjetunion hinter den Erwartungen geblieben. Der junge Beckenbauer gab ein imponierendes Debut, Haller und Uwe Seeler bestätigten ihren Ruf als Torjäger. Aber erst in der Endrunde liefen beide Teams zu voller Form auf und lieferten sich im Wembley Stadion eine denkwürdige Fußballschlacht. Dem Jubel der Schlachtenbummler über die deutsche 1:0 Führung folgte schon in der 17. Minute der »goal cry« (Torschrei) von über 90000 Briten, als Hurst mit einem prachtvollen Kopfball ausglich. Dann hielten sich die beiden Teams in sportlicher Härte und blitzschnellen Spielzügen lange die Waage, bis es in der 78. Minute dem Engländer Peters gelang, den deutschen Torhüter Tilkowski zum zweiten Mal zu überwinden. Der Kampf schien entschieden! Aber eine halbe Minute vor Schluß gelang dem unermüdlichen Wolfgang Weber der Ausgleich.
In der Verlängerung schoß Hurst den Ball unter die Querlatte; von da sprang der Ball, wie die Fernsehaufzeichnung erkennen ließ, auf die Linie. Jedenfalls hatte er sie nicht im vollen Umfang überschritten, so daß auch nicht auf Tor anerkannt werden durfte. Der Schweizer Schiedsrichter Dienst befragte erst auf Drängen der Engländer den Linienrichter Bachramow. Der aber war noch weiter vom Tor entfernt gewesen als Dienst! Und trotzdem »überzeugte« er den Unparteiischen, daß der Ball im Tor gewesen sei. Auch die zweite Hälfte der Verlängerung verlief dramatisch. Uwe Seeler hätte mit einem Kopfball und nach Zuspiel von Held das Spiel umdrehen können, vergab aber die Chancen im Getümmel des Strafraums. Als Dienst auf die Uhr schaute und viele Zuschauer schon Siegesgesänge anstimmten, brannte Hurst durch und bombte zum 4:2 ein. Der Sieg der Engländer war verdient, doch hatten ihnen die Deutschen einen gleichwertigen Kampf voll dramatischer Höhepunkte geliefert. Davon wird man noch nach der Jahrtausendwende erzählen . . .

England schlägt Deutschland 4:2 (2:2, 1:1) nach Verlängerung
England: Banks, Cohen, Jack Charlton, Moore, Wilson, Stiles, Bobby Charlton, Peters, Ball, Hurst, Hunt.

Deutschland: Tilkowski, Höttges, Schulz, W. Weber, Schnellinger, Beckenbauer, Overath, Seeler, Haller, Held, Emmerich.
Tore: Haller, Hurst (3), Peters, Weber.
Schiedsrichter: Dienst (Schweiz).
Zuschauer: 93 000.
Das gastgebende Land bei der 9. Weltmeisterschaft 1970 war Mexiko. Es gehörte zwar nicht zu den Fußballgroßmächten, überraschte aber durch einen 1:0 Sieg gegen Belgien und trotzte der Sowjetunion ein Unentschieden (0:0) ab. Nachdem der Titelverteidiger England sowohl Rumänien wie die Tschechoslowakei 1:0 geschlagen und mit dem gleichen Ergebnis gegen Brasilien verloren hatte, kam es in der zweiten Finalrunde zu der mit Spannung erwarteten Revanche England – Deutschland. Die Deutschen hatten in Maier einen der besten Tormänner der Welt, in Beckenbauer einen überragenden Abwehr- und Angriffsspieler und in Uwe Seeler und Gerd Müller zwei der gefürchtetsten Torjäger. Dazu einen so unerbittlichen Verteidiger wie Vogts, einen so beherrschenden Mittelfeldspieler wie Schnellinger und einen oft überragenden Wolfgang Overath – eine solche Mannschaft sollte, ja, mußte sich durchsetzen. Und doch stand es in der 50. Minute 2:0 für England! Mullery hatte in der 32. Minute den Führungstreffer erzielt und Peters Sepp Maier zum zweiten Mal überwunden. Der 11. englische Sieg gegen Deutschland, das bisher nur einen Erfolg (bei zwei Unentschieden) errungen hatte, schien gesichert. Aber die Engländer hatten sich in der dünnen Höhenluft von León verausgabt. Als Beckenbauer das Anschlußtor erzielte und Uwe Seeler, mittlerweile schon vierunddreißig, eine Flanke von Schnellinger einköpfte, ging auch Bobby Moore, Charlton und Hurst der Atem aus. In der Verlängerung nützte Gerd Müller eine winzige Lücke in der Abwehrmauer der Briten aus und spitzelte den Ball zum Sieg ins Tor.
Ein »Jahrhundertspiel« hat man seinerzeit die Vorschlußrunde zwischen Deutschland und Italien in Mexiko-City genannt. Es war ein Kampf auf Biegen oder Brechen mit allerhand italienischen Fouls, die Schiedsrichter Yamasaki ›großzügig‹ übersah. Bis zur Schlußminute führten die Italiener 1:0, doch kurz vor Spielende gelang Schnellinger gegen den phänomenalen Albertosi der Ausgleich. In der Verlängerung fielen nicht weniger als 5 Tore! Zuerst brachte Gerd Müller die Deutschen in Führung, dann gelangen dem italienischen Verteidiger Burgnich und Torjäger Riva zwei Glanztore, bis

wiederum Müller das 3:3 herstellte. Aber schon im Gegenzug sicherte Rivera den Italienern den Sieg. Im Aztekenstadion hatten 80 000 Zuschauer die Italiener trotz ihrer weltmeisterlichen Leistung mehrfach ausgepfiffen, die Deutschen dagegen auch nach der Niederlage mit Beifall überschüttet.
Im Finale hatten die Italiener nicht mehr die Kraft, den technischen Zauberkunststücken und der Schußkraft der Brasilianer zu widerstehen. Der schon legendäre Pelé, der zum vierten Mal an einer Weltmeisterschaft teilnahm, brachte Brasilien in Führung; nach Boninsegnas Ausgleich vollstreckten noch die kaum schwächeren Gerson, Jairzinho und Carlos Alberto. Brasilien, das die Tschechoslowakei 4:1, England und Rumänien nur knapp, Uruguay aber wieder überzeugend geschlagen hatte, war ein würdiger Weltmeister. Was ein Großmeister wie Pelé für das Team bedeutet hatte, zeigte sich nach seinem Rücktritt nur zu deutlich: Bei den nächsten Weltmeisterschaften konnte Brasilien nur noch um den 3. Platz kämpfen und unterlag dabei 1974 Polen, während es 1978 Italien knapp bezwingen konnte.

Brasilien schlägt Italien 4:1 (1:1)

Brasilien: Felix; Alberto, Piazza, Brito, Everaldo, Clodoaldo, Gerson, Rivelino, Jairzinho, Tostao, Pelé.
Italien: Albertosi; Burgnich, Cera, Rosato, Facchetti, Bertini (75. Juliano), Domenghini, Mazzola, de Sisti, Boninsegna (84. Rivera), Riva.
Tore: Pelé, Boninsegna, Gerson, Jairzinho, Alberto.
Schiedrichter: Glöckner (DDR).
Zuschauer: 110 000.
Die 10. Weltmeisterschaft hatte die FIFA nach Deutschland vergeben. Als Favorit galten die Niederlande, die in Johan Cruyff einen ebenso perfekten Techniker wie gewiegten Taktiker und gefährlichen Torschützen hatten. Seine Mitspieler, vor allem Rep, Neeskens, Krol, Rensenbrink und Kerkhof, standen ihm kaum nach. Mit überzeugenden Siegen gegen Argentinien (4:0), die DDR und Brasilien – jeweils 2:0 – hatten sie müheloser als die Deutschen die Endrunde erreicht. Deutschland, das sich in der ersten Finalrunde eine Niederlage gegen die DDR geleistet hatte, hatte es vor allem seinem Torwart Sepp Maier zu verdanken, daß es die hervorragenden Polen 1:0 bezwang, nachdem es die kampfstarken Jugoslawen und Schweden gemeistert hatte. Im Endspiel gingen die Holländer schon in der

1. Minute in Führung. Johan Cruyff hatte Berti Vogts stehen gelassen und war von Uli Hoeneß »in höchster Not« im Strafraum gelegt worden. Den Elfmeter drosch Neeskens unhaltbar ins Netz. Ein zweiter Strafstoß wurde in der 23. Minute fällig. Diesmal hatte der Frankfurter Hölzenbein drei Holländer umspielt und war von einem vierten zu Fall gebracht worden. Der eigenwillige Paul Breitner plazierte den Ball an Torhüter Jongbloed vorbei in die linke untere Torecke. Ohne daß es jemand wissen oder ahnen konnte, fiel die Entscheidung schon in der 43. Minute. Von Rainer Bonhof bedient, schlenzte Gerd Müller das Leder durch die vielbeinige holländische Abwehr hindurch – Jongbloed sah den Ball erst, als er schon über die Linie kollerte.
In der zweiten Halbzeit stürmten die Holländer fast pausenlos. Sie hätten zwei, drei, ja, vier Tore erzielen können, hätte Sepp Maier sich nicht selbst übertroffen. Was er abfing, fortfaustete, im Fallen erhaschte und den anstürmenden Gegnern vom Fuß wegnahm, stellte ihn über die berühmtesten Torhüter seiner Zeit. Ausschlaggebend für den Sieg war aber auch Beckenbauers taktische Kampfführung und sein Einsatz bis zur Grenze menschlicher Möglichkeiten. Damit übertraf er seinen berühmten Gegenspieler Cruyff, der sich Berti Vogts kaum erwehren konnte und seinen Unmut darüber an Schiedsrichter Taylor (England) ausließ – prompt bekam er nach der 1. Halbzeit auf dem Weg zur Kabine die gelbe Karte gezeigt. Der Sieg der Deutschen war »glücklich verdient«. Glücklich, weil Vogts, Breitner und Bonhof brenzlige Situationen für den schon überwundenen Maier bereinigen konnten, verdient, weil neben Beckenbauer auch Bonhof, Uli Hoeneß und zum Schluß alle anderen zu Weltmeisterform aufliefen und bis zum Umfallen kämpften. Die Holländer waren nicht weniger enttäuscht, ja, verzweifelt wie die ebenfalls hoch favorisierten Ungarn 1954. Da aber ihre Abwehr dem Angriff nicht ebenbürtig war, stimmte das Ergebnis trotz aller verpaßten und verpatzten Möglichkeiten. Zum zweiten Mal war Deutschland »rechtschaffen« Weltmeister geworden – ein Triumph auch für Bundestrainer Helmut Schön, den Freund und schöpferischen Mentor seiner Elf.

Deutschland schlägt Holland 2:1 (2:1)

Deutschland: Maier, Vogts, Schwarzenbeck, Beckenbauer, Breitner, Hoeneß, Bonhof, Overath, Grabowski, Müller, Hölzenbein.
Holland: Jongbloed, Suurbier, Rijsbergen, Haan, Krol, Jansen, van

Hanegem, Neeskens, Rep, Cruyff, Rensenbrink (46. van de Kerkhof).
Tore: Neeskens, Breitner, Müller.
Schiedsrichter: Taylor (England).
Zuschauer: 75000.
In Argentinien sollte es sich vier Jahre später zeigen, ob die deutsche Mannschaft ihren Titel mit dem gleichen Können und Kampfgeist erfolgreich verteidigen konnte. Allerdings waren die Größen Beckenbauer, Breitner, Gerd Müller, Overath, Hoeneß und Grabowski ausgeschieden; Helmut Schön glaubte und hoffte aber, daß er in Kaltz, Rummenigge, Fischer, Flohe, Rüßmann, Hansi und Dieter Müller wie auch Abramczik gleichwertige Kämpfer und Techniker gefunden habe. Zwei Unentschieden gegen Italien und die Niederlande dämpften allerdings seine Erwartungen. Da der letzte Gegner in der zweiten Finalrunde aber Österreich war und Österreich seit 1931 gegen Deutschland nicht mehr gewonnen hatte, war anzunehmen, daß die Deutschen, wenn nicht das Endspiel, so doch die Vorschlußrunde erreichen würden. Die Österreicher hatten zwar Spanien und Schweden besiegt, waren aber gegen die Holländer buchstäblich untergegangen. In Cordoba kam es jedoch am 21. Juni 1978 zu mehr als einem Betriebsunfall. Die Österreicher spielten einfallsreicher, zum Schluß auch wuchtiger und manövrierten die Deutschen ein ums andere Mal aus. Neben dem Wiener Torjäger Krankl, den die deutsche Abwehr nicht stoppen konnte, waren auch Pezzey, Prohaska, Sara und Kreuz ihren Gegenspielern überlegen. Die Deutschen mochten ihre Rivalen unterschätzt haben; ihre Kampfmoral war aber gebrochen, als sie sich immer wieder an der österreichischen Raumdeckung festrannten und die als verspielt eingeschätzten Gegner plötzlich unnachgiebig um jeden Ball kämpften. Die 11. Weltmeisterschaft wurde, je weiter sie fortschritt, zu einem Duell Südamerika – Europa. Als Gastgeber hatte Argentinien natürlich in dem einheimischen Publikum aufpeitschende Helfer. Seine Spieler, vor allem der dribblestarke Allroundkönner Mario Kempes, aber auch Passarella, Luque, Bertoni und Ardiles, konnten es mit den Stars aller anderen Mannschaften aufnehmen. Nur gegen Peru konnten die 1974 so spielstarken Polen die Oberhand behalten; gegen Brasilien und Argentinien unterlagen sie chancenlos. Im Spiel um den 3. Platz mußte auch Italien gegen Brasilien die Segel streichen, so daß Europas Hoffnungen nur noch auf den Niederlän-

dern ruhte. Aber gegen die Hausherren hatten auch sie im Endspiel nichts zu bestellen. Argentinien siegte mit 3:1 und wurde damit zum ersten Male Weltmeister. Ein Hauptverdienst an dem Erfolg gebührte zweifellos dem Trainer der Nationalmannschaft César Menotti, der aus elf Individualisten ein homogenes Team zusammengeschweißt hatte. Unter allen Betreuern ihrer Schützlinge verdiente er sich den Ehrennamen »Stratege Nr. 1«.

Argentinien schlägt Holland 3:1 (1:0, 2:1 nach Verlängerung)
Argentinien: Fillol, Olguin, Galvan, Passarella, Tarantini, Ardiles (66. Larrosa), Gallego, Kempes, Bertoni, Luque, Ortiz (74. Houseman).
Holland: Jongbloed, Brandts, Krol, Jansen (73. Suurbier), Poortvliet, Neeskens, Haan, W. v. d. Kerkhof, R. v. d. Kerkhof, Rep (58. Nanninga), Rensenbrink.
Tore: Kempes (2), Nanninga, Bertoni.
Schiedsrichter: S. Gonella (Italien).
Zuschauer: 80000.

Die Überlegenheit der Südamerikaner setzte sich auch bei der Mini-Weltmeisterschaft 1980 in Montevideo fort. Zu der 50-Jahrfeier ihres ersten Weltmeisterschaftssieges hatten die Uruguayer alle früheren Weltmeister eingeladen: Italien, Deutschland, Brasilien, England und Argentinien. Da England absagte, nahm Holland, Vizemeister 1974 und 1978 seinen Platz ein. Deutschland, neugebackener Europameister, unterlag im ersten Spiel durch ein Eigentor von Kaltz und einen Bombenschuß des argentinischen Mittelstürmers Diaz dem Weltmeister 1974 mit 2:1. Nahm der neue Bundestrainer Jupp Derwall diese Niederlage nicht weiter tragisch, so wurde er beim 1:4 gegen Brasilien aus allen Träumen gerissen. Nach einer 1:0 Führung durch Klaus Allofs brach das deutsche Team auseinander. Die Brasilianer spielten mit Rummenigge, Hansi Müller, Kaltz, Allofs und Allgöwer Katz und Maus; da gab es für Torwart Schumacher nichts zu retten. Briegel wurde von Isidoro ein ums andere Mal stehen gelassen und der elegante Cerezo machte aus Magath einen Provinzfußballer. Die Tore der Brasilianer waren Kabinettstücke der Fußballkunst. Gegen die südamerikanischen Künstler waren die Deutschen nur Handwerker. »Sie hatten das Pech, gegen den größten Fußball anzukämpfen, den man heute auf der Welt spielen kann«, faßte die Zeitung »Republica« ihr Urteil zusammen.

Und doch gewann dieses großartige Team nicht das Turnier. Im Finale unterlag es den Gastgebern, die schon durch einen 2:0 Sieg gegen Italien ganz Montevideo in einen Freudentaumel versetzt hatten, mit 2:1. Uruguays Sturm mit den herausragenden Spielern Paz und Victorino wurde von einer hervorragenden Abwehrreihe, in der besonders Olivera, de Leon und Martinez glänzten, so gut bedient, daß die Brasilianer keinen Augenblick zur Besinnung kamen. Für die Weltmeisterschaften 1982 in Spanien werden wir uns auch die Namen der brasilianischen und der argentinischen Stars merken müssen. In Madrid und Barcelona wird nicht nur der argentinische Wunderläufer Maradona auftrumpfen; auch die Brasilianer Isidoro, Zico, Socrates und Cerezo werden zweifellos für Schlagzeilen sorgen – ein Grund mehr, sich ihre Namen gut zu merken! Die Überlegenheit der Südamerikaner wurde Mitte Februar 1981 noch einmal dokumentiert, als Nacional Montevideo, Uruguays Meister, im Weltcupfinale in Tokio Nottingham Forest mit 1:0 besiegte. Wie das Duell Europa – Südamerika ausgehen wird, ist trotzdem offen. Daß dabei aber Argentinien, Brasilien und Uruguay Hauptrollen spielen werden, scheint gewiß.

Uruguay schlägt Brasilien 2:1 (0:0)

Uruguay: Rodriquez, Olivera, de Leon, Krasowski, Martinez, Ramos, de la Pena (37. Barrios), Victorino, Paz, Morales, Diogo.

Brasilien: Leite, Edevaldo, Oscar, Luizinho, Batista, Junior, Tita (55. Serginho), Toninho, Cerezo, Socrates, Ze Sergio (82. Eder), Isidoro.

Tore: Barrios, Socrates, Victorino.

Schiedsrichter: Linnemayer (Österreich).

Zuschauer: 75 000.

Die Mannschaft Argentiniens: Fillol, Olguin, Galvan, Passarella, Tarantini, Ardiles, Gallego, Maradona, Bertoni (68. Luque), Diaz, Kempes (42. Valencia).

Die deutsche Mannschaft: Schumacher, Kaltz, Bonhof, K. H. Förster, Dietz, Briegel, Magath, Müller, Rummenigge, Hrubesch, Allofs.

Die Fußball-Olympiasieger

Manche Sporthistoriker sehen in den Fußballturnieren der Olympischen Spiele die Vorläufer der Weltmeisterschaften. Das ist schon deshalb falsch, weil die Teilnahme nur Amateuren erlaubt ist und die (englischen) Amateurspieler es mit den Professionals nicht aufnehmen können. Trotzdem gewann 1900 ein englischer Amateurklub das Olympische Fußballturnier in Paris. Upton Park London schlug die L'Union Francaise mit 4:0. Diese beiden Mannschaften waren die einzigen Teilnehmer. Es war also ein billiger Triumph der haushoch überlegenen Engländer; ihr Sieg wird von der Statistik zumeist übergangen. Noch mehr gilt das für die Olympischen Spiele 1904 in St. Louis. Daran nahmen zwar schon 5 Klubmannschaften teil, aber die siegenden Kanadier waren ebenso drittklassig wie die unterlegenen Amerikaner. Die englischen Amateure hatten gar nicht erst gemeldet; für sie war das Turnier eine unbedeutende Provinzveranstaltung. Bei der Zwischenolympiade 1906 in Athen siegte Dänemark gegen Griechenland mit 9:0. Wieder war es nur eine Rumpfveranstaltung, aber die Dänen führten immerhin gediegenes Fußballkönnen vor.

Deutlich unterstrich England 1908 in London seine führende Rolle. Schweden wurde 12:1, Holland 4:0 und Dänemark 2:0 besiegt. 1912 wiederholten die englischen Amateure den Fußballtriumph in Stockholm, und wieder waren die Dänen ihre Endspielgegner. Mit 2:4 gingen sie mit fliegenden Fahnen unter. Ungarn hatte mit 0:7 und Finnland mit 0:4 daran glauben müssen. Zum ersten Mal beteiligte sich auch Deutschland mit einer starken Mannschaft an dem Turnier; es mußte aber schon in der Vorrunde gegen Österreich mit 1:5 ausscheiden.

1920 trennte die englischen Amateure von ihren Berufskollegen schon mehr als ein Klassenunterschied. Dafür hatten andere Fußballnationen viel dazugelernt. Trotzdem wollte man es kaum glauben, daß die Engländer beim Olympischen Turnier in Antwerpen in der Vorrunde an Norwegen scheiterten. Sieger wurden unter skandalösen Umständen die belgischen Platzherren; sie besiegten im Endspiel die Tschechoslowakei 2:0. Unter Protest gegen den parteiischen Schiedsrichter und das randalierende Publikum verließen die Tschechen bei diesem Stand den Platz und wurden disqualifiziert.

An ihrer Stelle gewann Spanien mit dem berühmten Zamora im Tor die Silbermedaille vor Holland, das sich mit Bronze zufrieden geben mußte.
Ebenso wie in Antwerpen war Deutschland als Weltkriegsunterlegener auch 1924 bei dem Olympischen Fußballturnier in Paris ausgeschlossen. 22 Mannschaften kämpften bereits um die Medaillen, darunter die ballverliebten, genialen Uruguayer. Die südamerikanischen Ballartisten verrichteten wahre Wunderdinge! Jugoslawien wurde 7:0, Nordamerika 3:0, Frankreich 5:3, Holland 2:1 und im Schlußspiel auch die Schweiz 3:0 geschlagen. Besser, schöner und schlagkräftiger hätten die englischen Profis auch nicht aufspielen können. »Das Spiel der Uruguayer glich mehr einem Tanz und Zirkuskunststücken als einem Kampf um dem Ball«, begeisterte sich die französische Presse. »Wenn sie gewollt hätten, wären doppelt so viel Tore gefallen.«
1928 spielten die Uruguayer in Amsterdam viel härter, fast brutal. So gab es im Spiel gegen Deutschland Platzverweise für beide Seiten, und das 4:1 für Uruguay war zweifellos zu hoch. Deutschlands ruhmvoller Tormann Heiner Stuhlfaut stand aber bei den Kombinationszügen und Schüssen dieses Gegners vor einer unlösbaren Aufgabe. Holland und Italien erging es nicht viel besser. Aber im Finale gegen Argentinien brachte erst das Wiederholungsspiel nach einem unentschiedenen Treffen den Uruguayern mit 2:1 die Goldmedaille. Allerdings pfiffen es die Spatzen von den Dächern, daß in beiden Teams kein einziger Amateur stand! Es hätte aber einen Weltskandal und internationale Verwicklungen gegeben, wären die Südamerikaner nicht zugelassen oder als Profis disqualifiziert worden. So drückte man beide Augen zu und den 11 dunkelhäutigen Siegern die Goldmedaillen in die auch sonst stets offene Hand.
Auch die Italiener, die 1936 in Berlin gegen die Österreicher nach Verlängerung mit 2:1 gewannen, waren alles andere als reine Amateure. Deutschland war in der Zwischenrunde über die biederen Norweger (0:2) gestrauchelt. 1932 war das Olympische Fußballturnier ausgefallen, aber nach dem 2. Weltkrieg 1948 in London wiederaufgenommen worden. Diesmal sicherte sich Schweden gegen die jugoslawischen »Staatsamateure« mit 3:1 den Titel und die Goldmedaillen. Seither gewannen alle vier Jahre nur noch Fußballer aus dem Ostblock das Olympische Turnier. Vom Staat bezahlt, in Scheinstellungen untergebracht und privilegiert, sind sie den »ech-

ten« Amateuren der westlichen Länder natürlich überlegen. Oft sind die Olympiateilnehmer der Ostblockstaaten die gleichen Spieler, die auch an den Weltmeisterschaften der Professionals teilnehmen wie z. B. Puskas, Hidegkuti und Kocsis bei den Ungarn, Jaschin bei den Russen, Deyna und Gadocha bei den Polen, Croy, Kurbjuweit, Kische und Hoffmann bei der DDR usw. Der sportliche Wert ist dadurch derart gemindert, daß hier nur der Statistik zuliebe die Sieger und ihre Endspielgegner angeführt werden:
1952 siegt Ungarn in Helsinki 2:0 gegen Jugoslawien
1956 siegt die Sowjetunion in Melbourne 1:0 gegen Jugoslawien
1960 siegt Jugoslawien in Rom gegen Dänemark 3:1
1964 siegt Ungarn in Tokio 2:1 gegen die Tschechoslowakei
1968 siegt Ungarn in Mexiko City gegen Bulgarien 4:1
1972 siegt Polen in München gegen Ungarn mit 2:1
1976 siegt die DDR in Montreal gegen Polen 3:1
1980 siegt die Tschechoslowakei in Moskau gegen die DDR 1:0

Die großen Pokal-Wettbewerbe

Neben den nationalen Meisterschaften sind es die internationalen Pokal-Wettbewerbe, die das Publikum in die Fußballstadien locken. Im Vordergrund des Interesses stehen die Kämpfe um den Europa-Pokal der Landesmeister. Aber auch der Europa-Pokal der Pokalsieger und der UEFA-(Messe-)Pokal ziehen Jahr für Jahr große Zuschauermengen an. In den Siegerlisten finden wir die Namen der berühmtesten europäischen Klubs. Dabei ist es hochinteressant zu beobachten, wie sich das Spielniveau verlagert, wie große Namen an Glanz verlieren, neue auftauchen und wieder verschwinden oder nach ergebnislosen Jahren von neuem zu Meisterehren kommen.

Im **Europa-Pokal der Landesmeister** hält Real Madrid noch immer einen Rekord. Zwischen 1956, dem Beginn des Wettbewerbs, und 1966 gewann es Titel und Pokal nicht weniger als sechsmal, davon fünfmal nacheinander. Aber die Zeiten, als di Stefano, Gento, Santamaria, Puskas und Kopa in dem spanischen Meisterteam standen,

sind vorbei. Trotz aller Bemühungen ist es dem berühmten Klub bis heute nicht wieder gelungen, Künstler und Könner von dem Rang der genannten Stars zu verpflichten. Wer miterlebte, wie Real Madrid gegen AC Mailand 4:2, gegen Manchester United 3:1, gegen den FC Antwerpen gar 6:0 oder gegen Eintracht Frankfurt 7:3 siegte, wird es bedauern, daß solche Schauspiele hoher Fußballkunst nur noch selten geboten werden.
1961 und 1962 war die große Zeit von Benfica Lissabon, in dessen Reihen damals Größen wie Eusebio, Santana, Joao und Torwart Costa Pereira standen. Unvergeßlich das dramatische Endspiel vom 2. Mai 1962, als Benfica in Amsterdam Real Madrid 5:3 besiegte. Für Real schoß Puskas alle 3 Tore, während Eusebio für Lissabon zweimal und Aguas, Cavem und Coluna je einmal einschossen.
Bis Ende der 60er Jahre waren es dann die Italiener und Engländer, die den Pokalwettbewerb beherrschten. 1963 und 1969 siegte der AC Mailand, 1964 und 1965 sein Rivale Inter Mailand. 1969 standen dem AC Mailand in dem Deutschen Schnellinger und dem Schweden Hamrin zwei Klassespieler zur Verfügung, die von den dynamischen Stürmern Prati und Rivera womöglich noch übertroffen wurden. Inter Mailand verdankte seine Erfolge dem unerschütterlichen Verteidigerpaar Burgnich und Facchetti wie dem technisch perfekten Mazzola und dem Brasilianer Jair.
Zum dritten Mal stand Benfica Lissabon 1968 im Finale der Meister und zum dritten Mal verließ es als Verlierer das Stadion. Dem Ergebnis nach siegte Manchester United mit 4:1 überlegen. Dem Spielverlauf zufolge hätte es trotz Bobby Charlton, George Best und Stiles ebenso gut verlieren können, denn das 1:1 in der regulären Spielzeit war mehrmals gefährdet. Erst in der Verlängerung gelang den Engländern der Sieg gegen die erschöpften Portugiesen.
Die 70er Jahre brachten den großartigen Aufschwung des holländischen Fußballs. Erst gewann Feijenoord Rotterdam gegen Celtic Glasgow den Meisterpokal, dann triumphierte dreimal hintereinander Ajax Amsterdam. Amsterdam konnte mit Cruyff, Neeskens, Suurbier, Krol, Haan, Rep und Keizer fast die ganze holländische Nationalelf aufbieten. Gegen solche »Kaliber« hatten auch Inter Mailand 1972 und Juventus Turin 1973 keine gleichrangigen Gegenspieler. 1974 war aber auch die Zeit der siegreichen Niederländer abgelaufen, und mit Bayern München trat endlich auch ein deutscher Klub an die Spitze der Meisterteams. Dreimal hintereinander

gewannen die Bayern den begehrten Pokal. Den denkwürdigsten Sieg errangen sie 1974 gegen Atletico Madrid in Brüssel. Bis zur Schlußminute lagen sie im ersten Spiel mit 0:1 im Nachteil. In dieser scheinbar hoffnungslosen Situation donnerte Verteidiger Schwarzenbeck aus 30 m Entfernung auf das Tor der Spanier und riß die Arme hoch, als der Ball ins Netz sauste. Im Wiederholungskampf steigerten sich Beckenbauer, Breitner, Müller, Hoeneß und ihre Mitspieler in einen wahren Rausch. 4:0 überrannten sie in einem der besten Fußballkämpfe aller Zeiten ihren reputierten Gegner. – Ein Jahr später wiederholten sie ihren Sieg gegen Leeds United (2:0), obgleich die Engländer fast 90 Minuten lang – und zeitweise haushoch! – überlegen waren. Aber Torwart Sepp Maier verhinderte jeden zählbaren Erfolg der tapferen Rivalen. Die Zeit der Engländer sollte noch kommen.
1977 war es der FC Liverpool mit seinem hervorragenden Tormann Clemence und dem Stürmer-As Kevin Keegan, der sich zweimal in die Siegerlisten einschrieb. Ihm folgte 1979 und 1980 Nottingham Forest, das in Shilton einen Wundertorwart, in Francis einen Mittelfeldspieler von Weltformat und in Woodcock den gefährlichsten Stürmer hatte. Ganz auf eine eiserne Verteidigung und Konterangriffe eingestellt, warfen die unterlegenen Mannschaften (Malmö und Hamburger SV) den Siegern vor, sie hätten den Pokal nur durch stures Mauern an sich gebracht. Wer aber einen solchen Riegel nicht aufbrechen kann, wäre wohl erst recht kein würdiger Triumphator! Daß 1981 mit dem FC Liverpool (1:0 gegen Real Madrid) wieder die Engländer den Pokalsieger der Landesmeister stellten, sollte den kontinentalen Mannschaften zu denken geben.

Die Endspiele im Europapokal der Landesmeister

1955/56: Real Madrid – Stade Reims 4:3
1956/57: Real Madrid – FC Florenz 2:0
1957/58: Real Madrid – AC Mailand 3:2 n. Verl.
1958/59: Real Madrid – Stade Reims 2:0
1959/60: Real Madrid – Eintracht Frankfurt 7:3
1960/61: Benfica Lissabon – FC Barcelona 3:2
1961/62: Benfica Lissabon – Real Madrid 5:3
1962/63: AC Mailand – Benfica Lissabon 2:1

1963/64: Inter Mailand – Real Madrid 3:1
1964/65: Inter Mailand – Benfica Lissabon 1:0
1965/66: Real Madrid – Partisan Belgrad 2:1
1966/67: Celtic Glasgow – Inter Mailand 2:1
1967/68: Manchester United – Benfica Lissabon 4:1 n. Verl.
1968/69: AC Mailand – Ajax Amsterdam 4:1
1969/70: Feyenoord Rotterdam – Celtic Glasgow 2:1 n. Verl.
1970/71: Ajax Amsterdam – Panathinaikos Athen 2:0
1971/72: Ajax Amsterdam – Inter Mailand 2:0
1972/73: Ajax Amsterdam – Juventus Turin 1:0
1973/74: Bayern München – Atletico Madrid 1:1 n. Verl., 2. Spiel: 4:0
1974/75: Bayern München – Leeds United 2:0
1975/76: Bayern München – AS St. Etienne 1:0
1976/77: FC Liverpool – Borussia Mönchengladbach 3:1
1977/78: FC Liverpool – FC Brügge 1:0
1978/79: Nottingham Forest – Malmö FF 1:0
1979/80: Nottingham Forest – Hamburger SV 1:0
1980/81: FC Liverpool – Real Madrid 1:0

Der Europa-Cup der Pokalsieger

Während den Europa-Pokal der Meister drei Mannschaften mehrmals hintereinander gewannen: Real Madrid, Ajax Amsterdam und Bayern München, gelang es nur AC Mailand und RSC Anderlecht, zweimal in auseinander liegenden Jahren den Cup der Pokalsieger zu erobern. Der Wettbewerb, der erst 1960/61 gestartet wurde, brachte auch Vereinen, die international bisher wenig hervorgetreten waren, verdiente Erfolge. So siegte 1969 Slovan Preßburg, 1974 der 1. FC Magdeburg und 1975 Dynamo Kiew. Erster Sieger wurde 1961 AC Florenz, der neben dem Schweden Hamrin den italienischen Nationaltorwart Albertosi aufbieten konnte. Zehn Jahre später wurde Albertosi im Bestechungsprozeß gegen ein Dutzend italienischer Stars für drei Jahre gesperrt. In Atletico Madrid finden wir 1962 einen Pokalsieger, der zwölf Jahre später das Finale der Meisterrunden erreichen sollte. Ein Jahr darauf unterlagen die Spanier allerdings chancenlos (1:5) gegen Tottenham Hotspur.
1965 erreichte der TSV 1860 München mit seinem Torwart Raden-

kovic – »bin ich beste Tormann von Welt!« – das Finale gegen West Ham United London. In den Reihen der Engländer standen mit Moore, Hurst und Peters drei Spieler, die ein Jahr später mit der englischen Nationalelf Weltmeister werden sollten. Sie sicherten denn auch ihrem Klub den Pokalsieg. 1966 und 1967 wurden zwei führende deutsche Vereine Cupsieger: Borussia Dortmund mit Tilkowski, Libuda, Held und Emmerich und Bayern München mit Maier, Beckenbauer, Roth und Gerd Müller. Beide Klubs hatten britische Pokalsieger zu Gegnern, nämlich den FC Liverpool bzw. die Glasgow Rangers von Schottland. Sowohl Dortmund wie München gewannen erst nach Verlängerung 2:1 bzw. 1:0.
Niemand hätte 1969 Slovan Preßburg den Sieg im Pokalwettbewerb zugetraut. Auch als die Slowaken im Achtelfinale den FC Porto 4:0 und im Viertelfinale gar AC Turin (1:0 und 2:1) bezwangen, wurde der FC Barcelona – Sieger über Köln – noch hoch favorisiert. Das Endspiel in Basel brachte die große Überraschung: Slovan Preßburg, dessen Spieler weitgehend unbekannt waren, führte schon zur Halbzeit 3:1 und ließ die Spanier nur noch ein Tor aufholen.
Unbekannt in der internationalen Arena war auch Gornik Hindenburg (Zabrze). Die Polen erreichten 1970 nach Siegen über Glasgow Rangers (!) und AS Rom das Finale, das sie nur knapp gegen Manchester City 1:2 verloren. Ein Jahr später versuchte Real Madrid an seine Triumphe in den 50er Jahren anzuknüpfen. Um ein Haar hätte es auch gegen Chelsea London den Sieg geschafft, doch endete das erste Spiel trotz Verlängerung unentschieden (1:1), das zweite ging knapp 1:2 verloren. Die Londoner hatten in Osgood und Demsey Angreifer und Torschützen von hohem Rang.
Der AC Mailand, der den Wettbewerb 1973 gewann, ließ sich ein Jahr später mit 0:2 vom 1. FC Magdeburg besiegen. Die DDR-Spieler, die im Halbfinale Sporting Lissabon ausgeschaltet hatten, stützten sich vor allem auf Pommerenke, Sparwasser und Hoffmann. – 1975 gingen alle Favoriten unter. Liverpool erzielte zwar gegen Strömsgodset Drammen (Norwegen) den höchsten Sieg (11:0), ließ sich aber dann von Ferencvaros Budapest schlagen. Benfica Lissabon unterlag PSV Eindhoven und Real Madrid nach Elfmeterschießen den Jugoslawen Roter Stern Belgrad. Das Endspiel sah Dynamo Kiew, Sieger über Eintracht Frankfurt, als überlegenen Gewinner gegen Ferencvaros Budapest (3:0).
Mitte und Ende der 70er Jahre zeigte der RSC Anderlecht, wie aus-

gezeichnet man auch in Belgien Fußball spielt. 1976 wurde West Ham United 4:2 geschlagen, ein Jahr später verlor der RSC Anderlecht erst im Finale gegen den Hamburger SV und 1978 holten sie den Sieg, diesmal gegen Austria Wien, wieder. Van der Elst und die holländischen Legionäre Haan und Rensenbrink ragten aus dem belgischen Team augenfällig heraus.
1979 und 1980 ging der Pokal wieder nach Spanien. Es waren aber nicht die Meistermannschaften von Real oder Atletico Madrid, die alten Ruhm aufpolierten, sondern der FC Barcelona und der FC Valencia. In dem Österreicher Hans Krankl und dem Holländer Neeskens hatte Barcelona zwei Legionäre von höchstem Format. Sie hatten schon gegen Anderlecht und Ipswich Town ihre Klasse und Gefährlichkeit bewiesen und kämpften auch im Endspiel gegen Fortuna Düsseldorf mit ihren Teamkollegen bis zum Umfallen. Das war auch nötig, denn die Düsseldorfer gaben sich erst in der Verlängerung knapp geschlagen (3:4).
Auch der FC Valencia hatte 1980 in Rainer Bonhof und Mario Kempes zwei Ausländer von Weltklasse zur Verfügung. Ihnen verdankte Valencia zwei eindrucksvolle Siege gegen den FC Barcelona im Viertelfinale. Das Endspiel in Brüssel gegen Arsenal London blieb in der regulären Spielzeit torlos. Das Elfmeterschießen gewannen die Spanier 5:4.
1981 kamen zu aller Überraschung zwei Klubs aus dem Ostblock ins Finale der Pokalsieger. Dynamo Tiflis schlug den FC Zeiss Jena 2:1. Auf der Strecke geblieben waren so hochgerühmte Starteams wie AS Rom, FC Valencia, Fortuna Düsseldorf, West Ham United, Feyenoord Rotterdam und Benfica Lissabon!

Die Endspiele im Europapokal der Pokalsieger

1960/61: FC Florenz – Glasgow Rangers 2:0 und 2:1
1961/62: Atletico Madrid – AC Florenz 1:1 n. Verl. und 3:0
1962/63: Tottenham Hotspur – Atletico Madrid 5:1 (kein 2. Sp.)
1963/64: Sporting Lissabon – MTK Budapest 3:3 n. Verl. (3:3, 1:1) und 1:0 (1:0)
1964/65: Westham United London – TSV 1860 München 2:0 (0:0)
1965/66: Borussia Dortmund – FC Liverpool 2:1 n. Verl. (1:1, 0:0)

1966/67: FC Bayern München – Glasgow Rangers 1:0 n. Verl.
1967/68: AC Mailand – Hamburger SV 2:0 (2:0)
1968/69: Slovan Preßburg – FC Barcelona 3:2 (3:1)
1969/70: Manchester City – Gornik Hindenburg 2:1 (2:0)
1970/71: Chelsea London – Real Madrid 1:1 n. Verl. (1:1, 0:0) und 2:1 (2:0)
1971/72: Glasgow Rangers – Dynamo Moskau 3:2 (2:0)
1972/73: AC Mailand – Leeds United 1:0 (1:0)
1973/74: 1. FC Magdeburg – AC Mailand 2:0
1974/75: Dynamo Kiew – Ferencvaros Budapest 3:0 (2:0)
1975/76: RSC Anderlecht – West Ham United 4:2 (1:1)
1976/77: Hamburger SV – RSC Anderlecht 2:0 (0:0)
1977/78: RSC Anderlecht – Austria Wien 4:0 (3:0)
1978/79: FC Barcelona – Fortuna Düsseldorf 4:3 n. Verl. (2:2, 2:2)
1979/80: FC Valencia – Arsenal London 0:0 n. Verl., Elfmeterschießen 5:4 für Valencia
1980/81: Dynamo Tiflis – FC Carl Zeiss Jena 2:1

Der UEFA-(Messe-)Pokal

Dieser Wettbewerb wurde 1955 gegründet und sollte urspünglich den Stadtmannschaften der großen europäischen Messestädte vorbehalten sein. Zunächst in einem dreijährigen Turnus ausgetragen, fanden die Spiele ab 1960 alljährlich statt. Seit 1971 steht die Konkurrenz unter der Leitung der UEFA. Erster Sieger wurde die Stadtmannschaft von Barcelona, die im Heimspiel London 6:0 deklassierte. 1960 wiederholte der FC Barcelona den spanischen Sieg mit einem 0:0 und 4:1 gegen Birmingham. Birmingham war auch im nächsten Jahr der Verlierer des Endspiels, als es gegen AS Rom nach einer 0:2 Niederlage über ein Unentschieden zu Hause nicht hinauskam.

Als die Zahl der Klubs, die an dem Messe-(UEFA-)Pokal teilnehmen durften, zuerst auf vier, dann auf fünf (nach dem Meister) erhöht wurde, befürchtete man eine Abwertung des Wettbewerbs. Das Gegenteil traf ein: Die Konkurrenz wurde nicht nur größer, sondern auch farbiger. Plötzlich reihten sich Mannschaften wie Real Saragossa (1964), Ferencvaros Budapest (1965), Dynamo Zagreb

(1967) oder PSV Eindhoven (1978) in die Liste der Sieger ein und schlugen so berühmte Spitzenteams wie Juventus Turin, Manchester United, Leeds United bzw. den FC Barcelona! In vielen Ländern gab es eben außer der Meisterelf noch vier oder fünf fast gleichwertige Mannschaften; daß sie im UEFA-Pokal zum Zuge kamen, war und ist eine außerordentliche Bereicherung des internationalen Fußballprogramms. Um so ehrenvoller, daß seit 1975 auch zwei deutsche Klubs den UEFA-Pokal erobern konnten: Borussia Mönchengladbach 1975 und 1979 und Eintracht Frankfurt 1980.
Zwischen 1968 und 1973 spielten englische Klubs die Hauptrolle im Messe- bzw. UEFA-Pokal. Leeds United, der Sieger von 1968, mußte dabei mit Hibernian Edinburgh, den Glasgow Rangers und Dundes United gleich drei schottische Spitzenreiter ausschalten, bevor es im Endspiel Ferencvaros Budapest 1:0 und 0:0 überwinden konnte.
1971 hatte Leeds im FC Liverpool und Juventus Turin respektablere Gegner zu schlagen, um sich den Pokal zu sichern. Ein Jahr vorher hatte es Arsenal London mit den holländischen bzw. belgischen Traditionsklubs zu tun. Ajax Amsterdam und SC Anderlecht wurden in England je 3:0 geschlagen und konnten einen so hohen Rückstand in den Heimspielen nicht wettmachen. Newcastle United und Tottenham Hotspur frischten 1969 bzw. 1972 den englischen Fußballruhm auf, als sie die starke Konkurrenz der Kontinentalen hinter sich ließen, und 1973 setzte der FC Liverpool diese Tradition fort. In den Endspielen konnte auch Borussia Mönchengladbach eine 0:3 Niederlage in Tottenham (Groß-London) zu Hause (2:0) nicht ausgleichen. Als die Engländer 1974 im Rotterdamer Auswärtsspiel 0:2 unterlagen, kam es zu einem jener Fußballskandale, für die leider gerade die englischen Fans so berüchtigt sind. Schon vor dem Wettkampf hatten 2000 Schlachtenbummler in der Stadt Schaufenster eingeschlagen, Fahnen heruntergerissen und die Einwohner angepöbelt. Als dann die Holländer in Führung gingen, zertrümmerten die englischen Fans Bänke und Masten, warfen Molotow-Cocktails und setzten vor dem Stadion Autos in Brand. Dutzende von ihnen wurden auf die Polizeiwache gebracht, fünfzig mußten ins Krankenhaus eingeliefert werden. »Eine Schande für England!« lauteten anderntags die Überschriften der Londoner Zeitungen.
Berti Vogts und der Däne Allan Simonsen waren 1975 und 1979 die tragenden Figuren bei den Pokalsiegen von Borussia Mönchenglad-

bach. In einem eindruckvollen Siegeszug ließ das Team 1975 erst Wacker Innsbruck (1:2 und 3:0), dann Olympique Lyon (1:0 und 5:2), Real Saragossa (5:0 und 4:2), Banik Ostrau (1:0 und 3:1) und den 1. FC Köln (3:1 und 1:0) hinter sich. In den Endspielen konnte ihm der FC Twente nur auf niederländischem Boden ein 0:0 abtrotzen; auf dem Böckelberg kamen die Holländer mit 1:5 unter die Räder. Neben Vogts und Simonsen zeichneten sich dabei besonders Torwart Kleff, Mittelfeldspieler Bonhof und Wimmer sowie Stürmer-As Jupp Heynckes aus. 1979 waren weder Benfica Lissabon noch Manchester City (oder gar Sturm Graz, Slask Breslau oder der MSV Duisburg) imstande, den Gladbachern den Einzug ins Finale zu verwehren. Roter Stern Belgrad allerdings war ihnen ein fast gleichwertiger Gegner (0:0 und 0:1).

Nach Liverpool (1976), Juventus Turin (1977) und PSV Eindhoven (1978) kamen mit Borussia und mit Eintracht Frankfurt (1980) wieder zwei deutsche Mannschaften zum Zug. Daß beide 1980 die reindeutschen Endkämpfe bestritten, unterstrich noch das hohe Niveau von einem halben Dutzend unserer Ligaklubs. Eintracht Frankfurt, die in der Verlängerung Bayern München 5:1 (!) besiegt und in Pezzey, Hölzenbein und dem Koreaner Bum Cha ihre Trumpfkarten hatte, behielt in einem Kopf-an-Kopf-Rennen (2:3 und 1:0) auch gegen Mönchengladbach die Oberhand. Fast 60000 Zuschauer bereiteten den populären Siegern in Frankfurt eine nicht endenwollende Ovation.

Weniger glücklich waren die deutschen UEFA-Cup-Vertreter 1981. Zwar erreichten drei der fünf Klubs das Achtelfinale, doch erlitt da der Hamburger SV gegen St. Etienne eine blamable 0:5 Niederlage, und Eintracht Frankfurt, das im Heimspiel gegen den FC Sochaux 4:2 gewonnen hatte, schied durch ein 0:2 im Auswärtsspiel aus. Bei je einem Sieg ist ja die Anzahl der auswärts erzielten Tore entscheidend. So erreichte nur der 1. FC Köln nach einem Sieg über Standard Lüttich das Halbfinale. Hier unterlag er jedoch Ipswich Town zweimal mit 0:1. Mit AZ 67 Alkmaar kam ein wenig bekannter holländischer Klub ins Finale. Nach einer 0:3 Niederlage in Ipswich genügte Alkmaar ein 4:2 Sieg im eigenen Stadion nicht zum Sieg. Wiederum ließ eine englische Vereinsmannschaft durch den Sieg in einem internationalen Wettbewerb die zahlreiche Scharten der Nationalelf vergessen.

Die Endspiele im UEFA-(Messe-)Pokal

1955/58: Barcelona – London 2:2 und 6:0
1958/60: FC Barcelona – Birmingham 0:0 und 4:1
1961: AS Rom – Birmingham 2:0 und 2:2
1962: FC Valencia – FC Barcelona 6:2 und 1:1
1963: FC Valencia – Dynamo Zagreb 2:0 und 2:1
1964: Real Saragossa – FC Valencia 2:1
1965: Ferencvaros Budapest – Juventus Turin 1:0
1966: FC Barcelona – Real Saragossa 0:1, 4:2 n. Verl.
1967: Dynamo Zagreb – Leeds United 2:0, 0:0
1968: Leeds United – Ferencvaros Budapest 1:0, 0:0
1969: Newcastle United – Ujpest Budapest 3:0, 3:2
1970: Arsenal London – SC Anderlecht 1:3, 3:0
1971: Leeds United – Juventus Turin 2:2 und 1:1
1972: Tottenham Hotspur – Wolverhampton Wanderers 2:1 und 1:1
1973: FC Liverpool – Borussia Mönchengladbach 3:0 und 0:2
1974: Feyenoord Rotterdam – Tottenham Hotspur 2:2 und 2:0
1975: Borussia Mönchengladbach – FC Twente 0:0 und 5:1
1976: FC Liverpool – FC Brügge 3:2 und 1:1
1977: Juventus Turin – Atletico Bilbao 1:0 und 1:2
1978: PSV Eindhoven – SEC Bastia Korsika 0:0 und 3:0
1979: Borussia Mönchengladbach – Roter Stern Belgrad 1:1 und 1:0
1980: Eintracht Frankfurt – Borussia Mönchengladbach 2:3 und 1:0
1981: Ipswich Town – AZ 67 Alkmaar 3:0 und 2:4

Die großen Fußballnationen

Deutschland

Die Fußballer der Bundesrepublik zählen heute zu den besten der Welt. Nachdem die deutsche Nationalmannschaft zweimal sowohl die Welt- wie die Europameisterschaft gewann, sind ihre Millionen Anhänger anspruchsvoll geworden; sie erwarten auch in Zukunft den Gewinn höchster Titel von ihr. Der Sport kennt aber nicht nur Höhepunkte. Jedem Wellenberg folgt ein Wellental, und oft muß man sich mit durchschnittlichen Leistungen begnügen. Bevor der deutsche Fußball Weltgeltung errang, mußten sich Spieler, Trainer und Organisatoren durch viele Klippen, ja, Sackgassen hindurchkämpfen und mancherlei Rückschläge in Kauf nehmen.

England, das Mutterland des Fußballsports, war auch der Lehrmeister der deutschen Spieler und Funktionäre. Noch bevor im Jahr 1900 der Deutsche Fußball Bund in Leipzig gegründet wurde, lehrten englische Profis die fußballbegeisterten Amateure aus Deutschland, wie man mit dem Ball richtig umgeht. In fünf »Länderspielen« erzielten die Engländer ein Rekordergebnis von 52:4. Es sollten 70 Jahre vergehen, bevor die Deutschen 1968 in Hannover einen Sieg gegen England erringen konnten. Den ersten offiziellen Länderkampf trug eine deutsche Nationalmannschaft Anfang April 1908 gegen die Schweiz aus. In Basel bejubelten damals 5000 Zuschauer den 5:3 Sieg der Eidgenossen. Schon 14 Tage später verloren die Deutschen in Berlin gegen die Engländer mit 1:5. Ein Jahr später gab uns England in Oxford eine neue Fußballektion. Mit 0:9 gab es eine entmutigende Niederlage. Aber schon 1911 trennten sich die beiden Mannschaften in Berlin unentschieden (2:2). Auch Österreich, Holland, Belgien und Dänemark waren vor dem 1. Weltkrieg stärker. Dafür konnten wir beim olympischen Fußballturnier 1912 die Russen mit 16:0 besiegen, nachdem wir schon früher die ersten Erfolge gegen die Schweiz erzielt hatten.

Die Schweiz war auch das erste Land, das nach 1918 den Sportverkehr mit Deutschland wieder aufnahm. Ende Juni 1920 verloren wir in Zürich trotz der Fangkünste eines Heiner Stuhlfaut 1:4. Infolge des Boykotts der alliierten Staaten traten zwischen 1920 und 1928 außer Italien nur die Neutralen gegen die deutschen Spieler an. Dabei gab es 4 Niederlagen gegen die Schweden, aber auch 4 Siege gegen die Schweiz und Norwegen, während wir gegen Ungarn, Dänemark, Österreich, Holland und Finnland mit wechselndem Erfolg kämpften. Alte Fußballhasen schwärmen noch heute von dem 3:3 gegen die Schweden 1926 in Nürnberg. Der 1,93 m lange Tull Harder, ein unvergeßlicher Torjäger vom Hamburger SV, erzielte dabei den Hattrick.

Unter der Leitung von Reichstrainer Prof. Otto Nerz formierte sich erst Ende der 20er Jahre eine Mannschaft von internationalem Rang. 1929 wurden die Schweiz und Schweden hoch geschlagen, der erste Sieg gegen Italien (in Turin) errungen und gegen Schottland ein Remis erzielt. 1930 trotzten die Deutschen in Berlin sogar den Engländern ein 3:3 ab. Einen empfindlichen Rückschlag gab es 1931, als wir in zwei Länderspielen gegen Österreichs »Wunderteam« 0:11 (0:6 in Berlin und 0:5 in Wien) untergingen. Ein schwacher Trost, daß Sindelar, Schall, Gschweidl u. Co. auch die Schotten 5:0, die Ungarn 8:2, die Schweizer 8:1 und die Belgier 6:1 überfahren hatten!
Aber schon 1933 gab es wieder Siege gegen Belgien und die Schweiz und 1934 wurde zu dem erfolgreichsten Jahr des deutschen Fußballs seit Beginn des internationalen Kräftemessens. Ungarn, Polen und Dänemark wurden glatt geschlagen und bei der Weltmeisterschaft in Italien im Kampf um den 3. Platz Österreich mit 3:2 besiegt. Ohne die verhängnisvollen Fehler von Torwart Kreß wäre wohl auch das Halbfinale gegen die Tschechoslowakei nicht verloren gegangen. Im nächsten Jahr gab es bei 17 Kämpfen 13 Siege, darunter gegen die Tschechen, Holländer, Franzosen, Iren, Belgier und Schweizer, allerdings auch wiederum eine klare Niederlage gegen England (0:3) in London. 1936 kam es gar zu einer Blamage: Beim Olympischen Fußballturnier gingen die hochgerühmten deutschen Spieler Jakob, Münzenberg, Goldbrunner, Lehner, Siffling und Komplizen gegen die unbekannten Norweger vor den Augen Adolf Hitlers 0:2 ein! Zwei Jahre später, bei der Weltmeisterschaft in Frankreich, wiederholte sich das Debakel. Der neue Reichstrainer Sepp Herberger hatte die unlösbare Aufgabe, die inzwischen »annektierten« Wiener Ballkünstler mit den altdeutschen Kämpfern zu einer Einheit zu verschmelzen. Aber Hahnemann, Schmaus, Stroh, Pesser, Skoumal und Neumer harmonierten schlecht mit Kupfer, Goldbrunner, Janes, Streitle, Szepan und Lehner. Nach einem mageren 1:1 gegen die Schweiz ging das Wiederholungsspiel 2:4 verloren. Vorher war wieder einmal England in Berlin mit 6:3 Sieger geblieben.
Vor Ausbruch des 2. Weltkrieges verlor die deutsche Nationalmannschaft 1939 in Preßburg (Bratislava) sogar gegen die Slowakei 0:2 und gegen Ende des Polenfeldzugs in Budapest auch gegen die Ungarn 1:5. Besiegt wurde dagegen Italien 5:2, wobei der schußge-

waltige Wiener Bimbo Binder allein drei Tore erzielte. Bis 1942 hielt die politische Führung NS-Deutschlands das Trugbild friedlicher Länderkämpfe aufrecht. Dabei kam es zu so »triumphalen« Siegen wie gegen Finnland (13:0), Rumänien (9:3 und 7:0), Ungarn (7:0) und Bulgarien (7:3). Allerdings wurde auch verloren: Gegen Jugoslawien (1:2 und 0:2), die Schweiz (1:2), Schweden (2:4 und 2:3). Da aber jedes Fußballspiel als eine Manifestation politischer Einigkeit ausgegeben wurde, war auch eine Niederlage ein Pluspunkt für die Goebbelssche Propaganda. Der gnadenlose Bombenkrieg machte dann allen solchen Illusionen ein Ende.

Nach dem Ende des 2. Weltkriegs war es wiederum die Schweiz, die dem deutschen Fußball 1950 bei seinem Neubeginn gegenüber stand. Im Gegensatz zu der Zeit nach 1918 waren es jetzt vor allem englische Schiedsrichter (Ellis und Evans), die die Spiele der deutschen Nationalelf leiteten. Sturm- und Spielführer war Fritz Walter aus Kaiserslautern, der zu einem der Unvergeßlichen des internationalen Fußballs heranwachsen sollte. Sepp Herberger, der Bundestrainer, hatte aber auch in Torwart Turek, der Läuferreihe Eckel, Liebrich, Mai und den Stürmern Rahn, Morlock, Otmar Walter und Schäfer wie auch den Verteidigern Posipal und Kohlmeyer zehn hochklassige Kämpfer und Könner, die bei der Weltmeisterschaft 1954 in der Schweiz über sich selbst hinauswuchsen. Daß die Deutschen den Titel gewannen, war eine sportliche Sensation, hatten sie doch ein Jahr vorher noch gegen Österreich und Norwegen unentschieden gespielt. Hohe Favoriten der Weltmeisterschaft waren die Ungarn; sie hatten 1953 die Engländer in London und Budapest deklassiert und mit dem unerreichten Innentrio Kocsis-Hidegkuti-Puskas 1954 Deutschland (8:3), Brasilien (4:2) und Uruguay (4:2) an die Wand gespielt. Obgleich Deutschland in der Vorrunde so hoch verloren hatte, erreichte es durch imponierende Siege gegen die Türkei (7:2), Jugoslawien (2:0) und Österreich (6:1) dennoch das Finale. Was niemand erwartet hatte, geschah: Trotz einer 2:0 Führung mußten sich die siegesbewußten Ungarn dem Kampfgeist und der Schußkraft der Deutschen geschlagen geben.

Nach diesem Triumph fiel die deutsche Mannschaft auseinander. Hintereinander wurden die Spiele gegen Belgien, Frankreich und England klar verloren, und auch 1955 gab es bei 6 Kämpfen 4 Niederlagen. Noch schlimmer sah die Bilanz 1956 aus. Niederlagen gegen Holland, England, die Sowjetunion, die Schweiz und Irland standen nur ein mageres Unentschieden gegen Schweden und Erfolge gegen Norwegen und Belgien gegenüber. Auch der überragende Fritz Walter konnte das düstere Bild nicht erhellen. Kein Wunder, wenn Ungarn, Engländer, Schweden und Südamerikaner den deutschen Sieg in der Weltmeisterschaft einen unverdienten Lotterietreffer nannten; sie spielten sogar darauf an, daß Herbergers Truppe in Bern gedopt war – ein Teil der Spieler war nach dem Endspiel an Gelbsucht erkrankt. Wie unhaltbar solche Gerüchte waren, mußten 1957 die Österreicher, Holländer, Schweden und Ungarn feststellen: Ihre Ländermannschaften verloren in Wien, Amsterdam, Hamburg und Hannover knapp, aber unzweideutig. Zu den Helden von Bern: F. Walter, Schäfer, Rahn und Eckel waren mittlerweile junge Talente in die Nationalmannschaft berufen worden: Der durchschlagskräftige Hamburger Uwe Seeler, der umsichtige und dekkungsstarke Karl-Heinz Schnellinger, die fangsicheren Tormänner Herkenrath und Tilkowski, der Ballkünstler und Seiltänzer Helmut Haller u. a. Zunächst muß sich das deutsche Team bei der Weltmeisterschaft 1958 in Schweden mit einem halben Erfolg zufrieden geben. Nach zwei Siegen gegen Argentinien und Jugoslawien sowie zwei Unentschieden gegen die Tschechoslowakei und Nordirland brachte das Halbfinale gegen die Schweden eine heiß umstrittene Niederlage. Auch das Spiel um den 3. Platz ging gegen Frankreich (3:6) verloren. Einen weiteren Tiefpunkt gab es zum Jahresende in Kairo. Trotz Schnellinger, Mai, Rahn und Morlock ging der Kampf gegen Ägypten 1:2 verloren.

In den nächsten Jahren spielte und kämpfte die deutsche Nationalmannschaft mal »himmelhoch jauchzend«, mal »zu Tode betrübt«. Holland wurde in Köln 7:0, die Schweiz in Bern 4:0, Griechenland in Athen 3:0 und Dänemark in Düsseldorf 5:1 geschlagen. Dafür gab es Ausrutscher gegen Schottland, Ungarn, Irland und Bulgarien. Kein Ruhmesblatt war 1961 auch die 1:3 Niederlage gegen Chile in Santiago. Zwar revanchierten sich die Deutschen bei der Weltmeisterschaft 1962 gegen die Hausherren in Santiago mit 2:0, schieden aber im Viertelfinale gegen Jugoslawien aus. Was nützte da der 3:2 Sieg in Agram (Zagreb) ein Vierteljahr später? 1964 überstand unser Team seine schlechteste Saison: Bei 5 Länderkämpfen gab es nur einen Sieg gegen die Finnen, dafür aber Niederlagen gegen die Tschechoslowakei und Algerien (0:2!). Obgleich dann Franz Beckenbauer, Höttges, Overath, Netzer, Schulz und

Emmerich die Mannschaft verstärkten, dauerte es bis 1966, bevor der deutsche Fußball wieder zu den weltbesten Teams aufschloß. Holland und Jugoslawien wurden klar distanziert, und bei der Weltmeisterschaft in England zeugten die hohen Siege gegen die Schweiz und Uruguay (5:0 bzw. 4:0) und Erfolge über Spanien und die Sowjetunion (jeweils 2:1), daß Deutschland für die ausgekochten englischen Profis ein würdiger Endspielpartner war. Den dramatischen Kampf haben wir an anderer Stelle geschildert. Von London aus verbreitete sich der Ruhm von Beckenbauer, Seeler, Overath, Held und Emmerich über die ganze Fußballwelt. Bald sollte auch Torwart Sepp Maier zu den Rängen der Weltbesten aufsteigen. Allerdings wurde ein 5:1 Sieg gegen Frankreich durch ein 0:0 gegen Albanien in Tirana einigermaßen entwertet.
Das Jahr 1968 wurde zum Markstein innerhalb der deutschen Fußballszenerie. Zum ersten Mal gelang unserem Team in Hannover ein 1:0 Sieg über Lehrmeister England. In Stuttgart wurde auch Exweltmeister Brasilien geschlagen und das Rückspiel in Rio de Janeiro mit 2:2 unentschieden gehalten. Auch Belgien und Österreich mußten die Überlegenheit der Deutschen anerkennen, die in 11 Spielen nur eine Niederlage (gegen Chile in Santiago 1:2) erlitten. 1968 spielten sich auch Mittelstürmer Gerd Müller und Verteidiger Berti Vogts in den Vordergrund. Müller wurde zum gefürchtetsten Torjäger, Vogts zu einem der besten Abwehrspieler der Welt. Noch wollte ein 12:0 Sieg gegen Zypern nichts besagen, denn gegen Wales, Schottland, Österreich und Rumänien wurde nur unentschieden gespielt, gegen Spanien Anfang 1970 gar 0:2 verloren. Aber das waren offenbar nur Probegalopps zur Weltmeisterschaft in Chile. Nach Marokko, Bulgarien und Peru mußte sich auch England trotz einer 2:0 Führung in Leon unserem Team geschlagen geben. Der 3:2 Erfolg erinnerte an den Triumph von Basel gegen die Ungarn, nur daß es diesmal nicht um den Titel ging. Wenn auch das Halbfinale gegen Italien dann 3:4 verlorenging, gehörte das heißumkämpfte Match doch zu den besten und dramatischsten Spielen überhaupt.
Mit einer kargen Bilanz schloß das Jahr 1971. Zwar erlitten wir bei 9 Länderspielen nur eine Niederlage gegen Schweden (0:1), aber Erfolge gegen Albanien, die Türkei, Dänemark, Mexiko (5:0) und Polen konnten diesen Mißerfolg nicht wettmachen. Dafür brachte das nächste Jahr den Triumph in der Europameisterschaft mit dem 3:0 Erfolg gegen die Sowjetunion im Finale. In einem der besten

und spektakulärsten Spiele überhaupt hatte die deutsche Mannschaft vorher England im Londoner Wembleystadion 3:1 besiegt – zweifellos einer der glanzvollen Höhepunkte des deutschen Fußballsports.
Insgesamt 25 Länderkämpfe wurden 1973 und 1974 ausgetragen, ein unerreichter Rekord! Dabei standen 17 Siegen nur 5 Niederlagen gegenüber, und diese wurden durch den zweiten Gewinn der Weltmeisterschaft bedeutungslos. Aber der Triumph hielt auch dieses glänzend eingespielte Team nicht zusammen. Der Rücktritt von Torjäger Gerd Müller, der seit 1966 in 62 Länderkämpfen 68 Treffer erzielt hatte, beraubte die Mannschaft ihres tatkräftigsten Vollstreckers. In Wolfgang Overath verlor sie den ideenreichsten Strategen, einen hochsensiblen Feuerkopf. Als sich später auch noch Paul Breitner, in Abwehr und Angriff gleich sattelfest, nach mehr als einem Krach mit dem Präsidium des DFB aus der Nationalelf zurückzog, konnte sie lange nicht mehr die Leistungen von Berlin, Düsseldorf, Frankfurt und München erbringen. Das Jahr 1975 begann mit einer 0:2 Niederlage gegen England in London und setzte sich mit drei unentschiedenen Spielen gegen Bulgarien, Holland und Griechenland fort. Ein Sieg gegen Österreich in Wien und ein 5:0 Erfolg gegen die Türkei in Istanbul verbesserte die Bilanz etwas. Dann verloren wir 1976 im Belgrader Endspiel die Europameisterschaft gegen die Tschechoslowakei, wenn auch erst beim Elfmeterschießen und eröffneten das Jahr 1977 mit einer 0:1 Niederlage gegen Frankreich in Paris. Erst als neue Talente wie Karl-Heinz Rummenigge, Manfred Kaltz, Klaus Fischer, Hansi Müller und Rüdiger Abramczik nachrückten, ging es wieder aufwärts. Eine Südamerikatour wurde mit Siegen gegen Argentinien (3:1) und Uruguay (2:0) und mit zwei unentschiedenen Spielen gegen Brasilien und Mexiko erfolgreich abgeschlossen. In Berlin wurde auch Italien, in München Anfang 1978 England und in Frankfurt schließlich die Sowjetunion besiegt. Dagegen gingen die beiden Vorbereitungsspiele zur Weltmeisterschaft in Argentinien gegen die Brasilianer und die Schweden verloren.
Die Warnzeichen blieben unbeachtet. Auch vier unentschiedene Treffen mit den Polen, Tunesiern (!), Italienern und Holländern schreckten unsere Spieler nicht aus den Träumen von einer erfolgreichen Verteidigung der Weltmeisterschaft auf. Bis dann mit der 2:3 Niederlage gegen Österreich alle Hoffnungen begraben werden

mußten. Darüber konnten Siege gegen die Tschechoslowakei in Prag, Holland in Düsseldorf und – 1979 – gegen Argentinien in Berlin und die Sowjetunion in Tiflis nicht hinwegtrösten.
Nachdem der hochverdiente Bundestrainer Helmut Schön sein Amt an Jupp Derwall übergeben hatte, befürchtete man, daß die deutsche Nationalmannschaft in ein neues Tief geraten könnte. Das Gegenteil trat ein: Derwall, anfangs als »Kapitän Silberlocke« belächelt, führte das Team in 23 Länderkämpfen zu eindrucksvollen Siegen. Der Gewinn der Europameisterschaft 1980 krönte vorerst seine Aufbauarbeit. Dann jedoch folgte der im Sport unvermeidliche Rückschlag. Die 1:4 Niederlage bei der Mini-Weltmeisterschaft gegen Brasilien deckte manche Schwächen auf, die vorher gern übersehen worden waren. Von einer Katastrophe zu sprechen war allerdings ebenso unhaltbar, wie die Schlappe mit klimatischen Schwierigkeiten oder gar Spielerpech zu bagatellisieren. Da die großartigen Brasilianer auch das Revanchespiel in Stuttgart gewannen, ist Deutschland bei der Weltmeisterschaft 1982 in Spanien nicht länger Favorit. Befreit von dieser Verantwortung kann sich unsere Nationalelf, wie schon in den vergangenen Jahrzehnten oft, zu Leistungen steigern, die sie den südamerikanischen Ballkünstlern ebenbürtig macht.

England

In England, dem Mutterland des Fußballsports, wurde das Spiel mit einem runden Ball auf zwei Tore zuerst in den bekannten Schulzentren Harrow und Winchester betrieben. Es bildeten sich bald sowohl in den Städten als auch auf dem Land die ersten Klubs, und schon 1863 wurde die »Football Association« gegründet. 1872 trugen England und Schottland das erste Länderspiel in der Fußballgeschichte aus; es endete 0:0. Bereits 1885 gab es die ersten Berufsspieler, aber erst 1907 wurde ein ausländisches Team für würdig erachtet, gegen die Engländer anzutreten. In den Haag verloren die Holländer 1:8, in Darlington gar 2:12. 1908 kam die englische Nationalmannschaft, »um Fußball auch auf dem Kontinent populär zu machen«, nach Mitteleuropa. Eine Wiener Elf wurde 6:1, ein ungarisches Team 7:0 und Deutschland 5:1 geschlagen. In keiner Statistik erscheinen die fünf sogenannten Ur-Länderspiele aus den Jahren 1899 und 1901. Da es damals noch keinen Deutschen Fußball-Bund gab, werden diese Begegnungen höchstens als Privatspiele anerkannt. 1899 gewannen die Engländer in Berlin 13:2, einen Tag später, wieder in Berlin, 10:2 und vier Tage darauf 7:0. Als eine deutsche Auswahl 1901 nach England fuhr, wurde sie von einer Amateurmannschaft 12:0, von den Profis 10:0 geschlagen. Mit einem ähnlichen Ergebnis siegte England 1909 in Oxford (9:0). Erst 1911 gab es in Berlin das erste Unentschieden (2:2). Aber zwei Jahre später gewannen die Engländer, wiederum in Berlin, glatt mit 3:0.

Nach Gründung der FIFA trat England 1906 dem Fußball-Weltverband bei, schied aber 1928 nach heute unverständlichen Kontroversen aus. Erst 1946 wurden England, Schottland, Wales und Nordirland wieder FIFA-Mitglieder. Zwischen den beiden Weltkriegen waren die englischen Fußballer ihren kontinentalen Gegnern noch immer stark überlegen. So besiegte England 1938 eine Europa-Auswahl in London mit 3:0.

Erst 1930 war es zu dem ersten Länderkampf Deutschland – England nach dem Krieg gekommen. Die Engländer hatten 1919 den sportlichen Boykott Deutschlands verlangt; »ein Krieg sei kein Fußballmatch, nach dessen Beendigung man sich die Hände schüttelt«, erklärten sie. Und obgleich ihr Antrag, Deutschland als Kriegsschuldigen aus der FIFA auszuschließen, abgelehnt wurde, wagten es nur die Schweizer und die Schicksalsgenossen Österreich und Ungarn, 1921 die Finnen und dann auch die Italiener, Holländer, Schweden und Norweger, den Bann zu durchbrechen. Um so mehr fieberte man, nicht nur in Deutschland, dem ersten Zusammentreffen der englischen und deutschen Fußballer entgegen. Die Begegnung fand am 10. Mai 1930 in Berlin statt und endete mit einer Sensation. Schon daß das Spiel unentschieden (3:3) endete, wurde als das Ereignis des Fußballjahres bezeichnet. Und daß der Dresdner Richard Hofmann gegen Torwartstar Hibbs mit drei Toren den Hattrick erzielte, gab dem Kampf noch einen besonderen Anreiz. Allerdings waren die Engländer einigermaßen gehandicapt. Der englische Läufer Marssen war, bald nach Spielbeginn, mit seinem eigenen Verteidiger zusammengeprallt und zunächst, halb bewußtlos, liegengeblieben. Zwar rappelte er sich wieder auf und überstand die erste Halbzeit, mußte dann aber ins Krankenhaus geschafft und an der Wirbelsäule operiert werden. So kämpften 10 Engländer gegen 11 Deut-

sche. Die überragenden Stürmer bei den Engländern waren der Halblinke Bradford, der Torwart Kreß von Rot-Weiß Frankfurt zweimal überwand, und Spielführer David Jack, der kurz vor Spielende England das 3:3 sicherte.
Wieder dauerte es fünf Jahre, bevor es 1935 im Tottenham-Stadion in London zu einem Rückspiel kam. Diesmal werden die Deutschen mit 3:0 überspielt, ernten aber trotzdem viel Beifall und bekommen von der englischen Sportpresse einen Fairness-Preis zuerkannt. Gegen zwei Schüsse von Camsell und einen von Bastin war auch Deutschlands großartiger Torwart Jakob machtlos. Bemerkenswert war das Debut eines Neulings in der englischen Elf: Stanley Matthews. Von Münzenberg nachdrücklich bewacht, kam er kaum zur Geltung; aber seine große Zeit sollte ja erst kommen und länger andauern als die aller Kameraden und Gegner.
1938 ist England noch immer der große Lehrmeister Deutschlands im Fußball. Vor 100 000 Zuschauern gewinnt es im Berliner Olympiastadion Mitte Mai trotz einer grandiosen Leistung von Hans Presser (Rapid Wien) mit 6:3. Dann unterbricht eine 16jährige Pause, von Menschenfeinden diktiert, die sportlichen Wettkämpfe in den Fußballstadien der beiden Länder. Erst als Deutschland 1954 in Bern die Weltmeisterschaft errungen hat, kommt es im selben Jahr zu einem neuen Treffen. Anfang Dezember gewinnt England in London mit 3:1 gegen ein Team, in dem nur noch drei Männer aus der Weltmeisterelf (Posipal, Kohlmeyer und Liebrich) stehen. Weil die Deutschen aber auch gegen die Belgier und Franzosen verloren haben und 1955 und 1956 noch 9 (neun) Niederlagen, darunter gegen die Sowjets, Holland, die Schweiz und Irland, erleiden, halten die Engländer auch ihren Sieg in Berlin 1956 für weiter nicht bemerkenswert. »Das Ergebnis«, so erklärte die Londoner Presse, »stand schon vor dem Spiel fest.«
Erst 9 Jahre später kam es zu einem weiteren Treffen. Auch diesmal gewannen die Engländer (in Nürnberg), wenn auch nur knapp 1:0. Mit dem gleichen Ergebnis wurde Deutschland 1966 auch in London wieder geschlagen. Den hochdramatischen Kampf im WM-Endspiel im Wembley-Stadion haben wir im Rahmen der Weltmeisterschaftsreporte und der Ausführungen über den Fußball in Deutschland bereits geschildert. Ebenso das denkwürdige Spiel bei der WM in Mexiko und den deutschen Sieg bei der Europameisterschaft 1972 in London. Wir können uns daher hier auf Englands

Rolle bei den Welt- und Europameisterschaften zwischen 1950 und heute beschränken, so weit es andere Gegner als Deutschland hatte. England nahm erstmals 1950 in Brasilien an einer Weltmeisterschaft teil. Zum Entsetzen seiner Fußballgemeinde unterlag es in der Vorrunde nicht nur Spanien, sondern auch den USA (!) 0:1. Da nützte ihm auch ein 2:0 Erfolg gegen Chile nichts – es schied vorzeitig aus. In der Schweiz qualifizierte es sich zwar 1954 für das Viertelfinale, unterlag aber Uruguay, das dann den 3. Platz gegen Österreich verspielte, mit 2:4. In Schweden erreichten die Engländer, die gegen Brasilien, die Sowjetunion und Österreich unentschieden gespielt hatten, das Viertelfinale nicht, weil sie gegen die Sowjets in einem Ausscheidungsspiel 0:1 verloren. Im Viertelfinale scheiterte England 1962 in Chile gegen Brasilien mit 1:3. Dann fand 1966 endlich eine Weltmeisterschaft in England statt. Hier sollten, ja, mußten sich die Engländer für die Enttäuschungen der vergangenen anderthalb Jahrzehnte rehabilitieren! Ihre Hoffnungen stützten sich auf den jungen Bobby Moore, der 1958 schon mit siebzehn Jahren für West Ham United in der 1. Liga angetreten war. Vom Publikum geliebt und verwöhnt, wurde er allseits »der goldene Junge des englischen Fußballs« genannt. Neben ihm die Brüder Jack und Bobby Charlton, Jack als Ausputzer, Bobby als Spielmacher überall: im Sturm, im Mittelfeld und, wenn es darauf ankam, auch in der Abwehr. Dazu Gordon Banks, der in 5 WM-Spielen nur einen Ball passieren ließ, Torschützenkönig Hurst, »Giftnickel« Stiles und schließlich die kaum schwächeren Cohen, Wilson, Peters, Ball und Hunt. Wie an anderer Stelle geschildert, rechtfertigten die Engländer die Erwartungen, »die Königshaus und Schusterstube« an sie stellten, wenn auch das dritte Tor ein Geschenk des Schiedsrichters war. Daß sie ihren Sieg vier Jahre später in Mexiko nicht wiederholen konnten, war vorauszusehen. England schlug zwar dank Banks Rumänien und die Tschechoslowakei, verlor aber gegen Brasilien und Deutschland; seine Stars waren einfach älter geworden und standen 90 Minuten oder gar eine Verlängerung nicht mehr durch. In der Europameisterschaft 1972 wurden sie sogar auf heimatlichem Boden klar ausgespielt; der 3:1 Sieg Deutschlands im Wembley Stadion besiegelte die große Wende. Ab 1972 war Deutschland Favorit und England im Nachziehen. Das zeigte sich so recht bei der Weltmeisterschaft 1974: England unterlag schon bei den Gruppenspielen gegen Polen und schied aus, Deutschland wurde Weltmeister.

Natürlich spielten die Engländer immer noch erstklassigen Fußball. In London konnten sie 1975 sogar noch einmal 2:0 gewinnen und drei Jahre später ließen sie sich in München nur 1:2 schlagen. Aber 1980 wurde Deutschland Europameister, während England chancenlos blieb, obgleich es in Shilton und Clemence die besten Torhüter besaß. England deshalb als Aspirant auf die höchsten Titel abzuschreiben, wäre grundverkehrt. Als Brasilien, einer der Favoriten für die Weltmeisterschaft 1982 in Spanien, eine Europareise unternahm, verlor es nur gegen England, schlug aber Deutschland und Italien. Das Mutterland des Fußballsports besitzt also immer noch eine der stärksten Mannschaften der Welt; nur hatte es früher keine gleichwertigen Gegner, während ihm heute gleich ein halbes Dutzend – Argentinien, Brasilien, Uruguay, Deutschland, Italien und Belgien oder Holland den Rang streitig machen. Die Spiele sind dadurch nur spannender, der Sieg ist wertvoller geworden!
Wie ungebrochen die Fußballkunst in England ist, zeigen die Siege der englischen Ligaklubs in den europäischen Pokalwettbewerben. So gewann 1977 der FC Liverpool mit Clemence (Torwart), Keegan, McDermott u. a. den Europapokal der Landesmeister gegen Borussia Mönchengladbach 3:1 und wiederholte seinen Sieg 1978 gegen den FC Brügge 1:0. 1979 und 1980 siegte in diesem Wettbewerb Nottingham Forest mit solchen Stars wie Shilton, Francis, Woodcock, Robertson. Beide Male genügte Nottingham ein 1:0 gegen Malmö FF bzw. den Hamburger SV. 1968 hatte Manchester United der Pokal gegen Benfica Lissabon gewonnen, 1975 war Leeds United erst im Finalspiel an Bayern München gescheitert.
Den Cup der Pokalsieger gewann 1963 Tottenham Hotspur gegen Atletico Madrid 5:1, 1965 West Ham United gegen 1860 München 2:0, 1970 Manchester City gegen Gornik Hindenburg 2:1 und 1971 Chelsea London gegen Real Madrid 2:1. Vier weitere englische Mannschaften erreichten 1966, 1973, 1976 und 1980 das Finale: Der FC Liverpool, Leeds United, West Ham United und Arsenal London. Im UEFA-Pokal waren 1968 Leeds United, 1969 Newcastle United, 1970 Arsenal London, 1971 Leeds United, 1972 Tottenham Hotspurs, 1973 und 1976 Liverpool erfolgreich – eine stolze Siegesserie! Die englischen Mannschaften, ob Nationalelf oder Klubteams, bleiben also im Kampf um die Titel in der vorderen Reihe der Anwärter.

In Ratingen bei Düsseldorf wurde ein Platz nach dem früheren Nationalspieler und jetzigem Bundesjuniorentrainer Berti Vogts benannt.

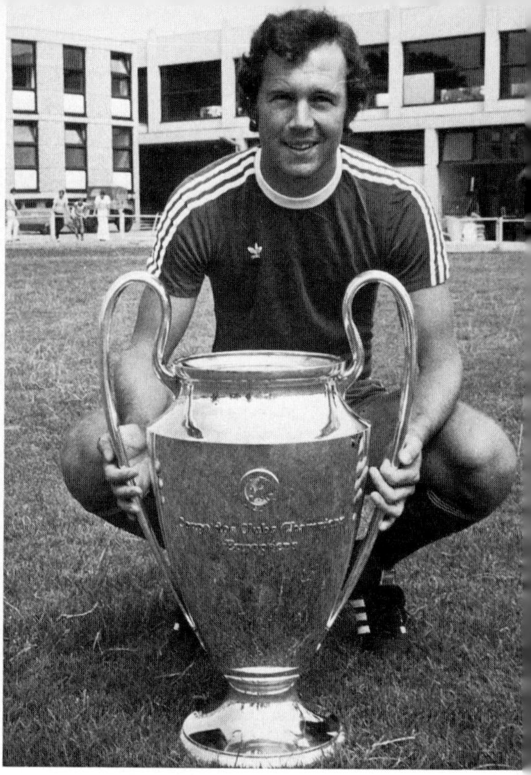

Links: Gerd Müller, einst Bomber der Nation, beendete seine Laufbahn bei den Fort-Lauderdale-Strikers in Florida als mehrfacher Fußballmillionär.

Rechts: Franz Beckenbauer, in seiner Glanzzeit als Libero unerreicht, mit einer seiner zahllosen Siegestrophäen.

Oben: Die Österreicher Jara und Pezzey, zwei der stärksten Spieler ihrer Nationalelf.

Rechts: Das Glück dieser (Fußball-)Erde – Tooor, Torwart Vollborn (Berlin) übertrifft noch Tarzans Siegesschrei.

Links: Günter Netzer, einer der Stars aus der Weltmeistergeneration, ist heute erfolgreicher Manager beim Hamburger SV.

Rechts: Der holländische Superstar »König Cruyff« legte seine Millionen so schlecht an, daß er sich noch im Seniorenalter von seinen amerikanischen Brotherren vermieten lassen mußte.

Links: Helmut Rahn, »der Boss«, sicherte der deutschen Nationalelf durch 2 Traumtore gegen Ungarn 1954 die Weltmeisterschaft.

Rechts: Mit 33 Toren in 61 Länderspielen ist Fritz Walter, Weltmeister 1954 und Ehrenspielführer der Nationalelf, einer der erfolgreichsten Spieler der Welt.

Links: Ungarns berühmtester Nationalspieler Ferenc Puskas schoß zw. 1956 und 1968 seine Tore für Real Madrid und naturalisiert für Spanien.

Rechts: Alfredo di Stefano, der blonde Pfeil von Real Madrid, erzielte in 1300 Spielen über 900 Tore. Der eingebürgerte Spanier gilt heute noch als unerreichter, torhungriger Abwehrspieler.

Links: Stanley Matthews, Jahrgang 1915, einer der besten englischen Stürmer, wurde mit 48 Jahren (!) zum Fußballer Englands gewählt.

Rechts: Der Wiener Kanonier Bimbo Binder, der 1941 das Endspiel der Deutschen Meisterschaft gegen Schalke 04 durch 3 Supertore für Rapid Wien entschied.

Links: Der brasilianische Torjäger Zico wird in seiner Heimat fast so hoch wie früher Pelé eingeschätzt.

Rechts: Socrates, kein Philosoph, aber Brasiliens Stürmer-As für die Weltmeisterschaft 1982 in Spanien.

Österreich

Der Fußball in der Donau-Monarchie begann in Prag. Hier gründete 1887 der Deutsche Ruderverein »Regatta« eine Fußballriege, der auch der damals 19jährige Gustav Meyrink angehörte; er sollte bald ein berühmter Schriftsteller werden. Auch in Wien und Graz entstanden die ersten Fußballvereine. Unter den deutschen Fußballklubs in Böhmen, Mähren und Schlesien spielte der DFC Prag die führende Rolle. Vom sporthistorischen Standpunkt ist es bemerkenswert, ja, denkwürdig, daß diese Mannschaft 1903 an der ersten Deutschen Fußballmeisterschaft teilnahm und gegen den VfB Leipzig die Endrunde bestritt; sie fand in Hamburg vor 2000 Zuschauern statt und endete mit einem 7:2 für Leipzig. 1908 gewann Österreich den ersten Länderkampf gegen Deutschland in Wien mit 3:2. Österreich siegte auch 1911 in Dresden (2:1) und beim Olympischen Fußballturnier 1912 in Stockholm (5:1). Trotz Stuhlfaut, Riegel, Jäger und Wunderlich ging auch das erste Länderspiel nach dem ersten Weltkrieg in Wien wiederum 2:3 verloren, doch erzielten die Deutschen 1921 in Dresden ein Unentschieden (3:3) und konnten 1922 die Österreicher in Wien erstmals 2:0 besiegen. Auch in Nürnberg gab es 1924 mit Stuhlfaut, Kugler, Kalb u. a. einen 4:3 Erfolg. Die 20er Jahre standen im Zeichen der berühmten österreichischen Primadonnen: Mittelstürmer Kuthan, Sturmtank Uridil und Ferdl Swatosch, der bei dem Treffen 1920 nach einer 2:0 Führung Deutschlands den Hattrick erzielte und damit den 3:2 Sieg sicherstellte. Verbandskapitän Hugo Meisl galt in dieser Zeit als Fußball-Napoleon. Auf seine Anregungen gehen der Wiener Kombinationsreigen, der abgezirkelte Flachpaß und die Kunststücke oder Tricks beim Duell mit dem Gegner zurück. Wie volkstümlich damals der Fußball in Wien war, lassen ein paar Schlager erkennen, von denen der bekannteste mit den Worten begann: »Draußen in Hütteldorf / muß heut ein Weltwunder zu sehen sein . . .« Im Rapid-Stadion sangen Zehntausende den Refrain mit: »Heute spielt der Uridil, Uridil, Uridil, / da kann man sagen, was man will, was man will, / so wunderschön trifft keiner das Goal, / Jawohl!«

Hugo Meisl war auch der Vater des Wunderteams, das 1931 Deutschland in Berlin und Wien mit 6:0 bzw. 5:0 in Grund und Boden spielte. Die Schweiz ging gar mit 1:8, Ungarn mit 2:8, Belgien mit 1:6 und Frankreich mit 0:4 unter. England aber, das damals

noch als unbesiegbar galt, mußte im Stamford-Bridge-Stadion bis zur letzten Minute um den knappen 4:3 Erfolg bangen. Unter den elf Stars dieser Zeit war der Mittelstürmer der Austria, Matthias Sindelar, ein ebenso brillanter Techniker wie Taktiker. Der »Papierne«, wie ihn seine Landsleute wegen seiner schmächtigen Gestalt und schwebenden Behendigkeit nannten, ließ die Verteidiger ins Leere sausen und zog ab, daß der Torwart dem Ball nur nachschauen konnte. Neben Sindelar Schützenkönig Toni Schall (Admira), die Austria-Läufer Nausch und Gall, die legendäre Reihe Gschweidl-Schall-Vogel, Zischek, Kapitän Walter Nausch, der eiserne Verteidiger Sesta und Wundertormann Rudi Hiden, der später zu Racing Paris ging. Auch Smistik und Schramseis gehörten zu diesen schon legendären Stars. 1933 war die Zeit des Wunderteams vorbei, obgleich Österreich nach einem 1:2 gegen die Tschechoslowakei noch einmal eine Serie von 12 Siegen nacheinander hatte. Bei der Weltmeisterschaft 1934 in Italien ging das Spiel gegen die Hausherren 0:1 verloren, und im Kampf um den 3. Platz ließ sich das favorisierte Austria-Team mit 2:3 von den Deutschen düpieren.
Nach dem Anschluß war 1938 aus Österreich die Ostmark geworden, und die Wiener Ballkünstler wurden in das großdeutsche Team eingebaut. Zunächst kommt es zu einem Abschiedsspiel Ostmark – Altreich, das die Wiener überlegen gewinnen (2:0). In die Weltmeisterschaft zieht die deutsche Mannschaft mit 5 Wienern: Torwart Raftl, Verteidiger Schmaus, Läufer Mock und die Stürmer Hahnemann und Pesser. Gegen die Schweiz reicht es nur zu einem 1:1, weil sich die Spieler aus dem Altreich mit den »Ostmärkern« schlecht verstehen. Aber auf höhere Weisung setzt Sepp Herberger beim Wiederholungsspiel wieder sechs Kicker aus dem Altreich und fünf aus Wien ein; nur sind es diesmal neben Raftl (Rapid) und Hahnemann (Admira), Skoumal (Rapid), Stroh und Neumer (Austria). Die Auswahl ist gut, die Mischung schlecht. Die Schweiz holt einen 0:2 Rückstand auf und gewinnt nach druckvollem und klugem Spiel 4:2.
Das Zusammenspiel klappt später besser. Willi Hahnemann beweist seine hohe Klasse in 23 Länderspielen für Deutschland, Hans Pesser (Rapid) kommt auf 12, Schmaus auf 10, Torschützenkönig Bimbo Binder auf 9, und Durek und Raftl auf 6, Mock auf 5 Einsätze, und auch Stroh, Sesta, Wagner und andere werden mehrfach in die deutsche Nationalelf berufen. Den größten Erfolg erringt Rapid Wien

1941, als es im ausverkauften Berliner Olympiastadion durch einen 4:3 Sieg über Schalke 04 Deutscher Meister wird. Drei von den vier Toren schoß Binder, nachdem er einen Elfmeter neben den Pfosten gesetzt hatte. Auch 1939 und 1942 standen Wiener Mannschaften im Endspiel, doch unterlagen sowohl Admira wie Vienna dem Schalker Kreisel.

Nach dem 2. Weltkrieg war es wiederum Rapid Wien, das den österreichischen Fußball zwischen 1946 und 1968 beherrschte; die Mannschaft wurde in dieser Zeit elfmal Meister, während die Austria bis 1970 die Meisterschaft achtmal gewann. Nur 1965 konnte ein Provinzklub, der ASK Linz, die Siegesserien der Wiener Vereine unterbrechen. Das änderte sich Anfang der 70er Jahre, als Wacker Innsbruck viermal und VOEST Linz einmal Meister wurde. Während Austria dann wieder zu Meisterehren kam, geriet Rapid Ende der 70er Jahre sogar in Abstiegsgefahr, bis Hans Krankl, aus Barcelona zurück, ein junges Rapid-Team 1981 auf den dritten Rang emporhievte. Die Austria war der einzige österreichische Verein, der ein internationales Pokalendspiel erreichte. 1978 unterlag es nach Siegen gegen Cardiff City, Hajduk Split und Dynamo Moskau dem RSC Anderlecht.

Österreichs Nationalelf hatte nach dem 2. Weltkrieg spektakuläre Erfolge und ernüchternde Niederlagen. 1947 deklassierte es den zweifachen Weltmeister Italien in Wien 5:1. Es war zugleich das Debut eines Austria-Spielers von Weltformat: Ernst Ocwirk. Er war auch der Motor einer Kontinental-Auswahl, die 1951 in London England ein 2:2 abgewann. Bei der Weltmeisterschaft 1954 kam Österreich durch einen 3:1 Sieg gegen den amtierenden Weltmeister Uruguay zu einem 3. Platz. Vorher war es allerdings nach Siegen über Schottland (1:0), die Tschechoslowakei (5:0!) und die Schweiz (7:5) von Deutschland mit 1:6 buchstäblich überfahren worden. Dieses »Himmelhochjauchzen – zu Tode betrübt« der österreichischen Fußballer sollte man noch öfter erleben. Auch bei der Weltmeisterschaft 1978 bestachen sie durch Siege gegen Spanien, Schweden und die Bundesrepublik, ließen sich aber von Holland 1:5 schlagen. Der Sieg gegen Deutschland kam nach 9 Niederlagen und 3 Unentschieden ebenso unerwartet wie verdient. Vollstrecker des auch kämpferisch herausgespielten Erfolges war der dynamische Hans Krankl, der Sepp Maier, den besten Torwart Europas, wenn nicht der Welt, zweimal bestechend mattsetzte. Mit ihm so hervorragende Techniker und Taktiker wie Pezzey, Prohaska und Sara, und im Tor der bravouröse Koncilia, den Sara und Obermayer gut abschirmten. Die beiden nächsten Länderspiele gewann Deutschland zwar wieder (1:0 in München und 2:0 bei der WM-Qualifikation in Stuttgart), aber beide Male waren die Chancen auf beiden Seiten etwa gleich verteilt. In Wien allerdings trumpften 1981 die Argentinier mit dem phänomenalen Maradona gewaltig auf (5:0). Dafür schaffte die österreichische Nationalelf durch Siege gegen Bulgarien und Finnland die Teilnahme an der Weltmeisterschaft 1982. Hans Krankl, zu Rapid Wien zurückgekehrt und wieder in Topform, wird einmal mehr in dem weltbesten Libero Bruno Pezzey und in Herbert Prohaska, der bei Inter Mailand eine der Hauptrollen spielt, seine verläßlichsten Teamkameraden haben.

Uruguay

Auch in Südamerika wurde das Fußballspiel von englischen Kaufleuten und Reisenden eingeführt. Zuerst ergriff das Fußballfieber das kleine Uruguay, das um 1900 kaum 1 Million Einwohner hatte; davon lebte über ein Fünftel in der Hauptstadt Montevideo, das schnell zur Fußballhochburg heranwuchs. Von Uruguay kam das Spiel nach Argentinien und Brasilien, doch wurde der brasilianische Fußballverband erst 1914 gegründet. Die Südamerikaner erlernten die Technik im Handumdrehen und brachten eine Artistik ins Spiel, die den Europäern anfangs fremd war. Als 1930 die erste Fußballweltmeisterschaft in Montevideo stattfand, wurden die teilnehmenden Nationen aus Europa deklassiert. Uruguay schlug Rumänien 4:0 und Jugoslawien 6:1, Frankreich kam nach Niederlagen gegen Chile und Argentinien nicht über die Gruppenspiele hinaus. Weltmeister Uruguay hatte in Andrade und Nasazzi zwei Könner und Künstler höchsten Ranges. Sie hatten schon bei den Olympischen Fußballturnieren 1924 in Paris und 1928 in Amsterdam Furore gemacht. Im »Kicker« schrieb Fußballfachmann Dr. Meisl über sie: »Man brauchte einen Komponisten, der diese Symphonie von Kunst und Kraft, von Eleganz und Esprit, Startschnelligkeit und Standfestigkeit, Tempo und Tricklust, von Schönheit und Schußgewalt in Noten umsetzen kann. Jeder einzelne dieser Urus ist ein vollendeter Mannschaftsführer, jeder einzelne trägt den Marschallstab mit sich.

Elf Spieler und ein Gedanke. Aber dieser Gedanke, diese Geschlossenheit in endloser Mannigfaltigkeit variiert. Sie spielten wie Künstler und benahmen sich wie Gentleman.«
José Leandro Andrade, den man den »Mann mit den goldenen Füßen nannte, erblindete später auf einem Auge, nachdem er gegen den Torpfosten gerannt war und ergab sich dem Alkohol; er starb verarmt und vergessen. Nasazzi wurde Spielbank-Direktor und starb, 67jährig, als reicher Mann. Diesen beiden Unvergeßlichen kann Obdula Varela an die Seite gestellt werden, ein ebenso gescheiter und tatkräftiger Regisseur wie Nasazzi und als Torjäger kaum zu halten. Mit 33 Jahren entschied er die Weltmeisterschaft 1950 für Uruguay, als er gegen Schweden aus 35 m Entfernung das 2:2 schoß und im Endspiel gegen Brasilien seine Mannschaft so dirigierte und aufputschte, daß der haushohe Favorit gestürzt wurde. 4 Jahre später wurde er im Spiel gegen England (4:2 für Uruguay) so schwer verletzt, daß er seine Laufbahn beenden mußte.
Danach kamen magere Jahre für die Urus. 1958 unterlagen sie bei den Gruppenspielen gegen Paraguay 0:5, in Chile verloren sie gegen Jugoslawien und die Sowjetunion, in England wurden sie 1966 von Deutschland in Grund und Boden gespielt, in Mexiko zogen sie gegen den großen Nachbarn Brasilien mit 1:3 den kürzeren. 1974 mußten sie in den Gruppenspielen Schweden (0:3) und Holland (0:2) den Vortritt lassen und für Argentinien 1978 konnten sie sich nicht qualifizieren. Erst 1980 hatten sie wieder ein erstklassiges Team beisammen, obgleich sie vorher in Masopoli und Mazurkiewicz glänzende Torhüter, in Pedro Rocha auch einen berühmten Halblinken und in Cubilla einen prachtvollen Rechtsaußen gehabt hatten. Die Mini-Weltmeisterschaft 1981 brachte ihnen endlich den lang ersehnten Triumph. Spieler wie Victorino, Paz, Barrios, Olivera, Ramos, Martinez u. a. können Rummenigge und Maradona durchaus an die Seite gestellt werden. Die neuen Stars glänzen mit Forechecking und langen Pässen, sie decken eng und kontern blitzschnell.

Brasilien

Anderthalb Jahrzehnte war Brasiliens Fußball mit dem magischen Namen Pelé verknüpft. Daß es vor, mit und nach ihm fast gleich große Spielerpersönlichkeiten gab, kommt dem Heroenkult in die Quere. Sowohl 1958 in Schweden wie 1962 in Chile hatten Djalma und Nilton Santos, Garrincha, Didi, Vava und Zagallo nicht weniger Anteil an den Weltmeisterschaftssiegen wie Pelé. Didi, mit seinem richtigen Namen Waldir Pereira, war der schnellste Starter dieser Turniere und der klügste Regisseur. Immer fair und elegant, verfügte er über technische Tricks, auf die auch die routiniertesten Gegner hereinfielen. Nilton Santos war mit seiner brillanten Technik der Abwehrchef par excellence, der zentimetergenaue lange Pässe zu seinen Mitspielern schlug. Er nahm an 4 Weltmeisterschaften teil und war Kapitän seines siegreichen Teams bei den Panamerikanischen Spielen 1963 und der Südamerikanischen Meisterschaft 1949. Auch Manoel Garrincha, der aus dem Urwald nach Rio de Janeiro gekommen war, gehörte zur Klasse Pelés. Als rechter Flügelstürmer »erschoß« er mit drei Traumtoren bei der Weltmeisterschaft 1962 England, als Pelé wegen einer Verletzung dem Spiel nur zuschauen konnte. Sein Geburtsort in Palo Alto wurde ihm zu Ehren in Garrincha umbenannt. Garrincha verfiel später dem Alkohol, und auch Pelé, der sich seiner annahm, konnte ihn nicht vor dem Niedergang und Verfall bewahren. In Gilmar und Leao hatte Brasilien auch hervorragende Torhüter, in Ademir den Sturmführer und Torschützenkönig der 40er Jahre. Die beiden Santos waren im übrigen nicht miteinander verwandt. Djalma Santos, ein schwarzer Brasilianer, lebte und spielte in Sao Paulo, Nilton Santos, ein athletischer Mestize, in Rio de Janeiro. Zusammen verteidigten sie in mehr als 200 Länderspielen; an ihnen scheiterten die besten Stürmer und Torschützen. Aber auch Juvenal und später Carlos Alberto gehörten zu Brasiliens hoch eingeschätzten Verteidigern.

Diese Übersicht wäre unvollständig, würden wir nicht auch einen Mittelstürmer der alten Garde anführen, den Torschützenkönig der Weltmeisterschaft 1938: Leonidas da Silva. Im Spiel gegen Polen zog er beim Stand von 4:4 auf einem regendurchweichten, rutschigen Boden die Treter aus und schoß barfuß den Führungstreffer. Vom Schiedsrichter gezwungen, die Stiefel wieder anzuziehen, bombte er 3 Minuten vor Schluß den Ball mit einem spektakulären Fallrückzieher zum 6:5 ins Tor.

Heute besitzt Brasilien wieder ein Team, das zu den Favoriten der Weltmeisterschaft zählt. Wenn auch Uruguay im Endspiel der Mini-Weltmeisterschaft einen hauchdünnen 2:1 Sieg davontrug, so mögen schon die nächsten Begegnungen umgekehrt verlaufen. Brasiliens Niederlage hatte ja nicht zuletzt Ersatztorwart Leite verschuldet. »Man hat den Eindruck, als würden die Brasilianer nur jene ins Tor stellen, die im Fußball zu sonst nichts zu gebrauchen sind«, kritisierte der Berichterstatter der Süddeutschen Zeitung den unglücklichen Schlußmann. Dagegen sind das Mittelfeld und der Sturm mit Cerezo, Socrates, Ze Sergio, Isidoro oder auch Eder und Zico hervorragend besetzt. Die deutsche Nationalelf kann nach den verlorenen Begegnungen in Montevideo und Stuttgart ein Lied davon singen! Auch England und Frankreich (0:1 bzw. 1:3) hatten gegen diese Ballzauberer keine Chance. (Zico darf übrigens nicht, wie es manchmal geschieht, mit dem rechten Läufer Zito verwechselt werden, der in den 60er Jahren ebenfalls in der brasilianischen Nationalmannschaft glänzte). Zu all diesen Namen können über Nacht neue hinzukommen. In Brasilien tauchen geborene Fußballtalente sozusagen aus dem Busch auf und werden dank ihrer natürlichen Anlagen im Handumdrehen zu Stars.

Argentinien

Bevor Argentinien 1978 im eigenen Land die Fußballweltmeisterschaft gewann, gehörte es nur 1930, als es das Endspiel der Weltmeisterschaft erreichte, zu den führenden Fußballnationen. Damals schlug es Chile, Mexiko, Frankreich und die USA, verlor aber das Finale nach einer 2:1 Halbzeitführung mit 2:4 gegen Uruguay. Die Namen seiner damaligen Stars: Stabile, J. und M. Evaristo, Varallo oder Juarez, kennt heute kaum mehr der beschlagenste Fußballhistoriker. 1934 verlor Argentinien im Achtelfinale der WM gegen Schweden, 1938, 1950 und 1954 hatte es nicht gemeldet oder trat nicht an. In Schweden verlor es 1958 gegen Deutschland und die Tschechoslowakei 1:3 bzw. 1:6 (!) und auch in Chile war es 4 Jahre später mit einer Niederlage gegen England, einem Unentschieden gegen Ungarn und einem 1:0 Erfolg über Bulgarien nicht viel erfolgreicher. Dagegen drang es 1966 in England nach Siegen gegen Spanien und die Schweiz und einem Unentschieden gegen Deutschland ins Viertelfinale vor, wo es den Hausherren nur knapp (0:1) unterlag. Dabei kam es zu einer achtminütigen Spielunterbrechung, als sich der Argentinier Rattin weigerte, den Platz zu verlassen, nachdem er wegen Schiedsrichterbeleidigung vom Feld gewiesen worden

war. Bester Argentinier war Verteidiger Perfumo, der noch in den 70er Jahren mit Vogts, Höttges und Burgnich (Italien) zu den unnachgiebigsten Abwehrspielern der Welt gezählt wurde.
1970 konnte sich Argentinien infolge seiner Niederlagen in den Qualifikationsspielen gegen Bolivien und Peru an der Weltmeisterschaft in Mexiko nicht beteiligen. 1974 erreichte es zwar die 2. Finalrunde, wurde aber dann mit 0:4 von Holland überfahren und verlor auch gegen Brasilien. Niemand erwartete daher 1978 seinen Sieg, obgleich natürlich der Heimvorteil für die Hausherren sprach. Dieser Nutzen konnte allerdings nur ausgewertet werden, weil Startrainer Menotti eine ganz hervorragende Mannschaft zusammengeschweißt hatte. Vor allem der Angriff hatte in Kempes, Luque und Houseman, die von Bertoni und Ortiz fast gleichwertig ersetzt werden konnten, Stürmer von höchstem Rang. Aber auch Torwart Fillol, Mittelfeldregisseur Ardiles und Abwehrkämpe Passarella hatten Weltformat. Torschützenkönig der Weltmeisterschaft wurde mit 6 Treffern Mario Kempes; die Sportreporter wählten ihn zum überragenden Spieler dieser Weltmeisterschaft. Über den Verlauf der Kämpfe haben wir an anderer Stelle berichtet.
Natürlich haben auch andere südamerikanische Nationen Stars von Weltrang hervorgebracht. Erinnert sei hier nur an den Klassetorwart von Paraguay Reimundo Aguilera, der bei einer Europatournee mit »Guarani Asuncion« in 5 Spielen nur ein Tor kassierte, und dieses nur, weil er sich den Mittelhandknochen gebrochen hatte. In dem Kolumbianer Amadeo Carrizo, der für Argentinien und mit 44 Jahren noch für Bogota spielte, hatte er einen gleichrangigen Nebenbuhler. In Mexiko wurde Torwart Antonio Carbajal, der an fünf (!) Fußballweltmeisterschaften teilnahm, »der Unsterbliche« genannt; allerdings stand er zwischen 1950 und 1966 in meist zweitklassigen Teams.
Chile hatte in Elias Figueroa in den 60er Jahren einen herausragenden Abwehr- und Mittelfeldspieler, 1967 wechselte er von den Wanderers Valparaiso zu Penarol Montevideo, wo er »der zweite Beckenbauer« genannt wurde. In Peru feierte man in den 60er und 70er Jahren den Inkasprößling Teofilo Cubillas als »zweiten Pelé«. Wenn solche Ruhmestitel auch schnell vergeben werden und der Vergleich oft hinkt, verdienen es die genannten Stars doch, in eine Rangliste der Unvergeßlichen eingereiht zu werden.
In Montevideo ist 1981 der Vergleich zwischen dem südamerikani-

schen und dem europäischen Fußball zugunsten der Lateinamerikaner ausgegangen. Nehmen wir als weiteren Maßstab die Siege im Weltpokal, wo der Europacupsieger der Landesmeister gegen den Südamerikasieger spielt, so stehen hier zehn Erfolgen der Südamerikaner acht der europäischen Klubs gegenüber. Es spricht für die außerordentliche Stärke des argentinischen Fußballs, daß zwischen 1967 und 1977 nicht weniger als vier Teams aus Buenos Aires den Weltpokal gewinnen konnten: 1967 Racing Buenos Aires, 1968 Estudiantes B. A., 1973 Independiente B. A. und 1977 Boca Juniors B. A. Aber auch die Uruguayer bewiesen ihre Klasse durch zwei Weltcupsiege von Penarol und einen von Nacional Montevideo.

Holland

Der Aufschwung zweier so kleiner Fußballnationen wie Holland und Belgien in den 70er Jahren zeigt, daß ein Land nicht unbedingt eine große Bevölkerung haben muß, um Höchstleistungen zu erreichen. Holland war schon immer ein harter Gegner der führenden Mannschaften auf dem Kontinent gewesen, bevor es 1974 als Favorit der Weltmeisterschaft in das Endspiel gegen Deutschland ging und nach dramatischem Kampf ganz knapp verlor. In der Länderspielbilanz stehen 6 Siegen 10 Niederlagen und 8 Unentschieden gegenüber. Nur 1959 gab es in Köln mit 0:7 ein Debakel, sonst endeten die Kämpfe nur mit einer Differenz von einem oder zwei Toren.
Mittelstürmer Johan Cruyff, der heute noch, Mitte Dreißig, in den USA sein Geld verdient, ist zweifellos der berühmteste Fußballer der Niederlande. Wir haben sein Spiel an anderer Stelle gewürdigt. Ihm zur Seite standen solche Könner und Künstler wie Torwart Jongbloed, Verteidiger Suurbier, Abwehrspieler Haan und Krol, Mittelfeldspieler Neeskens und van Hanegem und Stürmer wie Rep, Rensenbrink und die Brüder van de Kerkhof. Ihnen waren bei der Weltmeisterschaft 1974 die DDR 0:2, Argentinien 0:4 und Brasilien 0:2 unterlegen. Auch 1978 wurden die Holländer nach Siegen gegen Österreich und Italien sowie einem Unentschieden (2:2) gegen die Mannschaft der Bundesrepublik Vizemeister. Bis auf Cruyff waren die genannten Stars von 1974 auch 4 Jahre später noch die Stützen des holländischen Teams.

Noch größere Erfolge hatten Feijenoord Rotterdam und Ajax Amsterdam im Europapokal der Landesmeister; Ajax gewann den Wettbewerb dreimal nacheinander, nachdem es schon 1968/69 das Finale (gegen den AC Mailand) erreicht hatte, während Feijenoord 1969/70 siegreich blieb. Libero Israel und Mittelfeldspieler van Hanegem waren Feijenoords hervorstechende Spieler, bei Ajax Amsterdam brillierten vor allem Cruyff, Neeskens, Suurbier, Rep und Linksaußen Keizer. Mit dem Ausscheiden dieser Meisterspieler waren Hollands Triumphe beendet. Ein sportlich so hochtalentiertes Volk wie die Niederländer wird aber zweifellos über kurz oder lang neue Weltklassespieler hervorbringen.

Italien

Der italienische Fußball hatte seine größte Zeit in den 30er Jahren. Damals hatte es in Gianpiero Combi von Juventus Turin einen Torwart, den die Presse mit südländischem Bombast den »Göttlichen« nannte. Giuseppe Meazza, der zweimal mit Italien Weltmeister wurde und Silvio Piola – der Adler –, dessen durchschlagende Schußkraft mit perfekter Technik gepaart war, brillierten neben dem wieselschnellen Orsi oder dem torhungrigen Colaussi in Mannschaften von hinreißendem Elan. Das Spielfeuer der Azzurri, das Italien auch 1936 den Olympiasieg gesichert hatte, loderte in den 60er Jahren noch einmal auf. 1966/68 wurde Italien Europameister, zwischen 1963 und 1969 gewannen der AC Mailand und Inter Mailand je zweimal den Europapokal der Landesmeister, während der FC Florenz und AC Mailand 1961 bzw. 1968 den Europapokal der Pokalsieger an sich brachten. Torwart Zoff – der Hexer –, das unerschütterliche Verteidigerpaar Burgnich – Facchetti, die Stürmer-Asse Mazzola, Riva und Rivera knüpften an die Leistungen ihrer Fußballväter an. Allerdings fällt in diese Zeit auch die größte Schlappe der Italiener: Bei der Weltmeisterschaft 1966 verloren sie nicht nur 1:0 gegen die Sowjetunion, sondern auch gegen Nordkorea! Erst als sie 1970 (mit Albertosi im Tor) Deutschland in Mexico City 4:3 niedergekämpft und das Finale gegen Brasilien erreicht hatten, vergaßen ihre Fans »die Schmach von Middlesborough«. Das 1:4 gegen Brasilien verriet aber doch, daß sich die italienische Nationalelf nicht mehr steigern konnte. Viele machten die defensive Spielweise, den »Catenaccio«, dafür verantwortlich, daß die großen Erfolge ausblieben. Tatsächlich befindet sich der italienische Fußball augenblicklich in einem Wellental, aus dem er früher oder später zweifellos wieder zu einem Wellenberg aufsteigen wird – die Meisterschaft hat nun einmal niemand gepachtet.

Frankreich

Im europäischen Klassement steht der französische Fußball nur im Mittelfeld. Auch als die Weltmeisterschaft 1938 in Frankreich ausgetragen wurde, konnte sich der Gastgeber nur bis ins Viertelfinale durchringen. Trotzdem war und ist Frankreich immer ein respektabler Gegner; gerade die deutsche Nationalelf bekam das öfter zu spüren. Die Bilanz der Länderkämpfe ist mit 5 Siegen, 5 Niederlagen und 4 Unentschieden gerade ausgeglichen! Besonders schmerzhaft die WM-Niederlage 1958 in Göteborg; damals ging der 3. Platz durch ein 3:6 verloren.
Frankreichs berühmtester Spieler war Juste Fontaine, ein Kolonialfranzose aus Marrakesch, der 1958 Torschützenkönig der Weltmeisterschaft war. 3 Treffer erzielte er gegen Paraguay, 2 gegen Jugoslawien und Nordirland, je eins gegen Schottland und Brasilien und gar 4 gegen Deutschland! Diese 13 Tore sind ein WM-Rekord, der wohl kaum übertroffen werden wird. Leider mußte der genialische Torjäger nach einem doppelten Beinbruch schon mit 29 Jahren seine Laufbahn beenden. Raymond Kopa, Halbstürmer rechts, wurde ebenso gerühmt und umworben wie Torhüter Remetter, für den der FC Sochaux die Rekordsumme von 13 Millionen Francs bezahlte. In unseren Tagen ist es Michel Platini, Spielmacher des AS Nancy, der die Höhe der Kunst Fontaines erreicht hat. Und Didier Six, der von Olympique Marseille zum VfB Stuttgart wechselte, ist mit 28 Jahren auf der Höhe seines Könnens.
Wie England, hat auch der französische Fußball bei den Kämpfen der Vereinsmannschaften größere Erfolge als bei den Welt- oder Europameisterschaften. Wir brauchen nur daran zu denken, daß nach dem 4:1 Sieg Deutschlands gegen Frankreich 1980 der Meisterschaftsanwärter Hamburg gegen St. Etienne im Heimspiel mit 0:5 unter die Räder kam. Publikumsliebling bei St. Etienne ist Jaques Zimako, ein Neger aus Neukaledonien, schnell und schußge-

waltig. Frankreichs große Hoffnung aber ist Mittelfeldspieler Tigana, auch ein Schwarzer und schon heute Weltklasse.

Spanien

Fragt man in Spanien nach dem berühmtesten Fußballer des Landes, so hört man drei Namen. Die Fans über Siebzig halten noch immer den Wundertormann Zamora, der in den 20er Jahren seine Landsleute (und die Gegner) verzauberte, für den Größten aller Zeiten. Für die meisten anderen ist Linksaußen Francesco Gento erste Wahl. Zwanzig Jahre lang hat er, einer der großen Virtuosen des Fußballs, meisterhaft aufgespielt, ein Nationalheld für 33 Millionen Spanier. Nur einer kam ihm gleich: Alfredo di Stefano, aber der stammte aus Argentinien und wurde erst Ende der 50er Jahre naturalisiert. Beiden verdankt Real Madrid die fabulösen sechs Siege im Europapokal der Landesmeister. Als Spanien 1964 durch Siege über Ungarn und die Sowjetunion Europameister wurde, waren Gento und di Stefano nicht mehr dabei. Bei den Weltmeisterschaften aber kam Spanien über einzelne Achtungserfolge bisher nicht hinaus. Daß es sich 1982 im eigenen Land erfolgreicher schlägt, ist anzunehmen. Der Sieg von FC Barcelona bzw. FC Valencia 1979 und 1980 im Europapokal der Pokalsieger und der Wiederaufstieg Real Madrids, das 1981 im Endspiel des Europapokals der Landesmeister nur hauchdünn dem FC Liverpool unterlag, lassen erkennen, daß Spaniens Fußball wieder im Kommen ist.

DDR

In der Leichtathletik, im Schwimmen und Skispringen, kurz, in so vielen sportlichen Disziplinen sind die Vertreter der DDR Weltklasse. Dagegen stehen die DDR-Fußballer im zweiten Glied. Nur selten lassen sie durch eine geschlossene Mannschaftsleistung und technische Perfektion aufhorchen. Das bekannteste Beispiel dafür war der Weltmeisterschaftssieg 1974 gegen die bundesdeutsche Auswahl in Hamburg (1:0). Plötzlich waren die Namen der DDR-Stars: Jürgen Sparwasser, Kurbjuweit, Pommerenke und Torwart Croy, in aller Munde. Und ihr Trainer Georg Buschner stand tage-

lang im Mittelpunkt aller Betrachtungen und Voraussagen. Schließlich hatte seine Elf auch den Chilenen ein Unentschieden abgetrotzt und die Australier überlegen abgefertigt. Auch in der 2. Finalrunde hielten sich die Ostdeutschen durchaus beachtlich. Brasilien mußte sich mit einem mageren 1:0, Argentinien sogar mit einem 1:1 zufriedengeben. Nur die Holländer sorgten in Gelsenkirchen vor 70000 Zuschauern für einen klaren 2:0 Sieg.
Bei früheren Weltmeisterschaften hatte die DDR keine besondere Rolle gespielt. 1958 war sie bei den Qualifikationsspielen an der Tschechoslowakei und Wales gescheitert, 1962 und 1966 an Ungarn und 1970 an Italien. Auch 1978 kam sie hinter Österreich über die Ausscheidungskämpfe nicht hinaus. Auch in der Europameisterschaft war sie kaum erfolgreicher. 1959/60 unterlag sie Portugal, 1963/64 (nach einem Sieg über die CSSR) den Ungarn, die auch 1966/68 gewannen, und 1970/72 erwiesen sich die Jugoslawen als stärker. 1974/76 konnte sie zwar Belgien und Frankreich schlagen, leistete sich aber eine Niederlage und ein Unentschieden gegen Island! Und 1978/80 gab es neben Heimsiegen gegen Holland und Polen zwei ›niederschmetternde‹ Niederlagen gegen die Schweiz (0:2 und 2:5) und ein schmerzhaftes 0:3 gegen die Holländer.
1974 sorgte der FC Magdeburg für Schlagzeilen, als er den Europapokal der Pokalsieger gegen AC Mailand gewann (2:0). Die Mannschaft mit Sparwasser, Pommerenke, Hoffmann und Seguin hatte schon im Halbfinale bei ihrem Sieg gegen Sporting Lissabon gezeigt, daß sie, zumindest in diesem Jahr, den besten europäischen Teams gleichwertig war. Mit dem FC Carl Zeiss Jena kam 1981 wiederum eine DDR-Mannschaft in das Finale des Europapokals der Pokalsieger. Nur 1:2 unterlag sie Dynamo Tiflis.
Bei den olympischen Fußballturnieren, wo die Staatsamateure der Ostblockstaaten meist unter sich sind, konnte sich die DDR im letzten Jahrzehnt besser durchsetzen. 1972 hatte sie Mexiko 7:0 und die Amateure der Bundesrepublik 3:2 geschlagen und im Kampf um den 3. Platz der Sowjetunion mit einem 2:2 standgehalten. In Montreal gelang ihr gegen die Sowjetunion ein 2:1 Sieg, und im Finale triumphierte sie mit 3:1 über Polen. Dabei zeichneten sich Torwart Croy, Abwehrspieler Kurbjuweit und Kische und die Stürmer Bransch und Hoffmann besonders aus. Auch 1980 verlor die DDR erst im Endspiel 0:1 gegen die Tschechoslowakei, nachdem ihr wiederum ein Sieg gegen die Sowjetunion geglückt war. Als sie im

Herbst 1981 gegen Polen verlor, hatte sie ihre Chance auf einen Platz bei den Weltmeisterschaften in Spanien verspielt.
In der DDR-Oberliga sicherte sich 1981 Dynamo Berlin vor Carl Zeiss Jena den Meistertitel, nachdem im vergangenen Jahrzwölft das überragende Trio 1. FC Magdeburg, Dynamo Dresden und Carl Zeiss Jena die Meisterschaft und den Pokalwettbewerb immer unter sich ausgemacht hatten. Torschützenkönig mit 20 Treffern ist Streich vom 1. FC Magdeburg, der an die Leistungen der unvergessenen Brüder Roland und Peter Ducke anknüpft.

Tschechoslowakei

Der tschechische Fußball hat immer wieder große Spieler und Mannschaften hervorgebracht. Zwischen den beiden Weltkriegen waren es Slavia und Sparta Prag, die zu den besten Teams Europas gehörten. Mit Torwart Planička, Nejedly und Puč – um nur diese zu nennen – erreichte die CSSR 1934 das Weltmeisterschaftsfinale und unterlag erst nach Verlängerung und höchst zweifelhaften Entscheidungen dem gastgebenden Italien 1:2. Noch einmal gelang den Tschechen 1962 in Chile der Vorstoß ins Endspiel der Weltmeisterschaft. Nach Siegen über Spanien, Ungarn und Jugoslawien mußten sie gegen Brasilien mit 1:3 die Segel streichen. Aber Torwart Schroif und die Mittelläufer Masopust, Popluhar und Pluskal wurden zu den besten Spielern dieser Weltmeisterschaft gezählt.
Ihren größten Erfolg erzielte die Tschechoslowakei 1974/76, als sie im Endspiel der Europameisterschaft die bundesdeutsche Auswahl nach Verlängerung (2:2) und einem gewonnenen Elfmeterschießen (5:3) bezwang. 1980 wurden die Tschechen in Moskau Olympiasieger, 1969 hatte Slovan Preßburg (Bratislava) den Europapokal der Polaksieger gewonnen. Auch bei der Europameisterschaft 1978/80 hatte die CSSR eine hervorragende Rolle gespielt. Nach Siegen über Schweden, Frankreich und Griechenland und einem 1:1 gegen Holland war sie dem bundesdeutschen Team nur knapp 0:1 unterlegen. Im Spiel um den 3. Platz besiegte sie nach Elfmeterschießen sogar das gastgebende Italien.

Sowjetunion

Der Fußball in der Sowjetunion hatte seine Glanzzeit Ende der 50er bis Mitte der 60er Jahre, als Lew Jaschin, der »Löwe von Moskau« im Tor der Nationalelf und bei Dynamo Moskau stand. Im ersten Spiel, das Deutschland 1955 gegen die Sowjetrussen in Moskau austrug, siegten die Gastgeber 3:2, obgleich in der bundesdeutschen Auswahl die Weltmeister von Bern: Fritz Walter, Rahn, Eckel, Liebrich, Morlock, Posipal und Schäfer standen! Ein Jahr später ging sogar das Heimspiel der Deutschen in Hannover 1:2 verloren. Das war allerdings der letzte Sieg, den die russische Elf gegen uns erzielen konnte. Nach einer zehnjährigen Pause (!) unterlag sie bei der Weltmeisterschaft in England in Liverpool 1:2. Und wiederum dauerte es acht Jahre, bis in München 1972 ein neues Zusammentreffen stattfand. Diesmal wurden die Sowjets mit 4:1 klar ausgespielt, und als es, schon drei Wochen später, bei der Europameisterschaft in Brüssel zu einem weiteren Kräftemessen kam, wurden die Russen ebenso deutlich (3:0) bezwungen. Wie stark das Team mit Rudakow im Tor trotzdem war, hatte es durch Siege über Spanien, Nordirland, Jugoslawien und Ungarn bewiesen.
Bei den Weltmeisterschaften war die Sowjetunion bis 1974 über das Viertelfinale nicht hinausgelangt, 1978 hatte sie sich infolge zweier Niederlagen gegen Ungarn und Griechenland nicht für die Endrunden in Argentinien qualifizieren können. Auch bei den Europameisterschaften und den olympischen Fußballturnieren liegen die Siege der Sowjetrussen 22 bzw. 26 Jahre zurück. 1960 waren sie durch Siege über Ungarn, die Tschechoslowakei und Jugoslawien Europameister, 1956 in Melbourne Olympiasieger geworden, als sie die bundesdeutschen Amateure, die Bulgaren und die Jugoslawen geschlagen hatten. Neben Jaschin hatten in diesen Jahren noch Iwanow, Metreweli und Woronin das Format von Weltklassespielern. Später wurde dieses Attribut nur noch Oleg Blochin, dem Stürmerstar von Dynamo Kiew, zugebilligt, der 1975 Europas Fußballer des Jahres wurde. Bei dem Supercup-Treffen Dynamo Kiew gegen Bayern München hatte Blochin sowohl in München (1:0) wie in Kiew (2:0) die Siegestore geschossen. Damit galt die sowjetrussische Mannschaft 1975 als das beste europäische Team. 1981 erzielte Dynamo Tiflis durch den Gewinn des Europapokals der Pokalsieger einen ähnlichen, wenn auch lange nicht so hoch gewerteten Erfolg.

Polen

Wer nur nach der Statistik urteilt, wird dem polnischen Fußball keinen hohen Rang zuerkennen. Von allen internationalen Wettbewerben konnten sie nur das olympische Fußballturnier 1972 in München (gegen Ungarn) gewinnen und im gleichen Wettbewerb 1976 das Finale erreichen. Wer allerdings bei der Weltmeisterschaft 1974 Polens Siege gegen Schweden und Jugoslawien und den dramatischen Kampf der Polen gegen Deutschland (0:1) miterlebte, wird sie als ebenso kampfstarke wie technisch ausgefeilte Sportler einstufen. Torwart Jan Tomaszewski, der mit Sepp Maier den Ruhm des besten Schlußmannes der Weltmeisterschaften genoß, hatte auch 1978 an Polens Siegen gegen Portugal und Dänemark bei der WM-Qualifikation, den Siegen in Argentinien gegen Tunesien und Peru und dem 0:0 gegen Deutschland einen hohen Anteil. Außer ihm imponierten vor allem Dejna, Lato, Lubanski und Gadocha, ein Quartett von unermüdlichem Angriffsgeist und perfekter Körperbeherrschung. Polnischer Abstammung ist auch ein Star höchsten Ranges, der Nationaltorhüter von Uruguay und von Penarol Montevideo: Ladislao Mazurkiewicz. Mit Penarol zwischen 1965 und 1977 sechsmal uruguayischer Meister und 1966 Supercup-Sieger gegen Real Madrid, hatte er im selben Jahr an dem Unentschieden gegen England bei der Weltmeisterschaft das höchste Verdienst.

Jugoslawien

Die Spielstärke der jugoslawischen Fußballer kann man am deutlichsten an den Kämpfen mit der bundesdeutschen Nationalelf ablesen. Von 20 Länderkämpfen gewannen sie nicht weniger als sieben, verloren zwölfmal und hielten ein Treffen unentschieden. Unter ihren Erfolgen war der WM-Sieg 1962 in Chile (1:0) der bedeutendste, aber auch die Siege von Zagreb (Agram) 1970 und München 1973 sind bei uns in schmerzhafter Erinnerung geblieben. Bei der Europameisterschaft 1976 konnte die deutsche Elf erst in der Verlängerung mit 4:2 gewinnen, und auch der Belgrader Erfolg von 1977 (2:1) war denkbar knapp.

Der berühmteste Spieler Jugoslawiens ist nach wie vor Torwart Vladimir Beara, der zwischen 1950 und 1958 zu den Weltbesten zählte.

1953 hütete er das Tor der Europa-Auswahl gegen England in London, ein Jahr vorher hatte Jugoslawien dank seiner Kunst das Finale des olympischen Fußballturniers erreicht, als es die gesamtdeutsche Amateurmannschaft 3:1 besiegte. Nur das ungarische Wunderteam mit Puskas, Hidegkuti und Groscics verwehrte ihm den Sieg. 1948 war es – auch erst im Finale – an Schweden gescheitert, 1956 an der Sowjetunion. Nach diesen vergeblichen Anläufen triumphierte es endlich 1960 in Rom. In der Vorschlußrunde blieb es nach einem nervenzerrüttenden Kampf gegen Italien erfolgreich, als es nach zweistündiger Spielzeit trotz der Verlängerung immer noch 1:1 stand. Das Los entschied dann für die Jugos. Im Endspiel wurde Dänemark, Sieger über Argentinien, Polen und Ungarn, klar 3:1 besiegt. Zahlreiche jugoslawische Stars wie z. B. Oblak, Buljan, Popivoda u. a. haben in der Bundesliga eine wichtige Rolle gespielt, und Torwart Petar Radenkovic (1860 München) gehörte in den 60er Jahren zu den Auserwählten seines Fachs. Vor allem aber haben sich ehemalige jugoslawische Nationalspieler als Trainer von Bundesligavereinen einen Namen gemacht. Der berühmteste von ihnen ist Branko Zebec, der 65 Länderspiele bestritt, bevor er bei Bayern München, dem VfB Stuttgart, Eintracht Braunschweig, dem Hamburger SV und schließlich Borussia Dortmund als Startrainer tätig war.

Ungarn

Der ungarische Fußballsport zehrt von altem Ruhm. Die Kunst der Mitglieder seines Wunderteams zwischen 1950 und 1954 war aber so außerordentlich, daß sie auch dreißig Jahre später unvergessen ist. Wir haben in anderen Abschnitten dieses Buches Puskas & Co. bereits gewürdigt, so daß wir uns hier auf Ungarns sonstige Rolle im europäischen Fußball beschränken können. Die Länderspiel-Bilanz mit Deutschland ist fast ausgeglichen: 9 Siege stehen 10 Niederlagen und 7 Unentschieden gegenüber; allerdings erzielte Ungarn seine meisten Siege zwischen 1911 und 1939. In diesem Jahr kamen die Deutschen in Budapest mit 1:5 unter die Räder, revanchierten sich aber zwei Jahre später in Köln durch einen 7:0 Triumph. Die beiden Begegnungen bei der Weltmeisterschaft 1954 in der Schweiz (8:3 und 2:3) gehören der Sportgeschichte an.

Bei den späteren Weltmeisterschaften spielte Ungarn nur eine Nebenrolle. Dagegen konnte es den Olympia-Sieg von 1952 sowohl in Tokio 1964 wie in Mexiko 1968 wiederholen und 1972 das Endspiel gegen Polen bestreiten. In der Europameisterschaft erreichte es 1970/72 das Halbfinale, scheiterte aber 1974/76 und 1978/80 schon in den Gruppenkämpfen. Nur Ferencvaros Budapest gelangte 1975 in ein europäisches Pokalendspiel, verlor aber da gegen Dynamo Kiew 0:3. Ferencvaros war es auch, das 1965 den Messepokal gegen Manchester United und Juventus Turin gewonnen hatte.

Nordamerika

Beim amerikanischen Fußball ist alles anders. Zunächst einmal heißt das Spiel dort »soccer«; wer das nicht weiß und ein Footballmatch sehen will, erlebt, daß die Spieler einen eiförmigen Ball kikken und tragen dürfen, daß die Spielzeit nur 60 Minuten dauert und nach jeder Viertelstunde eine Pause eingelegt wird. Die Spieler tragen Sturzhelme, Achselpolster und eine dicke Schutzkleidung, sie können den Gegner festhalten und umreißen, und in dem 3,05 m hohen Tor steht niemand. Gegen diesen Kampfsport, der jedes Jahr Todesopfer fordert, konnte sich der zahme europäische Fußball lange nicht durchsetzen. Zwar spielten schon 1869 Studenten der Universitäten von Princeton und Rutgers mit dem runden Lederball, aber populär wurde dieser Sport nicht. Auch als bei der Weltmeisterschaft 1950 in Brasilien die Mannschaft der USA das hochfavorisierte England schlug, wurde der sensationelle Sieg nur von Außenseitern gefeiert. Das änderte sich erst, als amerikanische Manager das Geld ihrer Unternehmen auch im Soccer anlegten, eine Fußballiga gründeten und Spieler und Trainer aus Europa heranholten. Aber erst als der brasilianische Weltstar Pelé, »Kaiser Franz« (Beckenbauer) und die italienische Zugnummer Chinaglia zu »Cosmos New York« kamen, füllten sich die Fußballstadien.
Trotzdem müssen sich die Ölmillionäre und Konzernherren, die den US-Fußball finanzieren, immer wieder etwas Neues einfallen lassen, um das Publikum anzulocken. Sie lassen vor dem Spiel und in den Pausen leicht bekleidete Mädchen zu wilden Rhythmen und sentimentalen Songs tanzen, ziehen Mickymaus- und Betthasen-Shows auf und unterhalten die Zuschauer mit Clownszenen. Solche Vor-

stellungen dauern manchmal fünf Stunden; erst dann kann das Fußballmatch beginnen. Trotzdem sind alle amerikanischen Fußballklubs hoch verschuldet, und ein so erfolgreicher Verein wie die »Washington Diplomats«, bei dem u. a. Johan Cruyff sein Altersgeld verdiente, mußte Ende 1980 seine Lizenz zurückgeben. Auch wenn es bei Cosmos New York um die Meisterschaft geht, kommen nicht mehr als 50000 Zuschauer.
Allerdings bieten die Manager dem Publikum viel Komfort. Alle Stadien sind überdacht, es gibt nur (bequeme) Sitzplätze. Auf den Parkplätzen vor den Anlagen können die Leute ihre Steaks und Würstchen grillen und stundenlang picknicken. Andererseits aber sind die Spielfelder verschieden groß, der Platz in Tulsa z. B. mißt nur 70 mal 50 Meter. »Wenn du in Tulsa spielen mußt, stehen im Mittelfeld acht Mann herum, und dein Spielraum ist nicht größer als ein Wohnzimmer«, hat Beckenbauer einmal geklagt. Auch verdienen nur die (ausgedienten) Weltstars Traumsummen, wie sie immer durch die Presse geistern. Franz Beckenbauer, Johan Cruyff und Chinaglia verdienten jährlich um eine Million, Gerd Müller bei den Fort Lauderdale-Strikers noch 800000. Weniger bekannte Spieler lassen sich von ihren berühmteren Landsleuten dagegen gern zum Essen einladen; sie können auch jederzeit verkauft, ausgetauscht oder gekündigt werden – Ablösesummen werden nur für die großen Zugnummern geboten und gezahlt. Und als Gerd Müller ein paar Wochen lang kein Tor geschossen hatte, landete sogar er auf der Ersatzbank.
Im US-Fußball wird auch nach eigenen Regeln gespielt. So tritt die Abseitsregel erst 32 Meter (35 Yard) vor dem Tor in Kraft. Das würde den Angriff begünstigen, wenn die Abwehrspieler nicht an der 35-Yard-Linie stehenbleiben würden. So aber fallen auch nicht mehr Tore als in Europa, die Ergebnisse kommen außer bei einem Klassenunterschied zweier Teams nicht über 1:0, 2:1 oder ein mageres Unentschieden hinaus.
Laut Profi-Reglement dürfen in einer US-Mannschaft »höchstens« 8 (acht!) Ausländer spielen. Kanadier werden nicht als Ausländer gezählt, und ein neunter oder zehnter bekommt schnell die amerikanische Staatsbürgerschaft. Ab 1982 sollen nur noch sechs Ausländer in einem Team spielberechtigt sein und 1990 keiner mehr! Dann soll der amerikanische Fußball auf amerikanischen Füßen stehen und den Südamerikanern und Europäern ernsthafte Konkurrenz ma-

chen. »Es wird der Tag kommen, an dem eine amerikanische Mannschaft Fußballweltmeister wird«, erklärte kürzlich der Sportreporter Jim McKaig im Fernsehkanal ABC. »Dieser Tag wird so schön sein wie der, als unsere Eishockey-Jungs bei der Olympiade in Lake Placid die Russen schlugen.« Vorderhand spielen aber noch über 100 Engländer, mehr als 30 Deutsche und ebenso viel Italiener und Südamerikaner bei den 24 Ligaklubs. Der letzte Einkauf war Exweltmeister Bernd Hölzenbein von Eintracht Frankfurt, den die Fort Lauderdale-Strikers verpflichteten. Für Cosmos New York ist Startrainer Weisweiler stets auf der Suche nach neuen Stars, um seinen Ruf als Meistermacher zu rechtfertigen. Wenn Cosmos nicht wieder US-Meister wird, ist er seinen hoch dotierten Posten los.

Fußball wird in Amerika auf Kunstrasen gespielt. Die harten, stumpfen »Halme« verursachen viele Stürze und Prellungen, dem Torwart scheuern sie bei jeder Robinsonade die Haut auf. Die Beine mancher Stars sind wie mit Brandwunden übersät. Nicht zuletzt war es »dieses grauenhafte Kunstgras«, das Beckenbauer 1980 veranlaßte, wieder nach Deutschland zurückzukehren.

Zahlreiche amerikanische Fußballklubs gehören reichen Geschäftsleuten wie z. B. die »Stings« von Chicago oder die Lauderdale Strikers. Beide werden offiziell von Frauen geführt, Lauderdale von Mrs. Elizabeth Robbie, Chicago von Frau Rosalyn Stern, der Gattin eines Börsenmaklers; er hat den Verein 1975 für 100000 Dollar gekauft und könnte ihn jederzeit für 3 Millionen weiterverkaufen. Tatsächlich hat er Angebote aus St. Louis, Milwaukee und dem kanadischen Montreal. Cosmos New York gehört dagegen zum Warner Konzern, der größten Unterhaltungsfabrik in Nordamerika mit einem Umsatz von mehr als 1 Milliarde Dollar.

Hinter dem Jahrmarktsbetrieb im US-Fußball steht aber eine ernste und zielbewußte Aufbauarbeit. Heute spielen schon 80 von 100 der amerikanischen Grundschüler Fußball. Von über 900000 Einwohnern in Dallas (Texas) betreiben 150000 Jugendliche das Fußballspiel, eine kleine Stadt (Oneonta) wurde zur Fußballstadt des Jahres erklärt, weil fast alle ihre Bewohner dem Fußball nachjagen. Da ist es kein Wunder, daß sich die nordamerikanische Soccer-Assoziation um die Austragung der Weltmeisterschaft 1986 bewirbt. Die Weltmeisterschaft ist zwar bereits nach Kolumbien vergeben worden, doch zweifelt man daran, daß das krisengeschüttelte Land das Turnier durchführen kann. Amerika ist jederzeit bereit einzuspringen.

4:2:2-Spielsystem.

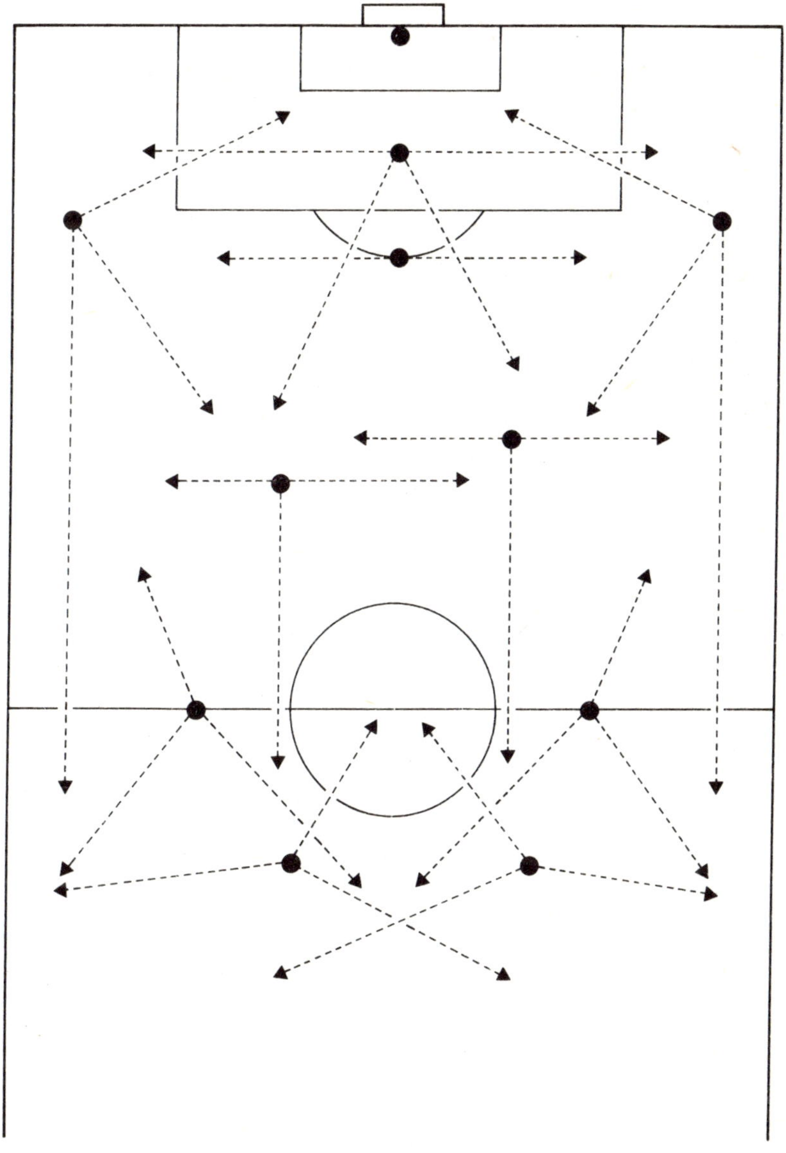

Kleines Fußball-Lexikon

Ablösesumme Jeder Profifußballer hat seinen »Preis«, der um so höher ist, je spielstärker er eingeschätzt wird. Wechselt der Spieler von einem Verein zu einem anderen, so erhält er 20% der für ihn gezahlten Ablösesumme als Jahresgehalt garantiert. In Deutschland betrug die bisher höchste Ablösesumme 6 Millionen DM. Diesen Betrag zahlte Cosmos New York 1977 für Franz Beckenbauer an den FC Bayern München.

abfälschen Die Änderung der Flugbahn des Balles durch das Anschießen eines Gegners oder Mitspielers. Bei der Mini-WM in Montevideo 1981 führte Deutschland gegen Argentinien 7 Minuten vor Schluß noch 1:0. Dann köpfelte Passarella auf das deutsche Tor; Schumacher stand fangbereit, als die Fußspitze von Außenverteidiger Kaltz den Ball ins eigene Tor abfälschte.

Abseitsfalle Durch das Vorrücken der Abwehrspieler einen oder mehrere angreifende Gegner ins Abseits laufen lassen. Bei der Europameisterschaft 1980 erwiesen sich die Belgier, Deutschlands Endspielpartner, als Meister der Abseitsfalle; sie ist aber immer ein riskantes Manöver, da der ballführende Spieler einen Paß oder eine Flanke antäuschen kann, dann aber, mit dem Ball am Fuß, freie Bahn zum Tor hat und abseitsverdächtige Spieler ins Aus laufen können.

Abstauber Ein Tor aus kürzester Entfernung, das von anderen vorbereitet wurde. Abstauber werden auch Spieler genannt, »die immer nur den Fuß hinhalten« und so ihre Tore erzielen. Der berühmteste Abstauber in den 60er Jahren war Gerd Müller, dem ein vorbildliches Stellungsspiel viele »leichte« Tore ermöglichte.

Aufsetzer — Ein Ball, der kurz vor der Torlinie aufspringt und, besonders bei glattem oder schlammigem Boden, unberechenbar hochsteigt oder zur Seite wegbricht.

Ausputzer — Der letzte Mann vor dem Torwart, der brenzlige Situationen bereinigt, aber auch Angriffe einleitet. Heute: Der Libero.

auswechseln — Während eines Spiels darf jede Mannschaft im allgemeinen zwei, nach Verabredung bis zu fünf Spieler auswechseln, wobei der Torwart auch durch einen Feldspieler ersetzt werden kann.

Ball — Der Fußball hat eine aufblasbare Gummiblase und eine zwölf- bis achtzehnteilige Rindskernlederhülle. Sein Umfang muß zwischen 68 und 71 cm, sein Gewicht zwischen 396 und 453 Gramm betragen. Der Ball darf während des Spiels nur vom Schiedsrichter ausgewechselt werden.

bedienen — Die Ballabgabe (Paß, Flanke) zum freistehenden Mitspieler.

beidbeinig — Spieler, die mit dem linken Fuß ebenso gut wie mit dem rechten den Ball führen und aufs Tor schießen können.

Bilderbuchtor — Ein Tor, wie es sonst nur im Fußballmärchen vorkommt. Ein solches Tor schoß z. B. der Rapidstürmer Schors 1941 im Endspiel der Deutschen Meisterschaft gegen Schalke 04. Nach dem Ausschuß von Schalke-Torwart Klodt nahm Schors den Ball mit dem Rücken zum Tor hinter der Mittellinie und schoß ihn im Umdrehen unhaltbar ein. K. H. Rummenigge hat mehrere Bilderbuchtore erzielt, so als er 1981 in einem Ligaspiel sich den Ball zweimal mit der Fußspitze in Hüfthöhe jonglierte und ihn dann mit einem Hüftdrehstoß ins Tor bombte.

Bilderbuchkombination	Ein Angriff über mehrere Stationen, ohne daß ihn die Gegenspieler stören konnten, mit abschließendem Torschuß.
Bücker, Theo	Deutscher Mittelfeldspieler beim saudiarabischen Ligaklub Ittahad Dschidda, bei dem er $^{1}/_{2}$ Million Jahresgage bezog. Mit Franz Beckenbauer war der in Deutschland fast unbekannte Bücker der bestverdienende deutsche Fußballer.
Buljan, Ivan	Jugoslawischer Nationalspieler mit 30 Einsätzen, seit 1978 Abwehrspieler beim HSV, jetzt Cosmos New York.
Catenaccio	(ital. »Riegel«). Stark defensive Spielweise einer Mannschaft, die mit 6 – 8 Abwehrspielern verteidigt. Dieses in drei Wellen gestaffelte Bollwerk hat dem Spiel viel von seinem Reiz genommen.
Charlton, Bobby	Einer der erfolgreichsten englischen Spieler aller Zeiten mit 106 Länderspielen und Fußballer des Jahres 1966. Charlton wurde im selben Jahr mit der englischen Nationalelf Weltmeister.
Chef	Respektvolle, auch kollegiale Anrede für einen Meistertrainer wie Herberger, Schön, Menotti u. a.
Chinaglia, Giorgio	Mittelstürmer der Weltklasse bei Lazio Rom; jetzt unverwüstlicher Torschütze und Großverdiener bei Cosmos New York.
Coach	Trainer (engl.)
Conen, Edmund	Mittelstürmer der deutschen Nationalelf zwischen 1934 und 1942; er erzielte in 28 Länderspielen 27 Tore.
Corner	Ecke (engl.). In Österreich auch heute noch gebräuchliche Bezeichnung für den Eckstoß.
Deckung	Verteidigung, Hintermannschaft, Abwehrreihe.
Direktspiel	Das sofortige Weiterleiten des Balles, ohne ihn vorher zu stoppen.

Dress Die Kleidung der Spieler: Trikot, kurze Sporthose, Stutzen (Fußballstrümpfe) und vorschriftsmäßige Schuhe (Treter). Kein Spieler darf etwas tragen, was den Gegner gefährden könnte. Der Torhüter soll sich durch die Farbe seines Dresses von den Feldspielern unterscheiden.

Effet Eine Drehung (ein Drall) des Balles durch Anschneiden mit der Innen- oder Außenkante des Fußes. Der Ball bekommt dadurch eine gekrümmte Flugkurve.

Elfmeter Gebräuchlicher, aber aus der Mode kommender Ausdruck für den Strafstoß vom Elfmeterpunkt.

Feldverweis Ausschluß von der Spielteilnahme wegen regelwidrigen und unsportlichen Verhaltens; der Schiedsrichter zeigt dem schuldigen Spieler die rote Karte.

FIFA Féderation Internationale de Football Association, der Fußball-Weltverband mit Sitz in Zürich.

Flügelstürmer Außenstürmer mit den Rückennummern 7 und 11. Ihre wichtigste Aufgabe sind Flankenangriffe entlang der Seitenlinien.

Foul (engl.) Unsportliche, regelwidrige Spielweise, die meist einen Freistoß oder Strafstoß zur Folge hat. Der Schiedsrichter kann den Spieler ermahnen, ihn durch Zeigen der gelben Karte verwarnen oder aber des Feldes verweisen (rote Karte).

Fuchs, Gottfried Mittelstürmer beim Karlsruher FV, schoß beim Länderspiel Deutschland – Rußland 1912 zehn (10) Tore. Das Endergebnis war 16:0.

Fußball-Ballett Aus Magnetbandaufzeichnungen von Ligaspielen wurden lustige oder effektvolle Szenen durch rhythmischen Wechsel der Laufrichtung der Maschine zu Tanzszenen umgestaltet. Dadurch wurden zwerchfell-

Schweizer Riegel.

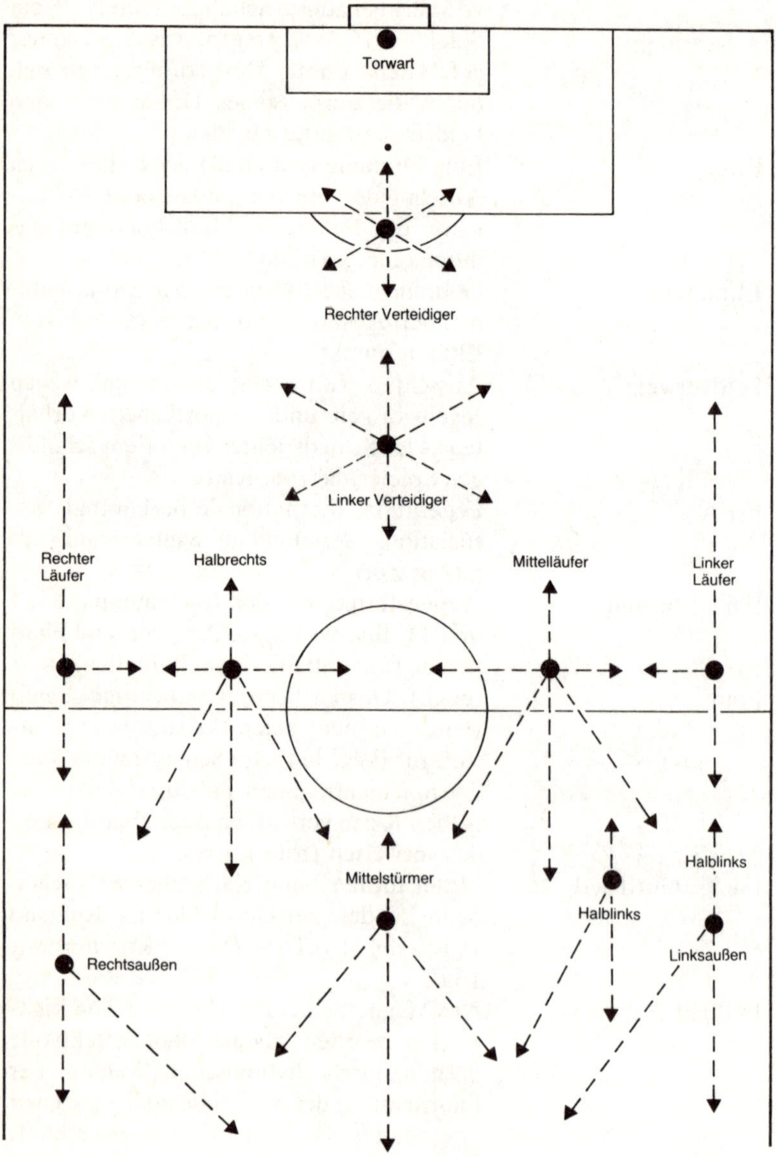

	erschütternde oder künstlerisch hervorragende Wirkungen erzielt.
Fußballkrieg	Bei dem Qualifikationsspiel für die Teilnahme an der WM 1970 zwischen San Salvador und Honduras schoß eine Viertelstunde vor Schluß der salvadorianische Stürmer Rodriguez das entscheidende Tor. Daraufhin kam es zu schweren Auseinandersetzungen. Honduras machte mobil und griff ohne Kriegserklärung San Salvador an. Der Krieg forderte über 3000 Tote.
Freier Mann	Der Abwehrspieler ohne direkten Gegenspieler, der Libero.
Freigabe	Die Spielberechtigung für einen anderen Verein. Die Freigabe darf in der Bundesliga nur Spielern erteilt werden, die auf der Transferliste des DFB stehen.
Freilaufen	Das rechtzeitige Lösen vom Gegner, um dem Mitspieler das Anspielen zu ermöglichen oder zu erleichtern.
Fontaine, Juste	20facher französischer Nationalspieler; erzielte bei der WM 1958 in Schweden 13 Tore und stellte damit einen bis heute nicht wieder erreichten Rekord auf.
Football	Fußball (engl.). In Amerika heißt der kontinentale Fußball »soccer«. Football ist in den USA ein Spiel mit einem eiförmigen Ball bei lebensgefährlichem körperlichem Einsatz. Dabei kommt es jedes Jahr zu Todesfällen.
Gangart	Ein Begriff aus dem Pferdesport, der von den Fußballreportern übernommen wurde. Harte Gangart, ein Spiel an der Grenze zur Unsportlichkeit.
Gasse	Freier Raum, in dem ein Ball vorgelegt oder ein Spieler ungehindert vorstoßen kann.
Gegenzug	(Konter) Der Gegenangriff nach einem abgewehrten Vorstoß der anderen Partei.

Gestrecktes Bein	Verbotenes Spiel mit durchgedrücktem Bein, das den Gegenspieler gefährden und u. U. schwer verletzen kann.
Goal	Tor (engl.).
Hackentrick	Das Treten des Balles mit der Hacke (dem Absatz) des Fußes. Der Hackentrick war eine Spezialität von Fritz Walter.
Halbzeit	Bezeichnung für die beiden Hälften eines Spiels von je 45 Minuten, aber auch für die 10-Minuten-Pause zwischen den Spielhälften.
Handicap	Behinderung, Nachteil, auch Vorgabe.
Handspiel	Außer für den Tormann in seinem Strafraum verbotenes Spiel mit der Hand, das durch einen Frei- oder Strafstoß geahndet wird. Angeschossene Hand bleibt straflos.
Hattrick	Wer in einem Spiel – früher in einer Halbzeit – drei Tore hintereinander schießt, hat den Hattrick erzielt.
Hammer	Bezeichnung für einen wuchtigen Torschuß.
Hechtsprung	Waagerechter Luftsprung, bei dem Beine und Oberkörper gestreckt sind. Durch einen Hechtsprung kann man einen hüfthoch heranfliegenden Ball mit dem Kopf ins Tor stoßen.
Heber	Bezeichnung für einen verhältnismäßig weichen Torschuß, der sich bogenförmig (»Bogenlampe«) ins Tor senkt.
Heimvorteil	Das Spiel einer Mannschaft auf eigenem Feld und vor heimischem Publikum. Es ist erwiesen, daß die Spitzenmannschaften der Bundesliga ca. 70% ihrer Heimspiele, aber nur 30% ihrer Auswärtsspiele gewinnen. Bei schwachen Mannschaften ist das Verhältnis der Auswärtssiege zu den Heimerfolgen noch ungünstiger.
Heimschiedsrichter	Ein »Unparteiischer«, der die Gastmannschaft benachteiligt.

Hampdon Park	Stadion im schottischen Glasgow mit einem Fassungsvermögen von 134000 Zuschauern.
Hampdon roar	Das Anfeuerungs- oder Mißfallensgebrüll fanatischer Glasgower Zuschauer.
Hamrin, Kurt	Schwedischer Außenstürmer der Weltklasse, der 1958 mit der schwedischen Nationalelf Vizeweltmeister wurde und später mit dem AC Mailand und dem FC Florenz Europapokalsieger der Landesmeister bzw. der Pokalsieger wurde.
Hanappi, Gerhard	Außenläufer der österreichischen Nationalelf mit 93 Länderspielen; wurde 1953 in die Weltelf berufen.
Handgeld	Die Summe, die ein transferierter Spieler von seinem neuen Verein erhält.
Handspiel	Das absichtliche Stoppen oder Fassen des Balles mit der Hand (oder durch den Torhüter außerhalb des Strafraums) wird mit einem Freistoß, unter Umständen auch mit einer Verwarnung (gelbe Karte) bestraft.
Hattenberger, Roland	Österreichischer Mittelfeldspieler, spielte von 1977–81 beim VfB Stuttgart.
hautnah	Besonders enge Bewachung und Deckung gefährlicher Gegenspieler.
Havelange, Joao	Präsident des Weltfußball-Verbandes und der brasilianischen Fußball-Association.
Heynckes, Jupp	Der 39fache Nationalspieler und Stürmer bei Borussia Mönchengladbach wurde 1979 Trainer bei seinem Verein. Heynckes steht in der ewigen Torschützenliste mit 220 Treffern nach Gerd Müller (365 Tore) an 2. Stelle.
Hochburg	Bezeichnung für ein traditionelles Fußballzentrum.
Hoeneß, Uli	Vereinsmanager von Bayern München, zwischen 1972 und 1976 Deutscher Europa- und Weltmeister, gewann mit den Bay-

W-M-Spielsystem.

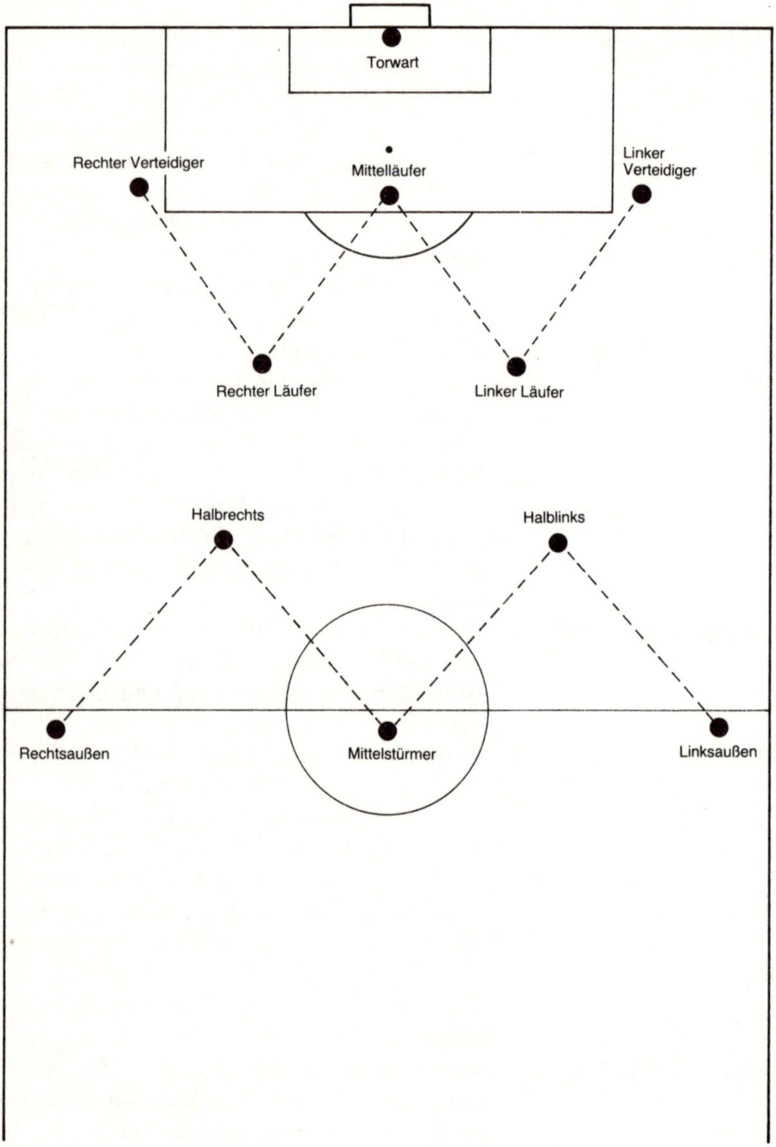

	ern dreimal den Europapokal der Landesmeister. Sein Bruder Dieter ist kopfballstarker Stürmer des FC Bayern.
Indirekter Freistoß	Der Schiedsrichter zeigt einen indirekten Freistoß durch Hochheben des Armes an. Aus einem indirekten Freistoß darf kein direktes Tor erzielt werden.
Innenpfosten	Ein Ball, der vom Innenpfosten zurückspringt, gilt nicht als Tor, weil er die Torlinie nicht im vollen Umfang überschritten hat.
Innentrio	Der Mittelstürmer und die beiden Halbstürmer (der rechte und der linke Innenstürmer) bilden das Innentrio.
Juskowiak, Erich	Nahm zwischen 1951 und 1959 an 31 Länderspielen als »Fels in der Verteidigung« teil und war lange Starspieler bei Fortuna Düsseldorf.
Junghans, Walter	Seit 1979 Torhüter beim FC Bayern (abwechselnd mit Manfred Müller).
Kabine	Umkleideraum der Mannschaften im bzw. unter dem Stadion. »In die Kabine schikken« heißt Feldverweis.
kaltstellen	Ausdruck für die völlige Beherrschung eines oder mehrerer Gegenspieler.
Kantersieg	Bezeichnung für einen hohen Sieg wie beispielsweise der 12:0 Erfolg von Mönchengladbach 1978 gegen Borussia Dortmund.
Kapitän	Der von seiner Mannschaft gewählte Spielführer; er trägt eine Armbinde und vertritt die Interessen der Mannschaft gegenüber der Klubleitung, dem Schiedsrichter u. ä.
Kargus, Rudolf	Seit 1971 Torhüter und Elfmeter-Töter beim Hamburger SV, seit September 1980 beim 1. FC Nürnberg.
Kasernierung	Eine Mannschaft von allen äußeren Eindrücken und Verlockungen abschließen, z. B. in die Einsamkeit eines Landgasthofes oder einem beaufsichtigten Trainingslager.

	Ob eine solche Kasernen-Atmosphäre mehr schadet als nutzt, ist umstritten.
Kasten	Volkstümlicher Ausdruck für das Fußballtor.
Keeper	Torwart (engl.).
Kerze	Ein kerzengerade hochsteigender, verunglückter Schuß.
klären	Gefährliche Situation durch Herausschlagen des Balles aus dem Strafraum bereinigen.
Kempes, Mario	Starstürmer des argentinischen Weltmeisterteams 1978 und zweifacher Torschütze im Endspiel gegen Holland; wechselte zum FC Valencia, mit dem er den Landespokal gegen Real Madrid gewann.
Kindermann, Hans	Stuttgarter Landesgerichtsdirektor und Vorsitzender des Kontrollausschusses im Deutschen Fußball-Bund (»Herr Saubermann«). Kindermann war der Anklagevertreter im Bestechungsskandal der Ligaspieler Anfang der 70er Jahre.
Klein-klein	Journalistischer Ausdruck für ein übertriebenes Kurzpaß-Spiel.
Knappen	Spieler des Gelsenkirchener Traditionsklubs Schalke 04.
Kombinationsspiel	Gut funktionierendes, flüssiges Zusammenspiel von Abwehr- und Angriffsspielern bei weitgehender Ausschaltung des Gegners.
Kondition	Körperliche Verfassung und Leistungsfähigkeit.
K.o.-System	Der Verlierer scheidet in einem Wettbewerb ohne eine Rückspielchance aus.
Kreiseln	Eine Kombinationstechnik, bei der der Ball zwischen den Spielern einer Mannschaft hin und her geschoben oder geschossen, also in den eigenen Reihen gehalten wird. Berühmtestes Beispiel: Der Schalker Kreisel der 30er Jahre.

Oben: Die deutsche Mannschaft, die 1954 in Bern die Weltmeisterschaft gegen Ungarn gewann. (von l.n.r.) Fritz Walter, Toni Turek, Horst Eckel, Helmut Rahn, Otmar Walter, Werner Liebrich, Jupp Posipal, Hans Schäfer, Werner Kohlmeyer, Karl Mai und Max Morlock.

Unten: Das Bernabeu-Stadion in Madrid, Schauplatz des Weltmeisterschaftsfinales und wichtiger Vorrundenspiele. Das Stadion faßt 90000 Zuschauer.

Oben: Das brasilianische Weltmeisterteam von 1958. Brasilien gewann den Titel auch 1962 und 1970.

Rechts: Der brasilianische Fußballzauberer und Multimillionär Pelé galt in den 50er und 60er Jahren als bester Spieler aller Zeiten.

WEMBLEY

Seite 220 oben: Vor dem WM-Finale England – Deutschland 1966 tauschen die Mannschaftskapitäne Uwe Seeler und Bobby Moore die Wimpel aus.

Seite 220 unten: Das englische Weltmeisterteam 1966 (von l.): Moore, Cohen, Ball, Banks, Hunt, Wilson, Stiles, Bobby Charlton, Hurst, Peters und Jackie Charlton.

Seite 221 links: Geoffrey Hurst schoß im WM-Finale 1966 gegen den hervorragenden deutschen Torwart Tilkowski drei von den vier Toren.

Seite 221 rechts: Bobby Charlton, Englands unverwüstlicher Mittelläufer der 60er Jahre, der zum Gewinn der Weltmeisterschaft entscheidend beitrug.

DEUTSCHER

Oben: Das Münchener Olympia-Stadion, Schauplatz des WM-Finales 1974 zwischen Deutschland und Holland, faßt 80000 Zuschauer.

Links: »Um Fußball zu stoppen, muß die Sintflut kommen«, erklärte Gerd Müller nach dem Schlammspiel bei der WM 1974 gegen Schweden.

Unten: Das war die deutsche Mannschaft, die 1974 die Fußball-Weltmeisterschaft gewann. Von links nach rechts: Beckenbauer, Maier, Schwarzenbeck, Bonhof, Hölzenbein, Grabowski, Müller, Overath, Vogts, Breitner und U. Hoeneß.

Auch die deutschen Damen wurden 1981 Fußballweltmeisterinnen. Unser Foto zeigt die erfolgreiche Damen-Mannschaft von Bergisch-Gladbach nach dem Finalsieg in Taiwan.

Läufer	Frühere Bezeichnung für den defensiven und den rechten oder linken Mittelfeldspieler.
Latte	Querbalken des Tores.
Linienrichter	Die beiden Hilfskräfte des Schiedsrichters an den Seitenlinien des Spielfeldes; sie zeigen durch das Heben einer Fahne Ausbälle, Einwurf, Abstoß, Eckbälle und oft auch Abseits an, doch kann der Unparteiische ihre Entscheidungen übergehen bzw. ändern.
Lizenz	Die vom DFB erteilte Genehmigung für einen Verein, Spieler oder Trainer, in der 1. oder 2. Bundesliga mitzuwirken. Die Lizenz kann verweigert werden, wenn z. B. der Verein überschuldet ist.
Lokalderby	Das Aufeinandertreffen zweier Mannschaften der gleichen oder zweier benachbarter Städte oder Gemeinden wie z. B. Bayern München und 1860 München oder 1. FC Nürnberg und Spielvereinigung Fürth.
Löwen	Die Spieler von 1860 München werden nach dem Vereinswappen »Löwen« genannt.
Manager	Der technische Leiter oder Direktor eines Klubs, der im Auftrag des Präsidiums die technischen und wirtschaftlichen Geschäfte leitet bzw. abwickelt.
Marktwert	Bezeichnung für die spielerische und damit auch finanzielle Bedeutung eines Spielers für seinen Klub oder mögliche Interessenten.
Müller, Dieter	Mittelstürmer beim 1. FC Köln, jetzt bei VfB Stuttgart; bisher 12 Länderspiele.
nachspielen	Nach Spielunterbrechungen durch die Behandlung verletzter Spieler oder durch absichtliche Verzögerungen kann der Unparteiische verlorene Zeit nachspielen lassen.

Notbremse	Unfaires Spiel durch Festhalten oder »Umsäbeln« des Gegners, um ein Tor zu verhindern.
Nerz, Otto	Erster deutscher Nationaltrainer der 30er Jahre; starb nach dem 2. Weltkrieg in russischer Gefangenschaft.
nachmaulen	Meckern über eine Schiedsrichterentscheidung.
nachschlagen	Ein Revanchefoul nach einer Attacke des Gegenspielers.
Neuberger, Hermann	Präsident des DFB und Vizepräsident der FIFA.
Neudecker, Wilhelm	Expräsident des FC Bayern München mit autoritärem Führungsstil; er war für den mehrmaligen Gewinn der Deutschen Meisterschaft und der Europapokale durch das Bayern-Team mitverantwortlich. Die Spieler verweigerten ihm 1978 bei der Wahl eines neuen Trainers (Max Merkel) die Gefolgschaft, worauf Neudecker zurücktrat.
Nominierung	Für ein Länder-, Liga- oder Auswahlspiel benannt werden.
Noppenschuhe	Ein rutschfester Fußballschuh für Spiele auf Kunstrasen und hartem Boden.
Noten	Die Benotung der Spielstärke eines Teammitglieds meist durch die Sportpresse.
Nudel	Gassenjargon, Bezeichnung für einen abgespielten oder verformten Fußball.
Numerierung	1939 wurde die Numerierung der Spieler eingeführt, um dem Schiedsrichter und dem Publikum ihr Erkennen zu erleichtern. Die Nummern werden üblicherweise nach der Position der Spieler vergeben; so trägt der Torwart die Nr. 1, Linksaußen die Nr. 11. Manchmal werden die Nummern auch nach dem Alphabet zugeteilt, so daß A die Nr. 1 und Z die Nr. 11 bekommt.
Ocwirk, Ernst	Mittelläufer der österreichischen Nationalmannschaft mit 62 Länderspielen zwi-

	schen 1945 und 1956; dreimal österreichischer Meister und zweimal Mitglied der Weltelf, wechselte er 1956 als erster Profi seines Landes zu Sampdoria Genua. Ocwirk starb 1980.
Offensiv-Verteidiger	Seit die meisten Mannschaften nur noch mit drei, oft sogar mit zwei Sturmspitzen spielen, müssen auch die Verteidiger den Angriff verstärken, aber sofort wieder den Strafraum decken, wenn die Initiative auf den Gegner übergegangen ist.
Off-side	Abseits (engl.).
Ohne Ball	Das richtige Stellungsspiel und rechtzeitige Lösen (Freilaufen) vom Gegner, um einem Mitspieler ein ungestörtes Zuspiel zu ermöglichen.
Oldtimer	Fußball-Senior.
Oranjes	Die holländische Nationalmannschaft mit ihren orangefarbenen Trikots.
Overath, Wolfgang	Mit 81 Länderspielen eine der überragenden Persönlichkeiten des deutschen Fußballs der 60er und 70er Jahre und Star des 1. FC Köln. Vizeweltmeister 1966, Weltmeister 1974, Deutscher Meister 1964 und Pokalsieger 1968.
Packung	Volkstümlicher Ausdruck für ein hohes Verlustspiel.
Penalty	Strafstoß, Elfmeter (engl.).
Pendel	Ein Trainingsgerät zur Verbesserung des Kopfballspiels. Dabei hängt der Fußball an einer Leine, deren oberes Ende an der Hallendecke oder an einem Balken befestigt ist.
Piola, Silvio	Italiens erfolgreichster Torjäger der 30er und 40er Jahre; er schoß in 34 Länderspielen 30 Tore.
Planička, František	Tschechischer Super-Tormann der 30er Jahre mit 74 Länderspieleinsätzen; 9facher Landesmeister, 6facher Pokalsieger.

4:3:3-Spielsystem.

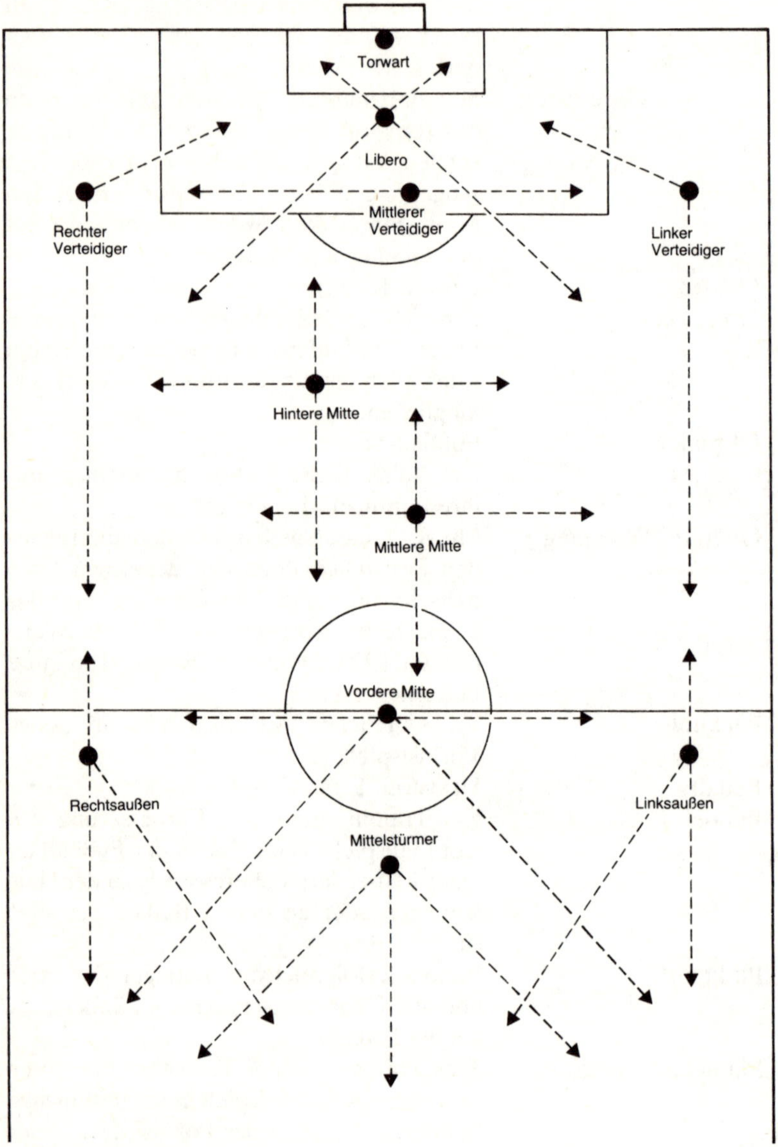

Platini, Michel	Mittelfeldstar der französischen Nationalelf und von AS St. Etienne.
Platzsperre	Strafe für den gastgebenden Verein nach Zuschauerausschreitungen wie Eindringen ins Spielfeld, Attacken auf den Schiedsrichter, das Werfen von Flaschen oder Dosen etc.
Prämie	Vereinbarter Geldbetrag für Spieler und/oder Trainer.
Preßschlag	Wenn zwei Spieler im gleichen Augenblick den Ball treffen, spricht man von einem Preßschlag.
Protest	Ein Verein (oder Verband) kann gegen die Wertung von Spielen, bei denen nachweisbare Regelwidrigkeiten vorgekommen sind, bei seinem Verband (oder der FIFA) Protest einlegen. Dem Protest muß auch stattgegeben werden, wenn in einer Mannschaft nicht spielberechtigte Spieler standen.
Qualifikation	Spiele um die Teilnahmeberechtigung an einem Wettbewerb.
Querpaß	Ballabgabe auf gleicher Höhe nach links oder rechts.
Radenkovic, Petar	(»Radi«). Populärer jugoslawischer Torwart bei 1860 München, der in den 60er Jahren zu den besten Torhütern der Welt gehörte und sich auch als Sänger produzierte: »Bin i Radi, bin i König«.
Rempeln	Das körperliche Angreifen des Gegners mit angelegten Armen: Schulter gegen Schulter, ist erlaubt, Rempeln ohne Ball verboten.
Robinsonade	Torwartparade im Hechtsprung.
Roller	Ein verunglückter Schuß, der langsam auf das Tor zu rollt.
Rückgabe	Der zum eigenen Torwart zurückgepaßte Ball – eine Notmaßnahme oder ein taktischer Spielzug, um den Feldspielern Zeit zu

	geben, sich möglichst günstig (für einen neuen Angriff) zu postieren.
Referee	Schiedsrichter (engl.).
Schiedsrichterball	Nach einer Unterbrechung des Spiels, die nicht durch einen Regelverstoß oder einen Ausball herbeigeführt wurde, nimmt der Schiedsrichter den Ball an sich und läßt ihn aus Brusthöhe fallen; erst dann kann der Ball weiter gespielt werden.
Seitenwahl	Vor dem Anstoß losen die beiden Spielführer der Mannschaften um die Seitenwahl: Der Schiedsrichter wirft einc Münze hoch und zeigt ihnen, auf welche Seite sie gefallen ist. Der Gewinner entscheidet sich meist für die vorteilhaftere Feldhälfte, also »mit der Sonne« oder »mit dem Wind«. Der Verlierer führt den Anstoß aus. Wenn der Gewinner auf die Seitenwahl verzichtet, führt seine Mannschaft den Anstoß aus.
Solo	Der Alleingang
sperren	Dem anstürmenden Gegner den Weg versperren, damit er nicht in den Ballbesitz kommt; wird mit einem Freistoß bestraft.
Spielabbruch	Der Schiedsrichter kann ein Spiel abbrechen, wenn der Platz wegen eines Wolkenbruches oder Schneegestöbers unbespielbar geworden ist, wenn starker Nebel die Sicht behindert, aber auch wenn die Zuschauer randalieren, handgreiflich werden oder in das Spielfeld eindringen und ihn bedrohen.
Spielfeld	Das Spielfeld für Liga- und Länderkämpfe ist 100 – 110 m lang und 64 – 75 m breit.
Spielmacher	Regisseur, Dirigent. Der Spieler, von dem die Impulse für Angriff und Verteidigung und das taktische Konzept (nach Verabredung mit dem Trainer) ausgehen. Beim FC Bayern war bis 1977 Franz Beckenbauer

der Spielmacher; jetzt ist es Paul Breitner.

Spitzenreiter — Tabellenführer

Stellungsspiel — Sich richtig postieren und freilaufen.

Strafraum — Der Raum vor dem Tor, wo der Torhüter den Ball mit der Hand spielen darf und wo ein Foul oder Handspiel der verteidigenden Partei durch einen Strafstoß geahndet wird. Die äußere Begrenzungslinie vor dem Tor ist 16,50 m von der Torauslinie entfernt und über eine Breite von 40,32 m gezogen.

Strafstoß — (Elfmeter) Beim Strafstoß muß der Torhüter auf der Torlinie stehen bleiben, ohne die Füße zu bewegen, bevor der Ball getroffen ist; sonst wird der Strafstoß wiederholt. Der ausführende Spieler darf einen vom Pfosten oder der Latte zurückspringenden Ball erst dann wieder spielen, wenn dieser von einem anderen Spieler berührt wurde. Kann der Torwart den Ball nur abklatschen, darf der Schütze sofort wieder aufs Tor schießen.

Tackling — Erlaubtes Angreifen eines Gegners, der den Ball führt (engl.); Abwehrreaktion.

Tatsachenentscheidung — Unumstößliche Entscheidung des Schiedsrichters, die auch mittels Fernseh- oder Zeitlupenaufnahmen nicht rückgängig gemacht werden kann. Dadurch schützen sich die Fußballverbände vor unzumutbaren Untersuchungen und Entscheidungen am grünen Tisch. Markantestes Beispiel: Das 3. Tor im WM-Endspiel 1966 zwischen England und Deutschland. Wie die Fernsehaufzeichnung klar erkennen ließ, hatte der von der Latte herabspringende Ball die Torlinie nicht ganz überschritten!

Tor — Das Tor ist 7,32 m breit und 2,44 m hoch. Torpfosten und Latte müssen die gleiche Breite (10 – 12 cm) haben.

Torraum	Auch kleiner Strafraum genannt: er ist 5,50 m tief und 18,32 m breit. Im Torraum darf der Torhüter nicht angegriffen werden.
Trainer	Es gibt in Deutschland über 2000 Trainer, die berechtigt sind, die Mannschaften der 1. und 2. Liga zu trainieren.
UEFA	Union des Associations Européennes de Football, Spitzenverband des europäischen Fußballsports; ihm gehören 33 Verbände mit über 12 Millionen Mitgliedern an.
Vertragsspieler	Angestellter eines Vereines.
verwandeln	Ein Tor erzielen.
Verwarnung	Der Schiedsrichter kann einen Spieler wegen einer Regelwidrigkeit oder wegen Meckerns mündlich verwarnen oder ihm die gelbe Karte zeigen. Schwere Fouls oder Beleidigung des Schiedsrichters werden im allgemeinen mit Platzverweis (rote Karte) bestraft.
Vier-Schritte-Regel	Der Torhüter darf, bevor er den Ball abspielt, nicht mehr als vier Schritte damit laufen; auch darf er ihn nicht länger als vier Sekunden halten.
Vorteilsregel	Nach einem Regelverstoß kann der Schiedsrichter weiterspielen lassen, wenn der gefoulte Spieler den Ball in günstiger Position weiterführt und durch eine Unterbrechung benachteiligt würde.
Wartefrist	Die Zeit, in der ein Spieler (Jugendliche oder Amateure) beim Vereinswechsel für den neuen Klub nicht spielberechtigt ist. Bei Freigabe beträgt die Mindestwartefrist drei Monate, bei Freigabeverweigerung höchstens zwölf Monate.
Weltpokal	Inoffizieller Wettbewerb zwischen dem europäischen und dem südamerikanischen Pokalsieger der Landesmeister; wird seit 1960 mit mehreren Unterbrechungen all-

Schöner Spielzug.

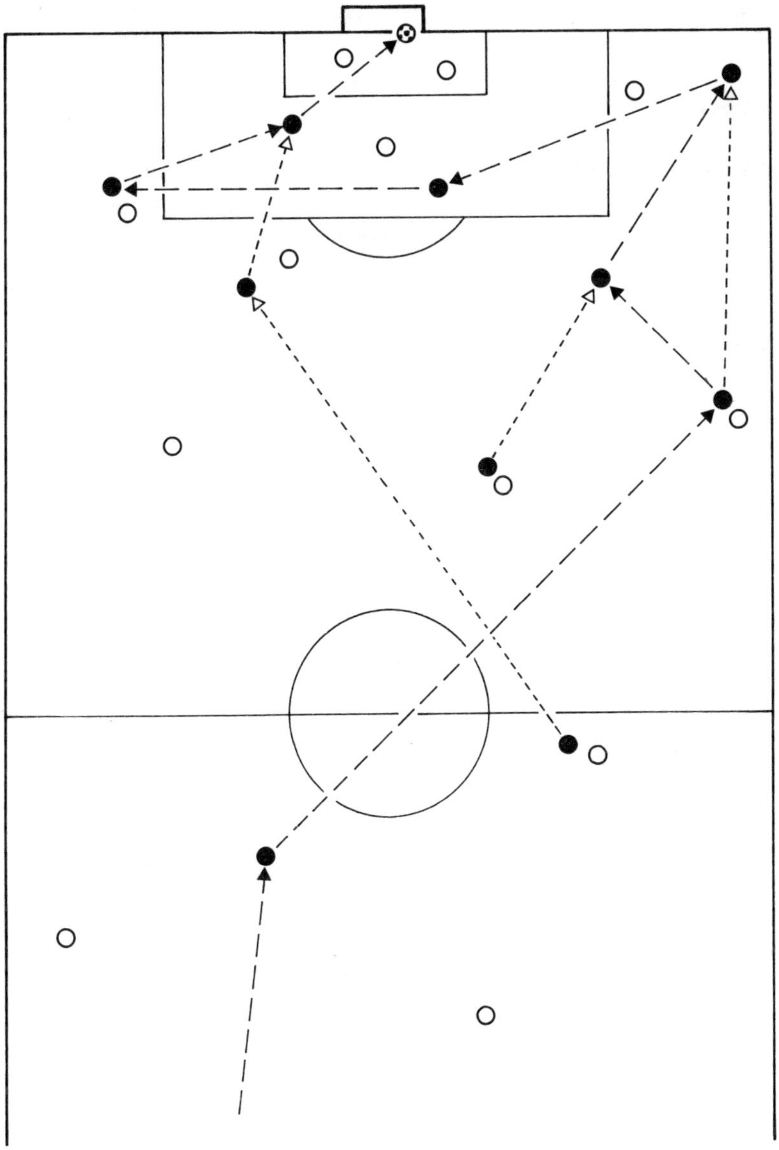

	jährlich ausgetragen. Letzter Sieger 1981: Nacional Montevideo.
Winkel	Das obere Tordreieck.
Winkelschuß	Ein Schuß genau unter das Winkelkreuz (Lattenkreuz).
zaubern	Mit technischen Kunststücken und verblüffenden Tricks den Gegner mattsetzen.
Zuschauer-Rekorde	204000 Zuschauer gab es 1950 im Maracaña-Stadion von Rio de Janeiro beim WM Finale zwischen Uruguay und Brasilien. 150000 Zuschauer beim Länderkampf Schottland – England 1937 in Glasgow und 103000 Zuschauer 1950 beim Länderspiel Deutschland – Schweiz in Stuttgart.

Die Fußball-Weltmeisterschaft 1982

Wenn am 13. Juni 1982 die Fußball-Weltmeisterschaft im Stadion Nou Camp in Barcelona beginnt, fehlen einige Nationen, die bei den früheren Weltmeisterschaften immer eine achtbare Rolle gespielt hatten: Schweden, Portugal, Wales, die DDR, Rumänien und die Schweiz. Vor allem aber wird Holland, der Vizemeister von 1974 und 1978, fehlen! Eine Niederlage gegen Frankreich besiegelte das Schicksal der Oranje-Elf. »Die Niederlande tragen Trauer. Eine große Ära ist vorbei«, schrieb »Algemeen Dagblad«. Und der »Telegraaf« klagte: »Oraniens Löwe brüllt nicht mehr, seiner stolzen Mähne sind die Haare ausgegangen.« Kapitän Ruud Krol aber erklärte: »Die Welt hat von unserem Fußball gelernt. Jetzt müssen wir lernen, zum Beispiel von den Deutschen.« Die Franzosen, die selbst nur mit Mühe und Not den zweiten Platz in der Gruppe 2 erobern konnten, stimmten trotzdem einen Triumphgesang an. »Galliens Hahn«, so die Sportzeitschrift »L'Equipe«, hat die holländischen Tulpen geknickt und unter die Brennesseln geschleudert.«

Auch England sicherte sich nur mit Glück und der Schützenhilfe der Schweizer die Teilnahmeberechtigung, nachdem es gegen die Fußballzwerge Norwegen und Rumänien blamable Niederlagen gegeben hatte. Ein knapper 1:0 Sieg über die Ungarn im Wembley-Stadion ließ England gerade noch in die Reihe der Qualifizierten hineinrutschen. Trotzdem begrüßte das Massenblatt »Sun« die Spieler um Teammanager Ron Greenwood mit der Überschrift »Heil den Königen von England!« Dagegen hing der respektablere »Guardian« die Siegesglocken niedriger. Die Zeitung stellte nüchtern fest, daß die Haltung der Ungarn der Langweile von Leuten entsprach, die in der Halle eines Flughafens Karten spielen. Der Erfolg wurde außerdem durch die Niederlage von Wales getrübt, das gegen die Sowjetunion in Tiflis 0:3 unterging. »Wir hatten fest mit unseren vier Ländern: England, Schottland, Wales und Nordirland, gerechnet«, erklärte die englische Sportpresse.

In der Südamerika-Zone konnte sich Uruguay, triumphaler Sieger der Mini-Weltmeisterschaft 1981, nicht qualifizieren! Auch Kanadas Hoffnungen scheiterten. In der Nordzone plazierte es sich vor Mexiko und den USA zwar an 1. Stelle (1 Sieg, 3 Unentschieden), verspielte aber die WM-Teilnahme durch ein 2:2 gegen Kuba, Gewinner der A-Gruppe der Karibik-Zone. Hingegen setzten sich Honduras und El Salvador nach wechselvollen Ausscheidungskämpfen durch.

Die mittel- und nordamerikanischen Teilnehmer sowie die der Karibik-Zone (insgesamt 15 Fußballnationen) kämpften in 3 Zonen und Untergruppen um die Qualifikation zur Weltmeisterschaft. In der Finalrunde in Tegucipalga, der Hauptstadt von Honduras, setzten sich Honduras und El Salvador vor Mexiko, Kanada, Kuba und Haiti durch. Afrika ist durch Algerien und Kamerun vertreten; auf der Strecke blieben Marokko, Zaire, Zimbabwe, Malawi, Sierra Leone, Sudan, Niger und Nigeria. Aus der Zone Asien und Ozeanien konnten sich Kuweit und Neuseeland qualifizieren. Vor 60000 Zuschauern entschied in Singapur Neuseeland durch ein 2:1 Sieg über China, das die gleiche Punktanzahl (7:5) hatte, das letzte Ausscheidungsspiel um die WM-Teilnahme für sich.

Die 52 Spiele der WM finden in 14 Städten und 17 Stadien statt. In Madrid, Barcelona und Sevilla wurden je 2 Stadien ausgewählt. Die nachfolgende Grafik zeigt die Lage der Spielorte und die für diese eingeteilten Gruppen:

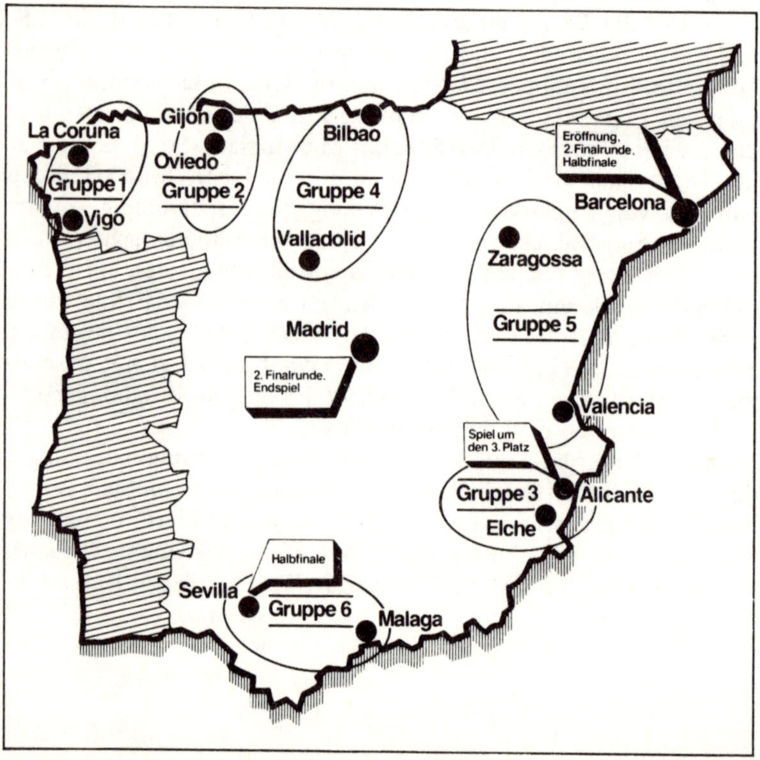

Die Qualifikation zur Weltmeisterschaft 1982

Die Ergebnisse der Weltmeisterschaft 1982
können hier selbst eingetragen werden.

Europa

Gruppe 1	Tore	Punkte
Deutschland	33:3	16:0
Österreich	16:6	11:5
Bulgarien	11:20	9:7
Albanien	4:22	2:14
Finnland	4:27	2:14

Qualifiziert:
1. Deutschland 2. Österreich

Gruppe 2	Tore	Punkte
Belgien	12:9	11:5
Frankreich	20:8	10:6
Irland	17:11	10:6
Holland	11:7	9:7
Zypern	4:29	0:16

Qualifiziert:
1. Belgien 2. Frankreich

Gruppe 3	Tore	Punkte
UdSSR	20:2	14:2
CSSR	15:6	10:6
Wales	12:7	10:6
Island	10:21	6:10
Türkei	1:22	0:16

Qualifiziert:
1. UdSSR 2. CSSR

Gruppe 4	Tore	Punkte
Ungarn	13:8	10:6
England	13:8	10:6
Rumänien	5:5	8:8
Schweiz	9:12	7:9
Norwegen	8:15	6:10

Qualifiziert:
1. Ungarn 2. England

Gruppe 5	Tore	Punkte
Jugoslawien	22:6	13:3
Italien	12:5	12:4
Dänemark	14:11	8:8
Griechenland	10:13	7:8
Luxemburg	1:23	0:16

Qualifiziert:
1. Jugoslawien 2. Italien

Gruppe 6	Tore	Punkte
Schottland	9:4	11:5
Nordirland	6:3	9:7
Schweden	7:8	8:8
Portugal	8:10	7:9
Israel	6:10	5:11

Qualifiziert:
1. Schottland 2. Nordirland

Gruppe 7	Tore	Punkte
Polen	12:2	8:0
DDR	9:6	4:4
Malta	2:15	0:4

Qualifiziert:
1. Polen

Das Gastgeberland Spanien ist automatisch Teilnehmer der Fußball-Weltmeisterschaft 1982.

Südamerika

Gruppe 1	Tore	Punkte
Brasilien	11:2	8:0
Bolivien	5:6	2:6
Venezuela	1:9	2:6

Qualifiziert:
1. Brasilien

Gruppe 2	Tore	Punkte
Peru	5:2	6:2
Uruguay	5:5	4:4
Kolumbien	4:7	2:6

Qualifiziert:
1. Peru

Gruppe 3	Tore	Punkte
Chile	6:0	7:1
Ekuador	2:5	3:5
Paraguay	3:6	2:6

Qualifiziert:
1. Chile

Neben Brasilien, Peru und Chile ist Argentinien als Weltmeister 1978 für Spanien qualifiziert.

Asien und Ozeanien

	Tore	Punkte
Kuwait	8:6	9:3
Neuseeland	11:6	7:5
China	9:4	7:5
Saudi-Arabien	4:16	1:11

Qualifiziert:
1. Kuwait 2. Neuseeland

Mittel- und Nordamerika

	Tore	Punkte
Honduras	8:1	8:2
El Salvador	2:1	6:4
Mexiko	6:3	5:5
Kanada	6:6	5:5
Kuba	4:8	4:6
Haiti	2:9	2:8

Qualifiziert:
1. Honduras 2. El Salvador

Afrika

	Tore	Punkte
Algerien	4:1	4
Kamerun	4:1	4
Marokko	1:4	0
Nigeria	1:4	0

Qualifiziert:
1. Algerien 2. Kamerun

Die Spiele der 12. Fußball-WM 1982 in Spanien

1. Finalrunde

Gruppe 1	Tabellenstand	Tore	Punkte
Italien – Polen	1.		
Peru – Kamerun			
Italien – Peru	2.		
Polen – Kamerun	3.		
Peru – Polen			
Italien – Kamerun	4.		

Gruppe 2	Tabellenstand	Tore	Punkte
Deutschland – Algerien	1.		
Chile – Österreich			
Deutschland – Chile	2.		
Algerien – Österreich	3.		
Algerien – Chile			
Deutschland – Österreich	4.		

Gruppe 3	Tabellenstand	Tore	Punkte
Argentinien – Belgien	1.		
Ungarn – El Salvador			
Argentinien – Ungarn	2.		
Belgien – El Salvador	3.		
Belgien – Ungarn			
Argentinien – El Salvador	4.		

Gruppe 4	Tabellenstand	Tore	Punkte
England – Frankreich	1.		
CSSR – Kuwait			
England – CSSR	2.		
Frankreich – Kuwait	3.		
Frankreich – CSSR			
England – Kuwait	4.		

Gruppe 5	Tabellenstand	Tore	Punkte
Spanien – Honduras	1.		
Jugoslawien – Nordirland			
Spanien – Jugoslawien	2.		
Honduras – Jugoslawien	3.		
Spanien – Nordirland			
Honduras – Nordirland	4.		

Gruppe 6

Brasilien – UdSSR
Schottland – Neuseeland
Brasilien – Schottland
UdSSR – Neuseeland
UdSSR – Schottland
Brasilien – Neuseeland

Tabellenstand	Tore	Punkte
1.		
2.		
3.		
4.		

2. Finalrunde

Gruppe A

____
____
____

Tabellenstand	Tore	Punkte
1.		
2.		
3.		

Gruppe B

____
____
____

Tabellenstand	Tore	Punkte
1.		
2.		
3.		

Gruppe C

____
____
____

Tabellenstand	Tore	Punkte
1.		
2.		
3.		

Gruppe D

____
____
____

Tabellenstand	Tore	Punkte
1.		
2.		
3.		

Halbfinale

______________________________ : ______________________________ __ : __
______________________________ : ______________________________ __ : __

Spiel um den 3. Platz

______________________________ : ______________________________ __ : __

Endspiel

______________________________ : ______________________________ __ : __